KB220195

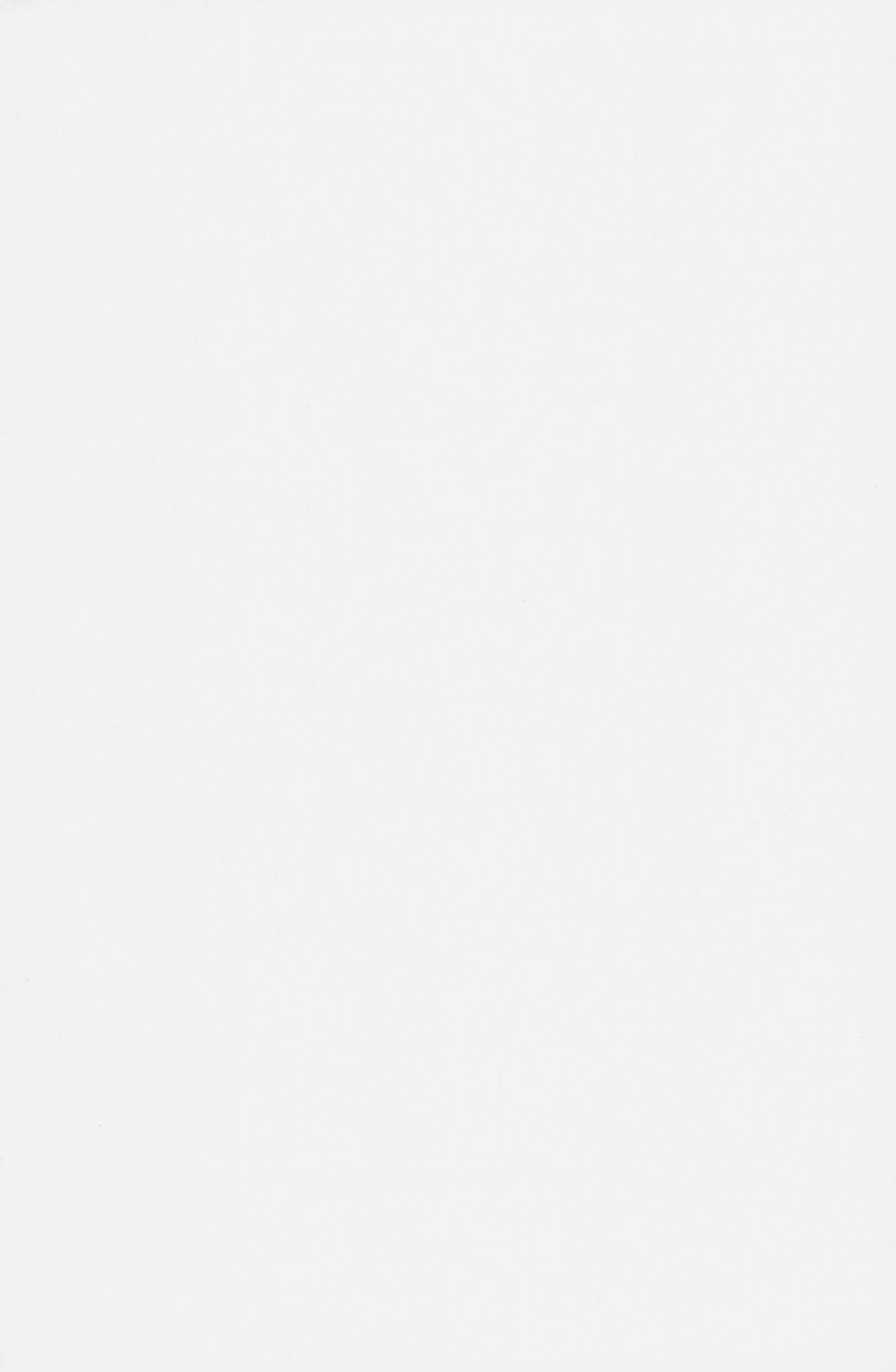

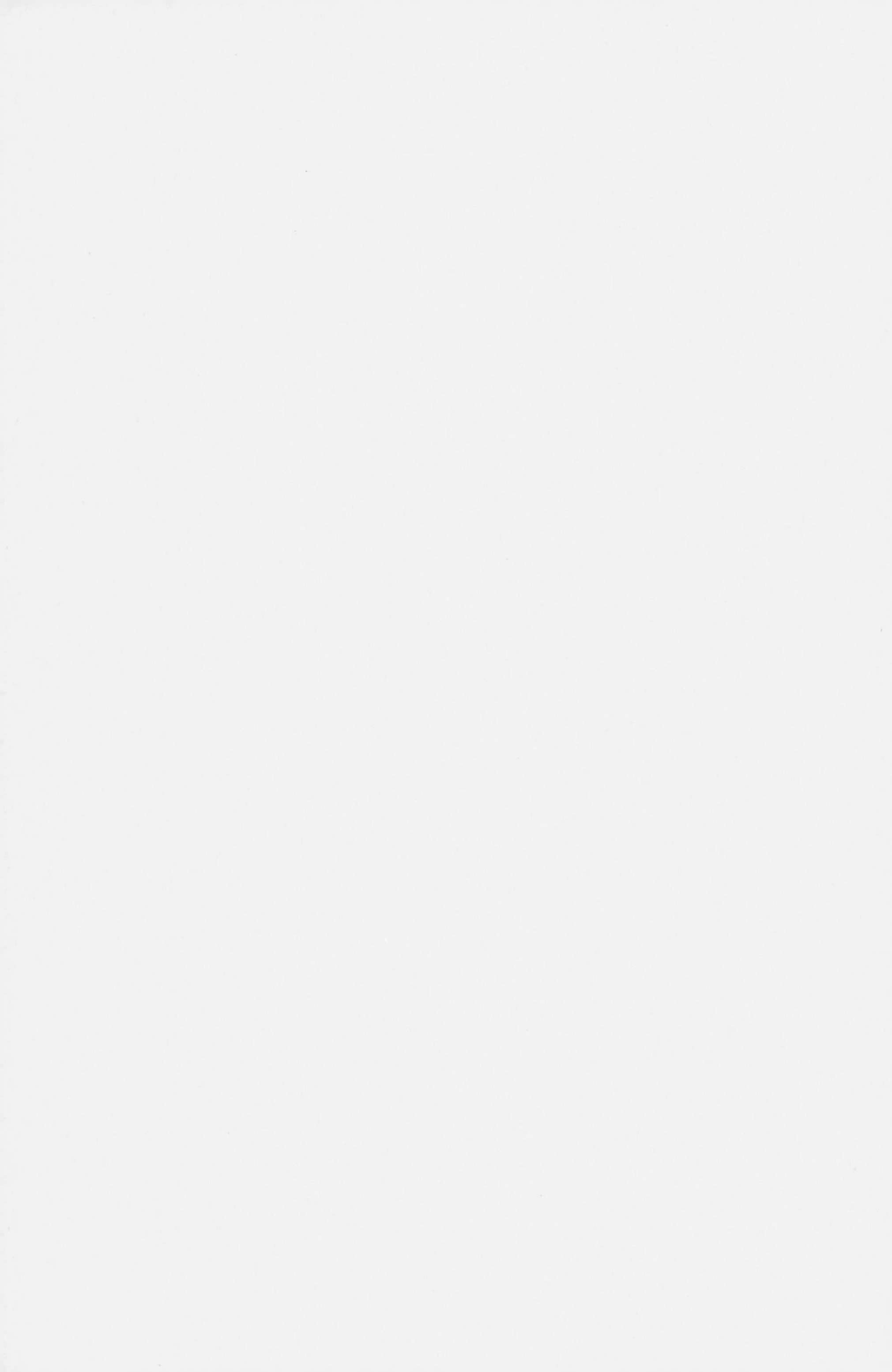

지도로
읽는다
지정학
전쟁사
지식도감

ZUKAI SEKAISHI GA KANTAN NI WAKARU SENSOU NO CHIZUCHOU

Copyright © Zou Jimusho
Korean translation rights arranged with Mikasa-Shobo Publishers Co., Ltd., Tokyo
through Japan UNI Agency, Inc., Tokyo and Korea Copyright Center Inc., Seoul

지도로
읽는다

지정학 전쟁사 지식도감

조지무쇼 지음 · 안정미 옮김

이다미디어

지정학 구도로 전쟁사를 읽고, 세계사를 한눈에 꿰뚫는다!

인간의 갈등은 정치가 해결하고, 정치의 갈등은 전쟁이 해결한다!

이 책은 인류의 역사를 바꾼 주요 전쟁을 중심으로 세계사의 흐름을 알기 쉽게 풀어내고 있다. 또한 그래픽 지도로 그려진 28개의 전쟁을 통해 세계 역사의 결정적인 순간을 생생하게 보여준다.

우리 인류는 지금까지 수많은 전쟁을 되풀이하면서 발전해 왔다. 그래서 세계의 역사는 전쟁의 역사라고도 말한다. 전쟁은 많은 것을 파괴하지만, 폐허 위에서 새로운 문명을 창조하기도 하기 때문이다.

인간의 갈등은 정치가 해결하지만, 정치의 갈등은 전쟁이 해결한다는 말이 있다. 특히 모든 전쟁은 거의 땅 위에서 일어난다. 지정학적 환경에 따라 인간끼리 충돌하는 게 전쟁이며 집단과 집단, 그리고 나라와 나라가 전쟁에 이르게 된 경위는 실로 각양각색이다. 그러나 속을 들여다보면 대부분의 전쟁에는 몇 가지 패턴이 존재한다는 사실을 알 수 있다.

1. 해양 국가와 대륙 국가 – 가치관의 대립
2. 기독교와 이슬람교 – 종교의 대립
3. 선발 제국주의와 후발 제국주의 – 경제의 대립
4. 민주주의와 전체주의 – 이데올로기의 대립
5. 동서 분쟁과 민족 분쟁 – 민족의 대립

이 책에서는 지정학적 구도와 전쟁의 패턴에 비추어 세계사의 흐름을 바꾼 결정적인 전투를 다루고 있다. 개별 전투를 하나하나 살펴보면 시대나 지역이 전혀 다른 전쟁인데도 원인, 과정, 결과에서 의외의 공통점이나 역사적 진실이 드러나게 될 것이다.

16세기의 대항해 시대에 일어났던 아르마다 해전(칼레 해전)을 예로 들어보자. 약소국이었던 영국은 1492년 콜럼버스의 신대륙 발견 이후 100년 동안 절정기를 누리던 무적함대 스페인을 상대로 어떻게 승리를 거둘 수 있었을까?

그 힌트는 스페인이 '대륙 국가'이고, 영국은 '해양 국가'였다는 사실에 있다. 상세한 것은 본문에 나오지만, 제해권 확보가 양자의 운명을 결정했다고 할 수 있다. 그리고 당시는 항해술의 발달과 신대

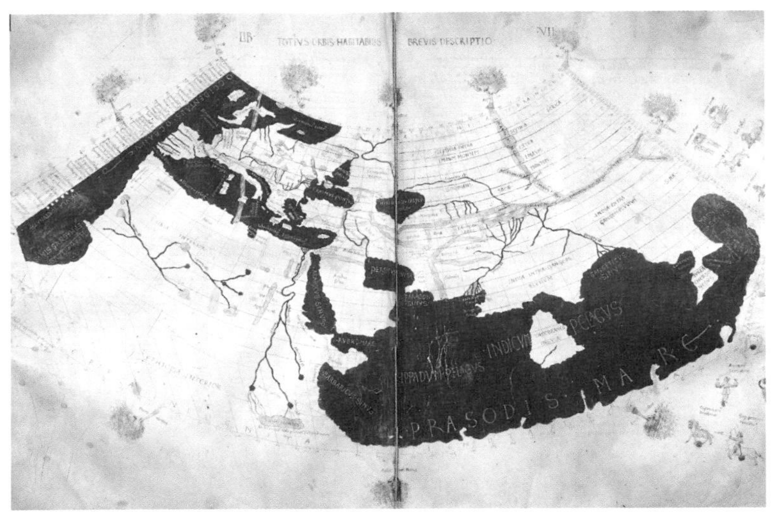
BREVIS DESCRIPTIO
PRASODIS
MARE

프톨레마이오스의 세계 지도 (15세기 판본), 1450~1475년, 스리랑카, 인도차이나반도, 중국까지 그려져 있다.

륙의 발견으로 세계의 주도권이 대륙 국가에서 해양 국가로 넘어가던 시기였다는 점도 중요하다.

한편 미국이 베트남 전쟁이나 걸프 전쟁을 시작으로 세계 각지의 전쟁과 분쟁에 개입하면서 국제 관계의 무대에서 리더십을 과시하려고 하는 이유는 무엇일까? 이런 궁금증에 대한 해답은 미국 독립 전쟁과 남북 전쟁을 보면 단번에 알 수 있다.

미국이 피를 흘리면서 쟁취하고 지키려고 했던 미국식 민주주의에 대한 자부심과 미국이 세계 곳곳에서 일어나는 전쟁과 분쟁에 개입할 수 있는 정당성은 '민주주의야말로 정의'라는 건국의 모토에서 나온 것이다. 물론 미국은 자국 이익 우선 원칙이라는 날카로운 발톱을 숨기고 있지만, 그들이 세계 곳곳에서 싸우는 이유와 목적은 언제나 세계 질서와 민주주의 수호이다.

중동 전쟁의 무대인 시나이반도 주변은 고대로부터 분쟁이 끊이질 않았던 화약고

지정학 측면에서 하나 더 살펴보기로 하자. 전쟁은 늘 일어난 곳에서 일어나는 법이다. 우선 중동 전쟁의 무대가 되었던 시나이반도 주변을 예로 들어보자.

이 지역은 고대로부터 분쟁이 끊이질 않았던 화약고로 유명하다. 고대 알렉산드로스 대왕의 동방 원정에서도, 십자군 원정과 두 번의 세계대전에서도 전쟁의 승패를 가르는 중요한 무대가 된 곳이다. 즉 강대국의 이해관계에 따라 늘 전쟁의 불길에 노출되었던 지역인 것이다.

이는 지중해와 홍해를 연결하는 수에즈 운하 주변이 어느 시대, 어떤 국가, 어떤 세력을 막론하고 교통의 요충지로 중요했기 때문이다. 시간과 공간이 다르더라도 교통의 요충이 되는 지점은 변하지 않는다. 땅과 땅의 연결, 땅과 강의 연결, 땅과 바다의 연결 등은 서로 다른 지역에 사는 인간과 문명이 만나는 교차점이자 교역지이기 때문이다.

이 책에 등장하는 전쟁 이야기를 읽다 보면 세계사의 중요한 흐름과 포인트를 파악할 수 있다. 과거에 일어났던 전쟁의 원인과 결과를 제대로 이해한다면, 세상사의 흐름과 국제 정세는 물론이고, 세계의 미래가 어떻게 움직일 것인가에 대한 전망도 가능할 것이다.

특히 이 책은 세계사에 등장하는 중요한 전쟁을 풍부한 컬러 지도와 도판을 활용해 알기 쉽게 설명한다. 전쟁이 발발한 역사적 배경, 전쟁의 전술과 전략 등 당시의 전투 상황을 입체지도로 생생하게 살려놓았다. 그리고 이런 지도와 텍스트, 도판을 합성한 그래픽 지도를 보는 것만으로도 세계의 전쟁사를 한눈에 꿰뚫을 수 있을 것이다.

이 책이 독자 여러분의 역사관, 나아가 세계관을 심화시키는 데 조금이나마 도움을 줄 수 있다면 더없이 기쁜 일이 될 것이다.

- 조지무쇼

차례

1장

해양 국가와 대륙 국가

기독교와 이슬람교

선발 제국주의와 후발 제국주의

제1차 세계대전과 제2차 세계대전

동서 냉전과 민족 분쟁

1장

해양 국가와 대륙 국가

대륙 국가 대 해양 국가의 싸움

고대부터 중세에 걸쳐 일어난 전쟁의 배경은 지정학적인 이유가 대부분이었다.

해양 국가는 섬나라 및 연안국으로서 해양 교역을 산업의 중심으로 삼는 국가를 말한다. 사람이 살기 위한 영토의 획득보다는 항구 등 교역 거점의 확보를 가장 중시한다. 영국과 일본, 네덜란드, 미국 등이 대표적인 나라이다.

반면에 대륙 국가는 대륙의 중앙부에 주축을 두고, 내륙 자원의 생산과 이동을 산업의 중심으로 삼는 국가를 말한다. 육상 운송과 강을 이용한 수상 운송을 중시하며, 군사적인 전략에서는 영토 획득을 가장 우선시한다. 중국, 러시아, 독일, 프랑스 등이 대표적인 나라이다.

고대~중세의 전쟁사

해양 국가는 교역항을 확보, 대륙 국가는 영토 확장이 목표

해양 국가는 섬나라 및 연안국으로서
해양 교역을 산업의 중심으로 삼는 국가

대륙 국가 대 해양 국가의 싸움.

고대부터 중세에 걸쳐 일어난 전쟁의 배경은 지정학적인 이유가 대부분이었다. 그래서 대부분의 전쟁은 해양 국가 대 대륙 국가, 해양 국가 대 해양 국가, 대륙 국가 대 대륙 국가라는 3가지 패턴으로 집약된다.

해양 국가는 섬나라 및 연안국으로서 해양 교역을 산업의 중심으로 삼는 국가를 말한다. 사람이 살기 위한 영토의 획득보다는 항구 등 교역 거점의 확보를 가장 중시한다. 영국과 일본, 네덜란드, 미국 등이 대표적인 나라이다.

잉글랜드 함대와 카스티야 함대가 격돌한 라로셸 해전, 1372년, 장 프로아사르

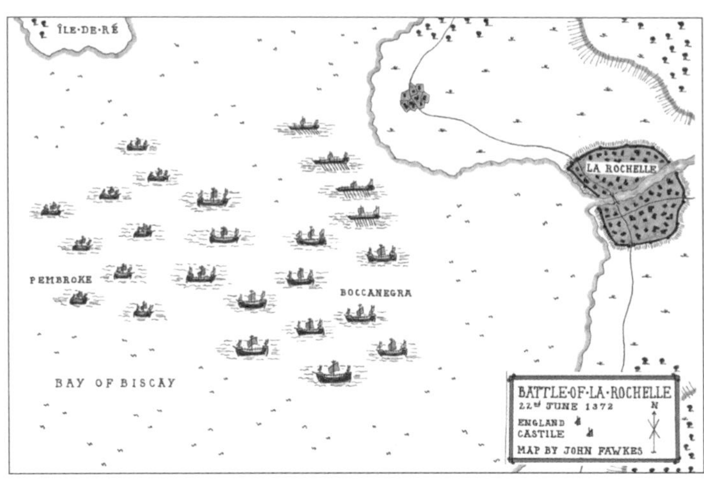

ÎLE·DE·RÉ
LA ROCHELLE
PEMBROKE
BOCCANEGRA
BAY OF BISCAY
BATTLE·OF·LA·ROCHELLE
22nd JUNE 1372
N
ENGLAND
CASTILE
MAP BY JOHN FAWKES

펨브로크 백작이 이끄는 잉글랜드 함대가 참패한 라로셸 해전에서 사용한 전투 지도, 존 포크스

반면에 대륙 국가는 대륙의 중앙부에 주축을 두고, 내륙 자원의 생산과 이동을 산업의 중심으로 삼는 국가를 말한다. 육상 운송과 강을 이용한 수상 운송을 중시하며, 군사적인 전략에서는 영토 획득을 가장 우선시한다. 중국, 러시아, 독일, 프랑스 등이 대표적인 나라이다.

1장에서는 고대로부터 중세에 이르기까지 지정학적인 대립 관계에서 발발했던 전쟁을 소개한다.

종교의 대립에서 출발한 십자군 전쟁은 지중해 해양 교역로 장악이 목적이었다

예를 들어 고대 로마 제국이 참전했던 포에니 전쟁은 내륙으로부터 팽창해 나간 대륙 국가 로마와 지중해라는 해양 교역로를 장악해 나갔던 해양 국가 카르타고와의 전쟁이었다.

진나라 시황제의 중국 대륙 통일을 향한 여정은 진나라를 위시한 복수의 대륙 국가들이 군사뿐만 아니라 외교 전략까지 구사하며 패권 전쟁을 펼친 것이었다.

또한 중세의 십자군 전쟁은 기독교와 이슬람교의 종교 대립을 배경으로 하고 있지만, 그와 동시에 지중해의 교역로를 장악하는 것이 사실상 크나큰 목적이었다. 즉, 해양 세력 간의 전쟁이라는 측면도 간과할 수 없는 것이다.

해양 국가와 대륙 국가의 삶의 방식, 사고방식의 차이가 승패의 분기점이 되었던 전쟁은 몇 차례나 있었다. 이처럼 특정 지역의 주도권을 둘러싸고 일어났던 전쟁을 지정학적 관점에서 바라보면 지금까지와는 전혀 다른 전쟁의 참모습이 보일 것이다.

고대에서 중세에 걸쳐 일어났던 전쟁은 지정학적 환경은 바뀌었지만, 지금까지도 이어지고 있다. 유럽 세계, 이슬람 세계, 중화 세계의 원형은 어떻게 만들어졌는가. 대표적인 전쟁을 통해 뿌리와 배경을 파헤쳐 본다.

포에니 전쟁 BC 264~146년

지중해 노리는 도시 국가 로마가 해양 강국 카르타고를 제압

해양 국가 카르타고와 대륙 국가 로마가 지중해 패권을 두고 충돌한 제1차 포에니 전쟁

포에니 전쟁은 인류 역사상 처음으로 대륙 국가와 해양 국가가 충돌했던 전쟁이다. 무대는 지중해. 유사 이래 유럽에서는 거대한 바다라고도 할 수 있는 지중해가 중요한 해상 교역로였다. 교역로를 중심으로 지중해 연안의 지역들은 '지중해 세계'라고 불러도 될 만한 하나의 통합된 문명권을 이루고 있었다.

그리스 문명을 남긴 그리스와 거대한 로마 제국을 형성하게 되는 대륙 국가 로마도 이 지중해 세계의 일원이었다. 그리고 로마와 포에니 전쟁을 치르게 되는 해양 국가 카르타고 역시 지중해에서 세력권을 형성한 강대국의 하나였다. 당시 급속하게 힘을 길러가고 있던 로마는 더욱 영토를 확장하기 위해서 이탈리아반도의 남단부에 이어 시칠리아섬 일부까지 그 세력을 넓혀가고 있었다.

제1차 포에니 전쟁(BC 264~241년)의 원인은 바로 시칠리아의 지배권이었다. 시칠리아는 카르타고의 가장 중요한 무역 거점이었다. 특히 이탈리아 본토와 가장 가까운 시칠리아 동북부의 메시나를 카르타고가 지배 중이었다. BC 264년에 로마군이 시칠리아로 건너와 메시나를 점령함으로써, 120년에 걸친 포에니 전쟁의 서막이 올랐다.

육지에서는 로마군이 강했지만, 해상에서는 카르타고 해군력이 압도적이어서 전쟁 초기에는 우열을 가리기가 힘들었다. 전투가 진행되는 동안 로마군은 해상 전투력을 습득했고, 함선의 건조 기술도 빠르게 발전해 함선 수백 척을 거느린 함대를 만들었다. 당시의 지중해를 지배하던 나라는 갤리선을 가장 많이 보유하고 있던 카르타고였다. 그러나 농경 민족이었던 로마는 해군력이 열세임에도 불구하고 카르타고를 상대로 승리했다.

코르부스 끝에 달린 갈고리가 적함의 갑판에 단단히 박혀 두 배를 연결하는 교량 역할

그 이유는 바로 로마군이 개발한 신병기인 코르부스(Corvus, 일명 까마귀) 때문이었다. 코르부스는 약 12m 길이와 1.5m 폭의 널빤지로 만든 다리였다. 최고 각도로 함선의 난간에 설치해 돛에 고정했다가

제1차 포에니 전쟁 – 로마와 카르타고의 지중해 패권 경쟁

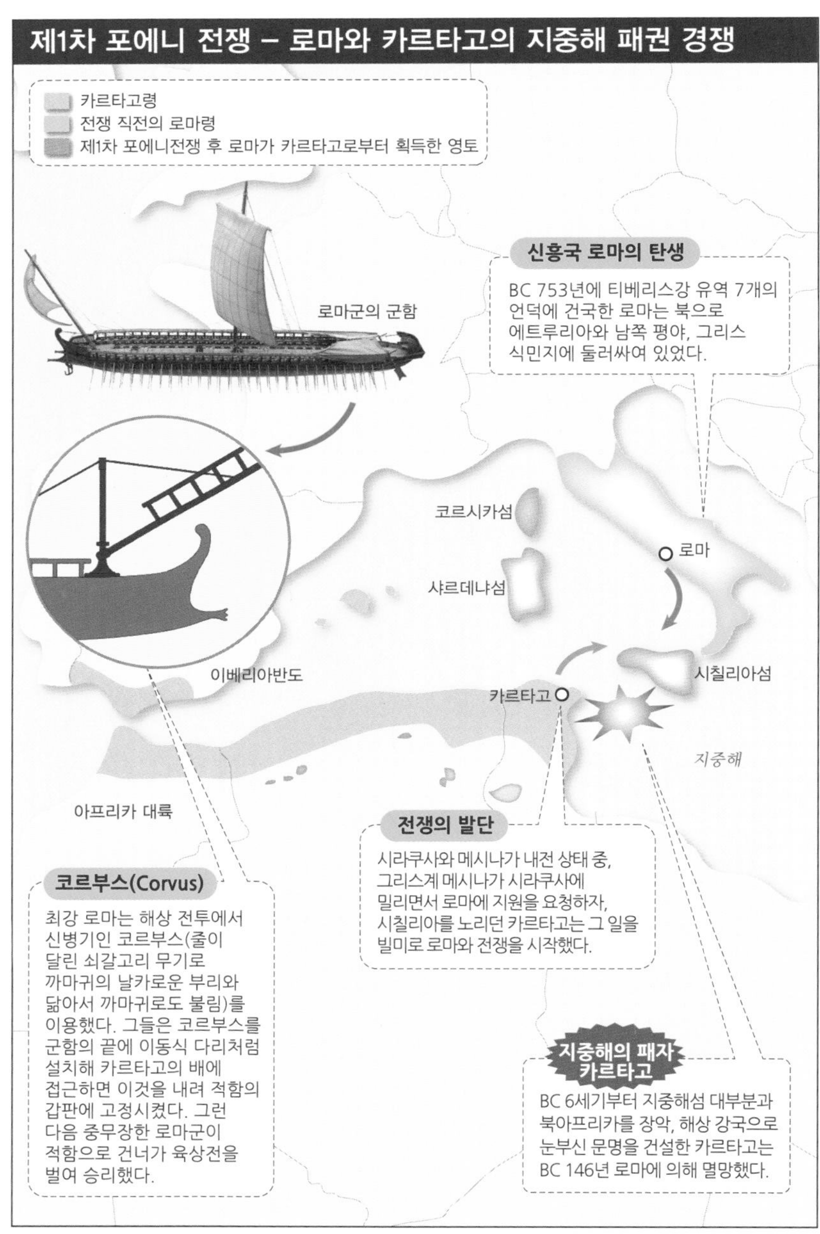

카르타고령
전쟁 직전의 로마령
제1차 포에니전쟁 후 로마가 카르타고로부터 획득한 영토
로마군의 군함
신흥국 로마의 탄생
BC 753년에 티베리스강 유역 7개의 언덕에 건국한 로마는 북으로 에트루리아와 남쪽 평야, 그리스 식민지에 둘러싸여 있었다.
코르시카섬
로마
샤르데냐섬
이베리아반도
시칠리아섬
카르타고
지중해
아프리카 대륙
전쟁의 발단
시라쿠사와 메시나가 내전 상태 중, 그리스계 메시나가 시라쿠사에 밀리면서 로마에 지원을 요청하자, 시칠리아를 노리던 카르타고는 그 일을 빌미로 로마와 전쟁을 시작했다.
코르부스(Corvus)
최강 로마는 해상 전투에서 신병기인 코르부스(줄이 달린 쇠갈고리 무기로 까마귀의 날카로운 부리와 닮아서 까마귀로도 불림)를 이용했다. 그들은 코르부스를 군함의 끝에 이동식 다리처럼 설치해 카르타고의 배에 접근하면 이것을 내려 적함의 갑판에 고정시켰다. 그런 다음 중무장한 로마군이 적함으로 건너가 육상전을 벌여 승리했다.
지중해의 패자 카르타고
BC 6세기부터 지중해섬 대부분과 북아프리카를 장악, 해상 강국으로 눈부신 문명을 건설한 카르타고는 BC 146년 로마에 의해 멸망했다.

YOUNG HANNIBAL

로마에 대한 적의를 불태우는
어린 시절의 한니발(하밀카르의 아들),
1850년, 찰스 터너, W-C

도르래를 이용해 상대방 배에 떨어뜨리면, 끝에 달린 갈고리가 적함의 갑판에 단단히 박혀 두 배를 연결하는 교량 역할을 한 것이다.

초기 해상 전투에서 연전연패했던 로마가 육군의 최강 전투력을 활용하기 위해 고안해 낸 신병기였다. 그것을 통해 중무장한 로마군이 적함(카르타고 함선)으로 공격해 들어가 육상전과 다름없는 전투를 벌여서 승리한 것이다.

마침내 로마는 시칠리아 서쪽 해역의 에가디(라틴어로 아에가테스) 제도 전투에서 승리해 카르타고를 물리치고 시칠리아를 최초의 속주(屬州, 해외 식민지)로 삼았다. 이에 카르타고는 로마의 시칠리아 지배권을 인정하고, 전쟁 배상금을 지불하기로 합의했다.

한편 카르타고는 BC 3세기 무렵 시리아 지방 출신의 해양 민족이었던 페니키아인이 북아프리카의 튀니지에 건설했던 식민 도시로, 지중해의 제해권을 장악해 왕성한 무역 활동을 펼치며 번영의 절정에 이르고 있었다. 당시의 카르타고는 해상 무역로 확보를 목적으로 북아프리카와 이베리아반도 일부를 거점으로 삼아서 시칠리아섬과 코르시카섬, 사르데냐섬까지 지배하에 두었다.

그런데 BC 264년에 로마와 카르타고는 두 나라의 중간 지점이었던 시칠리아섬의 패권을 둘러싸고 충돌하게 되었다. 이 전쟁은 로마가 카르타고인을 포에니인(페니키아인)이라고 불렀던 데서 비롯되어 제1차 포에니 전쟁으로 불리게 되었다.

BC 241년, 전쟁에서 승리를 거둔 로마는 시칠리아섬 등 연안 제도(諸島)의 지배권을 확보하게 된다. 그러나 제1차 포에니 전쟁에서 카르타고 본국은 피해가 없었던 탓에 지중해의 패권을 둘러싼 로마와 카르타고의 전쟁은 이후 1세기에 걸쳐 계속 이어지게 되었다.

에스파냐 총독에 오른 명장 한니발이 로마 정벌에 나선 제2차 포에니 전쟁

카르타고의 장군 하밀카르와 그의 아들 한니발은 제1차 포에니 전쟁의 종결 후 이베리아반도로 건너갔다. 한니발이 이곳에서 카르타고의 세력을 키워나감에 따라 에브로(Ebro)강이 카르타고 진영과 로

알프스를 넘는 한니발, 1510년 프레스코화, 로마 카피톨리노뮤지엄

마 진영의 경계선이 되었다.

그러나 이베리아반도에서는 양 진영 사이에 전쟁의 불씨가 서서히 타오르기 시작하고 있었다. BC 218년, 한니발이 로마와 개전을 단행하면서 제2차 포에니 전쟁이 일어난다. 하밀카르가 죽은 후, 에스파냐 총독에 오른 한니발이 로마의 동맹시인 사군툼을 공격한 것이다.

한니발은 로마 본토를 침공하기 위해 보병 3만 8,000명과 기병 8,000명, 수십 마리의 전투용 코끼리를 이끌고 수많은 병사를 잃으면서도 만년설로 뒤덮인 알프스산맥을 넘었다. 로마군이 대기하고 있을 것으로 예상되는 지중해 연안 지역으로 침공해서 적의 저항을 물리치기보다는, 로마군이 없는 험난한 알프스를 돌파하는 쪽이 성공 확률이 더 높다고 한니발은 판단했던 것이다.

BC 216년, 한니발은 이탈리아 중부 아프리아 지방의 칸나에 평원에서 로마군과 맞붙어 수적 열세에도 불구하고 기병과 주력부대가 로마군의 후방으로 돌아서 치고 들어가게 하는 기발한 전술로 로마군을 전멸시켰다. 이를 일컬어 칸나에 전투라고 한다. 그는 이어서 시라쿠사, 마케도니아와 동맹을 맺고 로마의 포위를 노렸다.

이러한 일련의 전투로 한니발은 후세에 '전략의 아버지'로 불렸다. 그러나 희대의 명장 한니발도 로마의 공략에는 실패하고 만다. 그 이유는 무엇이었을까?

야전의 기동전에서 빼어난 전투력을 발휘한 한니발에게 공성군이 없었던 게 패인

당시의 도시는 성벽으로 둘러싸여 있어 도시를 공략하려면 보병부대뿐만 아니라 공성군(攻城軍, 성이나 요새를 공격하는 군대)이 필요했다. 그러나 야전군으로서 기동전에서 뛰어난 전투력을 발휘한 한니발에게는 이런 공성군이 없었다. 이것이 그가 패배한 한 가지 이유로 꼽을 만하다.

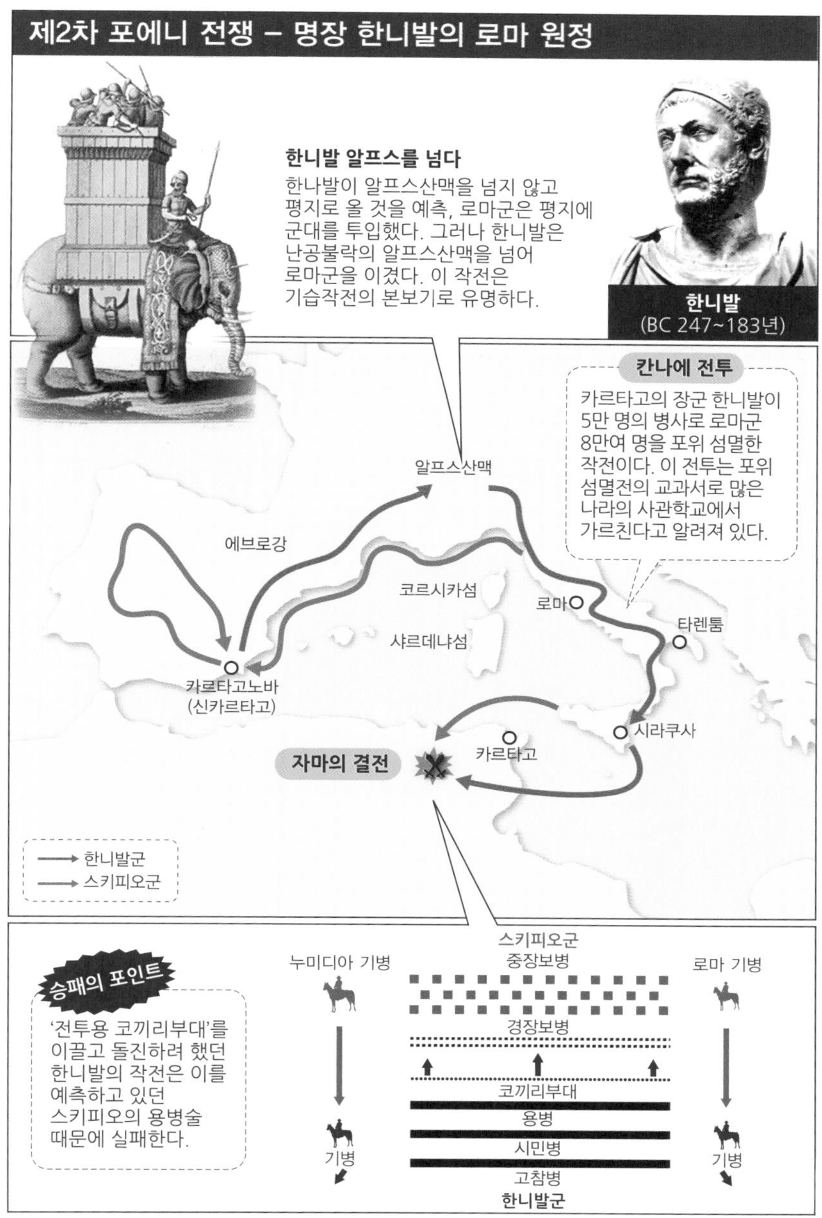
제2차 포에니 전쟁 – 명장 한니발의 로마 원정
한니발 알프스를 넘다
한나발이 알프스산맥을 넘지 않고 평지로 올 것을 예측, 로마군은 평지에 군대를 투입했다. 그러나 한니발은 난공불락의 알프스산맥을 넘어 로마군을 이겼다. 이 작전은 기습작전의 본보기로 유명하다.
한니발
(BC 247~183년)
칸나에 전투
카르타고의 장군 한니발이 5만 명의 병사로 로마군 8만여 명을 포위 섬멸한 작전이다. 이 전투는 포위 섬멸전의 교과서로 많은 나라의 사관학교에서 가르친다고 알려져 있다.
알프스산맥
에브로강
코르시카섬
로마
샤르데냐섬
타렌툼
카르타고노바
(신카르타고)
시라쿠사
카르타고
자마의 결전
한니발군
스키피오군
승패의 포인트
'전투용 코끼리부대'를 이끌고 돌진하려 했던 한니발의 작전은 이를 예측하고 있던 스키피오의 용병술 때문에 실패한다.
스키피오군
중장보병
누미디아 기병
로마 기병
경장보병
코끼리부대
용병
시민병
고참병
기병
기병
한니발군

그다음에, 카르타고 본국은 내부의 정쟁 때문에 한니발에게 충분한 지원을 해주지 않아 한니발군은 이탈리아반도에서 고립무원의 처지가 되었다.

카르타고 본국은 로마와의 전쟁을 통해 시칠리아섬과 이탈리아 남부의 무역 거점을 확보하겠다는 목적이 있었다. 때문에 로마와의 전쟁을 전면전보다는 제한 전쟁(전쟁의 목적, 수단, 지역, 무기 등에 제한을 두는 전쟁)으로 인식하고 있었다. 따라서 로마 공략이라는 한니발의 전쟁 의도에 전적으로 따를 수가 없었다.

여하튼 카르타고로부터 남부 시칠리아에 이르는 해양 항로는 로마 함대가 제해권을 쥐고 있어, 본국으로부터 고립되어 있던 한니발 군대는 보급에 큰 어려움을 겪었다. 또한 카르타고군은 애초에 말단 병사나 물자는 점령 지역에서 동원 · 징집하는 현지 조달 방식으로 전쟁을 치렀다. 이렇게 병사들의 구성이 복잡한 탓에 로마군을 상대로 승전을 목적으로 전군이 단결해서 자발적으로 전투에 임하는 게 불가능한 상황이었다.

반면에, 공화제 체제였던 로마 측은 자유시민 계급이 군대를 구성하고 있었다. 따라서 로마에 대한 충성심과 자부심으로 무장한 각지의 로마시민은 전쟁이 장기전에 접어들수록 일치단결하면서 전투력이 강해지고 애국심이 고양되었다.

더불어 칸나에 전투에서 뜨거운 맛을 경험한 로마는 지구전을 주장하는 파비우스를 등용해 결전을 피하며 한니발에게 반격을 가하기 시작했다.

로마군의 스키피오 장군은 자마의 결전에서 한니발의 카르타고군을 격파하고 압승

이렇게 해서 로마는 기습적으로 자국 본토를 침략한 한니발군을 격퇴했을 뿐 아니라, 카르타고 본국의 멸망까지 노리는 국가 차원의 총력전을 펼쳤다. 마침내 조그만 도시 국가로 출발한 로마가 제국을 향한 발걸음을 옮기기 시작한 것이다. 이때 아프리카의 카르타고 본토 공략으로 한니발을 물리치자고 주장하며 등장한 인물이 바로 로마의 영웅 스키피오 아프리카누스(일명 대 스키피오)이다.

BC 204년에 스키피오가 카르타고를 침공하자, 그의 공언대로 한니발이 이탈리아를 떠나 본국으로 귀환했다. 마침내 BC 202년에 로마군의 스키피오 장군은 북아프리카 자마의 결전에서 한니발의 카르타고군을 격파하고 압승을 거두었다. 로마는 카르타고에 50년간 배상금 지불을 요구하고, 로마의 허가 없이 교전하는 것을 금지했다.

ISCIPIO
NE

스키피오 아프리카누스의 초상

이후 풍부한 농경지의 농업생산력과 지중해의 교역 덕분에 재기에 성공한 카르타고는 배상금을 모두 치렀지만, 얼마 지나지 않아 이웃 나라 누미디아와

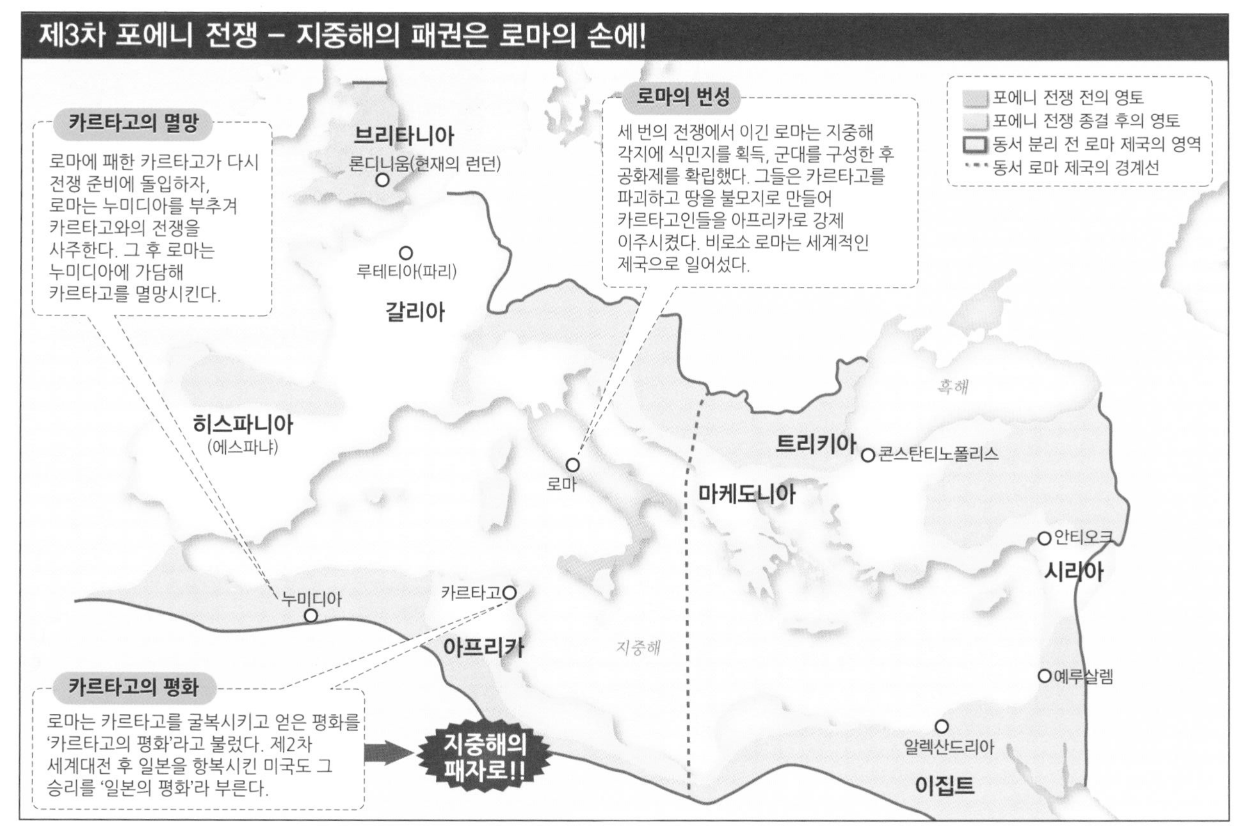
제3차 포에니 전쟁 - 지중해의 패권은 로마의 손에!
카르타고의 멸망
로마에 패한 카르타고가 다시 전쟁 준비에 돌입하자, 로마는 누미디아를 부추겨 카르타고와의 전쟁을 사주한다. 그 후 로마는 누미디아에 가담해 카르타고를 멸망시킨다.
로마의 번성
세 번의 전쟁에서 이긴 로마는 지중해 각지에 식민지를 획득, 군대를 구성한 후 공화제를 확립했다. 그들은 카르타고를 파괴하고 땅을 불모지로 만들어 카르타고인들을 아프리카로 강제 이주시켰다. 비로소 로마는 세계적인 제국으로 일어섰다.
포에니 전쟁 전의 영토
포에니 전쟁 종결 후의 영토
동서 분리 전 로마 제국의 영역
동서 로마 제국의 경계선
브리타니아
론디니움(현재의 런던)
루테티아(파리)
갈리아
히스파니아
(에스파냐)
로마
흑해
트리키아
콘스탄티노폴리스
마케도니아
안티오크
시리아
누미디아
카르타고
아프리카
지중해
예루살렘
알렉산드리아
이집트
카르타고의 평화
로마는 카르타고를 굴복시키고 얻은 평화를 '카르타고의 평화'라고 불렀다. 제2차 세계대전 후 일본을 항복시킨 미국도 그 승리를 '일본의 평화'라 부른다.
지중해의 패자로!!

의 충돌이 격화된다. 누미디아가 카르타고의 부를 노리고 침략하기 시작한 것이다. 카르타고는 천신만고 끝에 충분한 경제력을 갖추었지만, 누미디아에 군사력으로 대응하는 것은 불가능했다.

침략과 약탈을 일삼는 누미디아가 로마와 동맹 관계를 맺고 있었기에 군사력으로 대응한다는 것은 바로 로마와의 전쟁 재개를 선언하는 것이나 마찬가지였기 때문이다. 하지만 로마가 카르타고의 중재 요청을 거부하고 누미디아의 입장을 옹호하자 반로마 감정이 끓어오르기 시작했다. 이에 누미디아도 안하무인으로 카르타고를 괴롭히며 한층 심한 노략질을 일삼았다.

제3차 포에니 전쟁으로 로마에 맞선 카르타고인은 땅과 사람이 함께 초토화되는 살육전으로 종결

BC 149년에 용병을 모집해 군대를 일으켰던 카르타고를 응징하기 위해 로마가 선전포고하면서 제3차 포에니 전쟁이 발발한다. 이전보다 더한층 전면전 태세를 갖추었던 로마군은 3년에 걸친 공성전을 통해 BC 146년에 마침내 카르타고를 완벽하게 멸망시켰다. 카르타고인들도 로마와 싸우다가 죽는 길을 선택한 결과, 땅과 사람이 함께 초토화되는 살육전으로 마무리되었다.

이렇게 해서 평화를 손에 넣은 로마는 이를 '카르타고의 평화'라고 불렀다. '카르타고를 멸망시킴으로써 로마에 평화가 찾아왔다'라는

카르타고의 폐허 유적지, 유네스코 세계문화유산. © Calips

의미이다. 실제로 포에니 전쟁에서 승리한 로마는 거칠 것이 없었다. 유럽, 아시아, 아프리카 등 3개 대륙으로 영토를 확장하며 제국의 기틀을 다져나갔다.

지중해 세계의 한 도시 국가에 지나지 않았던 로마는 이러한 일련의 전쟁을 통해 지중해의 섬들과 연안 지역들을 속주로 편입했다. 또한 로마는 군대를 구성한 자유시민 계급에 의해 공화제 체제가 확립되었다. 요컨대, 포에니 전쟁은 후세의 전쟁사에서 전형적인 대륙 국가와 해양 국가의 대결로 기록됨과 동시에, 이후 로마 제국이 쇠퇴하기까지 약 500년간의 지중해 패권을 결정지은 전쟁이었다고 할 수 있다.

가우가멜라 전투 BC 331년

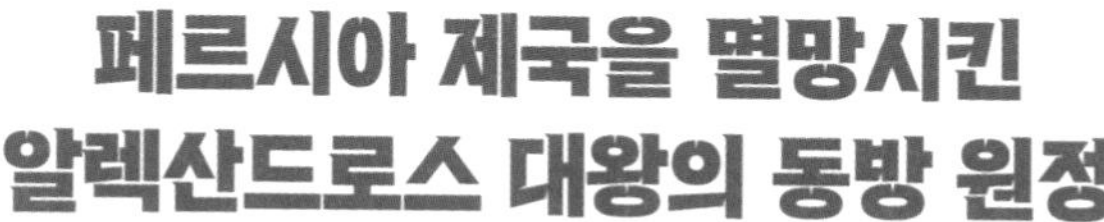

페르시아 제국을 멸망시킨 알렉산드로스 대왕의 동방 원정

펠로폰네소스 전쟁으로 그리스 도시 국가들이 쇠퇴, 마케도니아가 에게해의 신흥 강자로 부상

BC 4세기, 서아시아 대부분은 페르시아 제국의 수중에 놓여 있었다. 이 페르시아를 토벌하기 위해 일어섰던 주인공이 마케도니아의 알렉산드로스 대왕이다. 역사에 남을 대원정의 주인공, 알렉산드로스 대왕의 최대 목적은 페르시아 정복에 있었다.

BC 331년 10월에 마케도니아군은 티그리스강 상류의 가우가멜라에서 4배가 넘는 병력을 가진 페르시아군과 대치했다. 이것이 그 유명한 가우가멜라 전투이다. 이 중대한 결전에서 알렉산드로스는 압도적인 승리를 거둔다. 그는 페르시아 제국을 완전히 무너뜨리고 대원정을 결정적인 성공으로 이끌었다. 그리스에서 인도까지

알렉산드로스 대왕의 동방 원정

동방 원정을 위해 출전!
알렉산드로스 대왕은 자신의 나라인 마케도니아에서 동방 원정을 시작했다.
이소스 전투(BC 333년)
알렉산드로스 대왕의 동방 원정에서 분수령이 된 전투로, 대패한 페르시아군은 본국으로 후퇴했다.
가우가멜라 전투(BC 331년)
알렉산드로스가 페르시아를 멸망시키고, 서남아시아를 손에 넣은 전투이다.
카스피해
마케도니아
헤라
흑해
소그디아나
사마르칸트(마라칸타)
아르메니아
그리스
사르디스
안티오키아
박트리아
파르티아
아르빌
지중해
메디아
티루스
수사
멤피스
다마스쿠스
바빌론
페르세폴리스
페르시스
인더스강
게드로시아
이집트
인도
아라비아
인도양
홍해
알렉산드리아의 건설
대왕은 정복지 곳곳에 그리스풍의 도시를 건설했다. 특히 이집트의 알렉산드리아 시가 유명하다.
알렉산드로스 대왕의 제국
알렉산드로스 대왕의 진로
폼페이
알렉산드로스
(BC 356~323년)
BC 324년까지 페르시아 제국을 가로질러 인도 북서부에 이르는 대제국을 건설했다. 그는 세상의 끝까지 도달하겠다면서 불과 28세에 아시아와 유럽 대륙을 손에 넣었다. 전투에서 결코 패배한 적이 없는 장군으로 역사상 가장 위대한 지도자로 평가되고 있다.

광대한 지역을 지배하는 대제국을 건설할 수 있는 초석을 놓은 것이었다.

이야기는 살짝 거슬러 올라간다. BC 6세기에 그리스의 폴리스(도시국가연합)는 페르시아와의 전쟁에서 힘겹게 승리했다. 그러나 이후 아테네와 스파르타의 대립으로 펠로폰네소스 전쟁이 일어나 그리스의 도시 국가는 쇠퇴일로를 걷고 있었다. 그런데 이를 대신해 에게해의 신흥 강자로서 세력을 키워나갔던 것이 마케도니아이다.

BC 338년에 알렉산드로스 대왕의 아버지인 마케도니아 왕 필리포스 2세는 카이로네이아 전투에서 아테네를 중심으로 한 그리스의 폴리스 연합군을 무찔렀다. 여기에서 나아가 마케도니아는 BC 5세

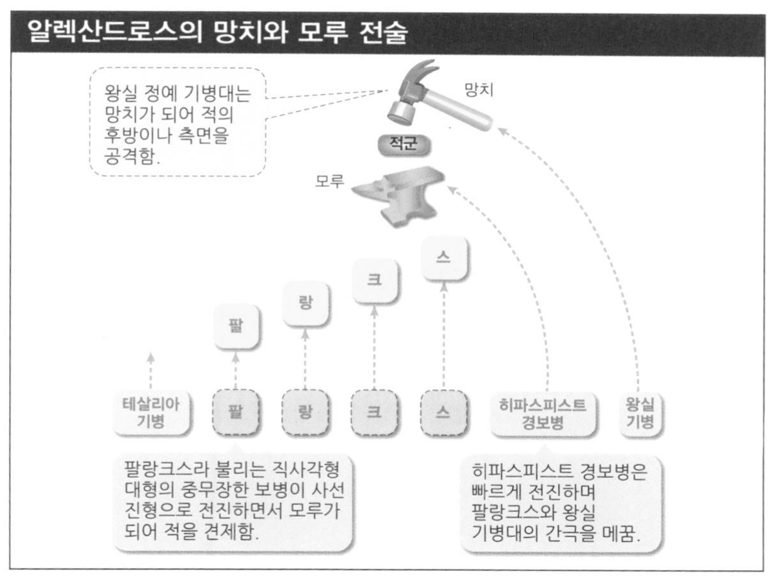
알렉산드로스의 망치와 모루 전술
왕실 정예 기병대는 망치가 되어 적의 후방이나 측면을 공격함.
망치
적군
모루
팔
랑
크
스
테살리아 기병
팔
랑
크
스
히파스피스트 경보병
왕실 기병
팔랑크스라 불리는 직사각형 대형의 중무장한 보병이 사선 진형으로 전진하면서 모루가 되어 적을 견제함.
히파스피스트 경보병은 빠르게 전진하며 팔랑크스와 왕실 기병대의 간극을 메꿈.

기 이래로 그리스의 이오니아 지방을 위협해 왔던 페르시아 제국과의 개전을 결의한다.

마케도니아의 필리포스 2세는 노예병과 용병으로 이루어진 군대가 아니라 전문적인 군사 교육을 받은, 그리스 시민으로 구성된 체계적인 군대조직을 만들었다. 마케도니아군은 방진형(方陣形)의 밀집대형을 유지하면서 전진하는 장창보병부대(長槍步兵部隊), 중장기병(重裝機兵) 그리고, 궁병(弓兵)으로 편성되었다.

"Divide and Rule(분열시켜서 지배하라)"이라는 유명한 말을 남긴 필리포스 2세의 진정한 업적은 이렇게 편성한 기병과 보병의 통합전술을 사선진법에 접목한 것이다. 즉 모루 역할을 하는 보병이 사선대형으로 전진하며 적을 견제하는 사이에 망치 역할을 하는 기병이 적의 측면이나 후방을 치는 새로운 전술이었다. 이것이 오늘날까지 칭송받는 고전적인 '망치와 모루' 전술이다.

20세 알렉산드로스 대왕이 세계 정복을 꿈꾸며 페르시아 제국을 침공하면서 대원정 시작

그러나 필리포스는 뜻을 다 펼치지도 못한 채 BC 336년에 암살되고 만다. 이렇게 해서 알렉산드로스 3세가 20세의 나이로 왕위에 올라 아버지가 기틀을 잡아놓은 군제를 발전시키고, 즉위 다음 해 그리스 테베가 주도했던 반마케도니아 연합군을 순식간에 무찌르며 그

이소스 전투에서의 알렉산드로스(좌), 다리우스 3세(우), 베르트 홀드 베르너, 나폴리 국립고고학박물관

리스 연합군 사령관으로 추대되었다.

이때부터 뛰어난 군사적 역량을 과시한 알렉산드로스는 세계 정복을 꿈꾸며 페르시아와의 전쟁을 개시함으로써 본격적으로 대원정을 추진하게 된다. BC 334년에 알렉산드로스는 마케도니아-그리스 연합군 4만 명을 이끌고 페르시아령을 침공했다. 그리고 같은 해에 알렉산드로스의 연합군은 아나톨리아반도(튀르키예반도)와 접한 그라니코스에서 약 4만 명의 페르시아 군대와 맞붙어 승리를 거둔다.

이듬해 11월에 알렉산드로스는 아나톨리아반도 남서부의 이소스 전투에서 불과 3만 명의 병력으로 10만 명의 페르시아 군대를 격파했다. 당시 페르시아는 다리우스 1세의 전성기를 지나 내리막길에 접어들고 있었다. 왕실의 방계 출신인 다리우스 3세가 치열한 궁중 암투 끝에 왕위에 오른 직후, 자신에 대한 주변의 불만과 불신을 타개하기 위해 정면승부에 나섰다가 대패한 것이다.

다리우스 3세는 자신을 향해 돌진하는 알렉산드로스의 용맹함에 지레 겁을 먹고 도주하고 말았다. 마케도니아군은 페르시아 왕 다리우스 3세의 어머니와 왕비, 왕녀를 포로로 삼았다. 이어서 시리아로부터 페니키아 방면으로 남하해서 이집트를 점령하고, 지중해의 제해권을 빼앗아 해상 수송의 보급로를 확보했다.

알렉산드로스의 대원정은 페르시아의 타도에 그치지 않고 지중해에서 인도에 이르기까지 광대한 제국을 구축하는 것으로 발전해 간다. 또한 이집트를 정복한 후에는 곧바로 페르시아 제국의 심장부를 향해 진군했다.

가우가멜라 전투에서 알렉산드로스에게 패한 페르시아의 다리우스 3세는 부하에게 살해

BC 331년 10월, 반격을 노리던 페르시아 왕 다리우스 3세와 알렉산드로스는 티그리스강 상류의 가우가멜라에서 결전을 맞이한다.

가우가멜라에서는 약 4만 7,000명의 마케도니아군이 약 20만 명의 페르시아군과 대치했다. 병력 수로 보면 4배가 넘는 압도적인 차이다. 가우가멜라 평원에 진을 친 페르시아 대군의 위용을 지켜본

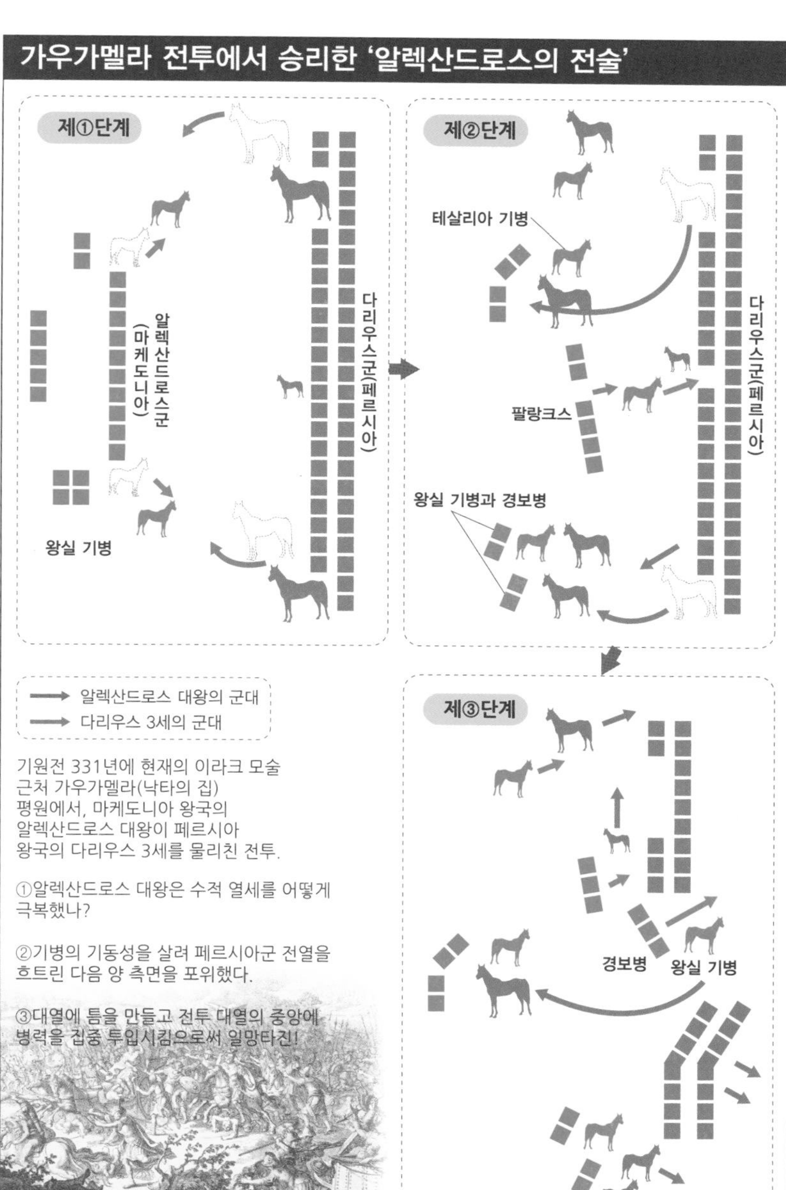
가우가멜라 전투에서 승리한 '알렉산드로스의 전술'
제①단계
알렉산드로스군(마케도니아)
다리우스군(페르시아)
왕실 기병
제②단계
테살리아 기병
팔랑크스
다리우스군(페르시아)
왕실 기병과 경보병
제③단계
경보병
왕실 기병
알렉산드로스 대왕의 군대
다리우스 3세의 군대
기원전 331년에 현재의 이라크 모술 근처 가우가멜라(낙타의 집) 평원에서, 마케도니아 왕국의 알렉산드로스 대왕이 페르시아 왕국의 다리우스 3세를 물리친 전투.
①알렉산드로스 대왕은 수적 열세를 어떻게 극복했나?
②기병의 기동성을 살려 페르시아군 전열을 흐트린 다음 양 측면을 포위했다.
③대열에 틈을 만들고 전투 대열의 중앙에 병력을 집중 투입시킴으로써 일망타진!

마케도니아 장군들은 야간기습을 제안하기도 했지만, 알렉산드로스는 대낮에 정공법으로 충분히 물리칠 수 있다고 자신했다.

알렉산드로스는 병력의 기동성을 살린 포위와 전개로 페르시아군을 유인해서 전투 대열에 틈을 만든 다음, 여기에 병력을 집중시키는 전략으로 적을 무너뜨렸다. 페르시아군의 옆구리가 노출되자, 알렉산드로스는 왕실 기병의 선두에 서서 다리우스 3세를 향해 곧장 돌격했다.

이번에도 다리우스 3세는 알렉산드로스에 쫓겨 전장에서 도주했지만, 그 후 부하 장군 베수스에게 살해당한다. 가우가멜라 전투는 알렉산드로스의 군사적 천재성을 드러낸 최고의 대회전이었다.

알렉산드로스는 저 유명한 망치와 모루의 전술대로 모루인 보병이 사선대형으로 진격해 정면의 적을 견제하는 사이 망치인 왕실 기병대가 우회하면서 후방으로 진격해 적진을 혼란에 빠뜨리고 승부에 쐐기를 박았다.

이어서 BC 330년에 알렉산드로스는 페르시아의 수도 페르세폴리스를 점령함으로써 마침내 페르시아 제국을 멸망시켰다. 여기서 페르시아 대원정은 일단락되었고, 그리스 병사의 대부분은 귀국길에 올랐다.

이후 알렉산드로스는 동서 세계의 융합을 목표로 이번에는 동방의 파르티아, 중앙아시아의 박트리아를 침공해 현재의 이란, 아프가니스탄, 파키스탄까지 정복했다. 동방 대원정의 후반전은 점령한 페르시아 제국의 병력을 재편해서 이끌었다.

로마 제국의 유럽 지배나 기독교의 보급은 헬레니즘 문화가 밑거름으로 작용했다

알렉산드로스는 어떻게 페르시아 제국 지배하의 병사와 백성을 복종시키는 데 성공했던 것일까? 그 열쇠는 철저한 이문화 혼교정책(異文化混交政策)에 있었다. 알렉산드로스는 지배 지역의 토착 종교와 제도를 존중하면서 그리스문화를 동방에 전파했다.

이를 위해 이집트에서 중앙아시아에 이르는 70여 곳에 알렉산드리아라는 이름의 그리스풍 도시를 건설했다. 이러한 이문화 혼교정책이 성공할 수 있었던 이유는 당시는 각지의 토착 신앙끼리 자연스럽게 공존할 수 있는 다신교 시대였기 때문이다.

BC 327년에 알렉산드로스군은 마침내 인도에 접한 인더스강까지 이르렀다. 그러나 오랫동안 계속된 전쟁에 지친 병사들이 그 이상의 행군과 전쟁을 거부했기 때문에 알렉산드로스는 여기에서 원정을 그치고 본국으로 귀환의 길에 올랐다.

알렉산드로스의 원정은 그리스문화와 오리엔트문화가 융합한 광대한 헬레니즘 문화권을 형성했고, 그 영향은 수백 년이 흐른 후에도 당대(唐代)의 중국을 거쳐 일본에까지 전해졌다. 알렉산드로스는 인종차별 의식이 없어 부하인 그리스 군인과 현지의 페르시아인 여성을 결혼시키고, 스스로 페르시아의 왕녀를 아내로 맞았다. 그러나 이러한 이문화 혼교방침이 한편으로는 일부 마케도니아, 그리스인 세력의 반발도 초래했다.

BC 323년 6월, 바빌론에 체류하고 있던 알렉산드로스는 아라비아반도 침공을 준비하던 중 열병에 걸려 급사하고 만다. 그의 나이 불과 32세였다.

알렉산드로스가 이뤄놓았던 헬레니즘 제국의 판도는 후계자 쟁취를 위한 싸움 끝에 안티고노스 왕조의 마케도니아, 프톨레마이오스 왕조의 이집트, 셀레우코스 왕조의 메소포타미아로 분열한다. 그러나 알렉산드로스의 동방 원정이 있었기에 지중해로부터 서아시아에 걸친 지역은 그 다양성을 잃지 않으면서도 하나의 문화권을 형성할 수 있었다.

훗날 로마 제국의 지배나 기독교의 보급도 이 광범위한 헬레니즘 문화권의 형성이 밑거름으로 작용했다고 볼 수 있다. 말하자면, 알렉산드로스의 대원정은 이후의 유럽 질서를 체계화한 로마와 기독교 세계의 가치관을 형성하는 데 모태이자 뿌리 역할을 한 것이다.

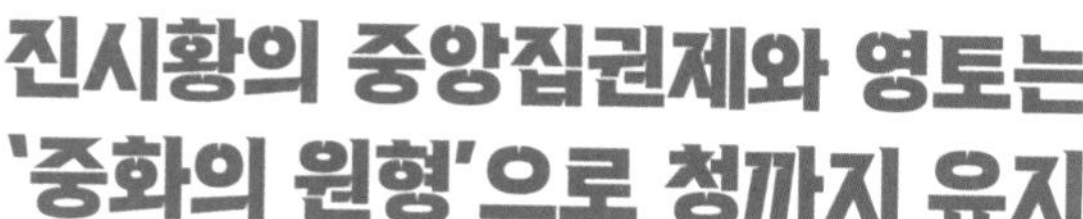

진시황의 중국 통일 BC 221~210년

진시황의 중앙집권제와 영토는 '중화의 원형'으로 청까지 유지

진나라는 법으로 지배하는 법치주의와 봉건제 대신 군현제로 중앙집권화 실현

춘추시대를 거쳐 BC 5세기에 중국 대륙은 전국시대(戰國時代)라 불리는 상황에 빠져 있었다. 그때까지 황하(黃河) 유역부터 장강(長江) 유역에 이르는 광대한 지역을 지배하고 있던 주(周) 왕조의 힘이 기울자, 주 왕조를 섬기던 봉건 제후들이 독립해 서로 싸우게 되었기 때문이다.

이 제후국들은 주 왕조와 마찬가지로 이민족을 적대시하고 중화사상의 기치를 앞세운 대륙 국가였다. 대부분의 제후국은 원래 주 왕조의 신하이기도 해서 서로 간에 명확한 국경은 없었다. 따라서 중요 거점이 되는 도시나 도성을 쟁탈하는 것이 전쟁의 주된 목적이었다.

중국의 전국시대에 패권을 다툰 7웅

'전국의 7웅(七雄)'이란?

춘추전국시대의 제·초·연·한·위·조·진 7대 제후들을 뜻하며, 주변에 노, 오, 월 등 많은 소국과 형식상의 주 왕조도 있었다. 하지만 거듭된 전란으로 약육강식의 시대가 되면서 모두 도태되었다. 진의 세력이 커지기 전까지는 제나라가 다른 나라들의 경계 대상이었고, 영토가 제일 넓었던 초는 수비와 방어는 물론 적을 공격하기에 불리했다. 또한 한·위·조는 교통의 요지라서 공격의 목표가 되었으며, 연은 깊은 벽지에, 제는 바다 옆이라 발전하기 어려웠다. 다만 진은 방어하기 쉬운 위치라서 진출과 후퇴에 유리했다.

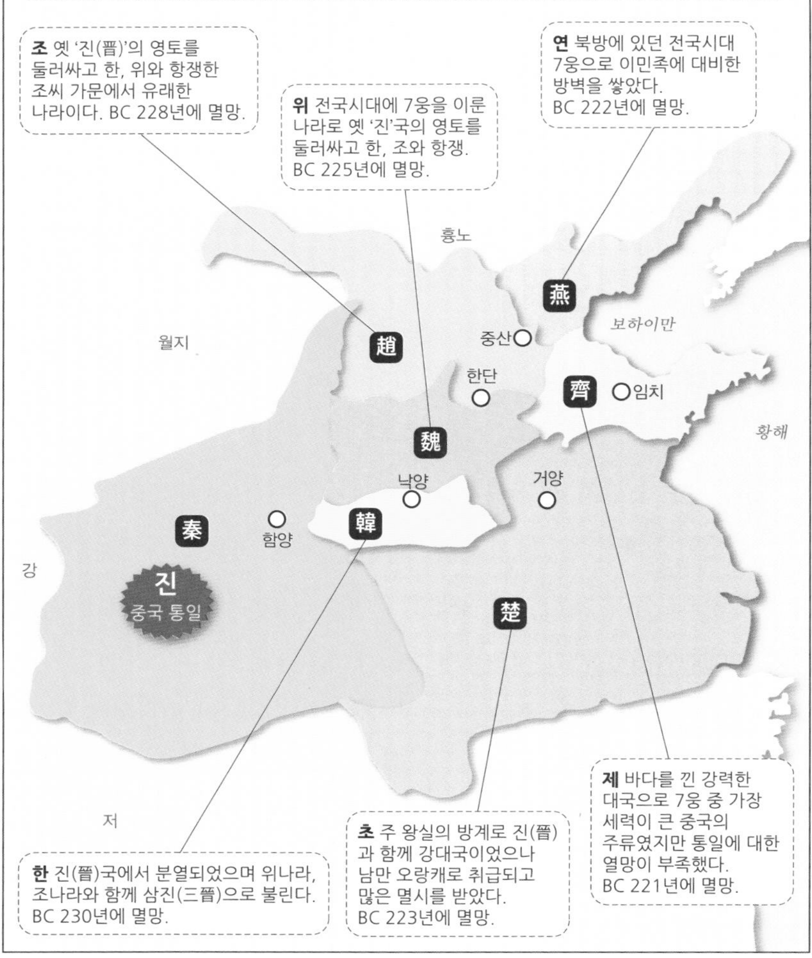

조 옛 '진(晋)'의 영토를 둘러싸고 한, 위와 항쟁한 조씨 가문에서 유래한 나라이다. BC 228년에 멸망.
위 전국시대에 7웅을 이룬 나라로 옛 '진'국의 영토를 둘러싸고 한, 조와 항쟁. BC 225년에 멸망.
연 북방에 있던 전국시대 7웅으로 이민족에 대비한 방벽을 쌓았다. BC 222년에 멸망.
흉노
燕
보하이만
월지
중산
趙
한단
齊
임치
황해
魏
낙양
거양
秦
함양
韓
강
진
중국 통일
楚
저
제 바다를 낀 강력한 대국으로 7웅 중 가장 세력이 큰 중국의 주류였지만 통일에 대한 열망이 부족했다. BC 221년에 멸망.
초 주 왕실의 방계로 진(晋)과 함께 강대국이었으나 남만 오랑캐로 취급되고 많은 멸시를 받았다. BC 223년에 멸망.
한 진(晋)국에서 분열되었으며 위나라, 조나라와 함께 삼진(三晋)으로 불린다. BC 230년에 멸망.

전국시대를 거치면서 본래 140여 개였던 제후국은 점차 소국이 대국에 흡수되거나 분열을 되풀이해 나간다. 결국 조(趙), 위(魏), 한(韓), 제(齊), 연(燕), 진(秦), 초(楚)의 일곱 나라가 대표적인 강국이 되어 '전국칠웅(戰國七雄)'으로 불리게 되었다.

이 가운데 진은 서북 내륙부에 있어 벽지의 후진국으로 여겨지던 나라였다. 그러나 BC 4세기경부터 급속하게 국력을 키워 마침내 통일을 달성하게 된다. 그런데 진은 어떻게 해서 강국이 될 수 있었던 것일까? 그 이유 중의 하나가 바로 국가 조직의 중앙집권화이다. 주 왕조와 그 제후국은 왕실의 혈연을 지방의 영주로 삼는 봉건 제도를 취하고 있었다. 그런데 이 영주들이 독립함으로써 전국 상태가 되었다. 이 때문에 차츰 중앙에서 지배 지역에 관료를 파견해 직할령의 군현으로 만드는 군현제가 생겼다.

BC 221년에 중국을 통일한 진나라 정왕은 대륙의 지배자로서 스스로 시황제로 호칭

한편 진나라는 BC 4세기 중반 무렵에 정치가 상앙(商鞅, 일명 공손앙)이 혈연이 아니라 법으로 백성을 지배하는 법치주의를 받아들여 일찍부터 군현제를 발전시켰다.

엄격한 법치주의와 군현제를 받아들인 진나라의 소양왕(昭襄王, 재위 BC 306~251년)은 명장군 백기(白起)를 등용해 주변국 침략으로 세력을 확대했다. 초나라의 서쪽 영토 대부분을 차지한 소양왕은 위 · 한 · 조 등으로 정벌에 나서 영토를 확장해 나갔다.

결국 주나라를 멸망시키고 왕권을 상징하는 구정(九鼎)까지 차지한 소양왕은 주나라의 법통을 이으며 왕권을 강화하려 했으나, BC 251년에 죽었다. 55년간 장기 집권한 소양왕이 죽은 후 당시 53세의 효문왕(孝文王)이 즉위했으나 1년 만에 죽으면서 아들 장양왕(莊襄王)이 32세의 나이로 왕위에 올랐다. 장양왕이 재위 3년 만에 35살의 나이로 BC 246년 사망하자, 아들 정(政)이 13세의 어린 나이로 제31대 정왕으로 즉위했다. 그가 바로 진나라의 시황제(始皇帝)이다.

할아버지 소양왕과 아버지 장양왕의 정복 사업을 계승한 정왕은 중국 통일을 위한 영토 확장에 더욱 적극적으로 나섰다. BC 225년에 위나라, BC 223년에 진나라와 초나라, BC 222년에 연나라, 그리고 BC 221년에는 마지막으로 제나라를 멸망시키고 중국 대륙의 통일이라는 대업을 이루었다. 이렇게 해서 BC 221년에 중국을 통일한 진나라의 정왕은 대륙 전역의 지배자로서 '황제'라는 칭호를 새로 만들고 스스로 시황제라 칭했다.

진나라를 섬기던 종횡가 장의가 연횡책으로 소진의 합종책을 깨는 외교 전략을 구사

군현제 등 중앙집권제와 강력한 군사력을 바탕으로 중국을 통일한

진시황릉에서 1㎞가량 떨어져 있는 유적지로 흙을 구워 만든 수많은 병사, 말 등의 모형을 갖춘 병마용갱, 서안(西安).

진나라가 강국으로 변모할 수 있었던 또 다른 이유는 다른 나라들을 분열시키는 외교 전략에 있었다. 전국시대에 진나라가 점차 세력을 키워나가자, 진나라를 섬기던 종횡가(縱橫家, 전국시대 제자백가 가운데 제후들 사이를 오가며 책략을 도모했던 사상가들)였던 장의(張儀)는 진나라가 다른 나라들과 일일이 개별 동맹을 맺는 연횡책(連橫策)을 추진해, 역시 종횡가였던 소진(蘇秦)이 주장한 합종책(合從策, 강국 진에 대해 한, 위, 조, 연, 제, 초의 여섯 나라가 동맹해서 대항하는 책략)을 깨뜨리게 된다.

진나라의 연횡책이 성공했던 것은 칠웅국의 의도가 제각기 달랐기 때문이다. 조, 위, 한 3국은 원래는 강대국 진(晋)이 분열되어 생

중화 제국의 원형과 기틀을 만든 진시황

시황제(BC 259~210년)
BC 246년에 13세 나이로 왕에 오른 중국 최초의 황제이다. 도량형과 화폐, 문자를 통일하고 흉노족의 침입을 막기 위해 전국시대 국가들의 장성을 이어 만리장성을 완공하기도 했다. 40세인 BC 221년에 제나라를 멸망시키고 중국을 통일했으며, 군현제의 기틀을 닦아서 이후 2000년 중국 황조의 기본 틀을 만들었다.
보하이만
중산
한단
임치
황해
낙양
거양
함양
진
진의 군현제
황제
관리
관리
백성
중국 대륙을 48개의 군으로 분할하고, 그 밑에 현을 만들어 관리들을 파견하고 지배했다.
연횡책
연
한
위
진
제
조
초
칠웅의 6개국과 개별 동맹을 맺음으로써 6국 사이의 연계를 단절시켰다.

긴 나라들로 진의 지배 영역을 계승하는 것이 전쟁의 목적이었다.

또한 바다를 가까이 등지고 있는 제나라와 연나라는 진나라와 국경을 접하고 있지 않았기 때문에 진나라에 맞서 싸우려는 의식이 낮았는데, 특히 제나라는 경제적으로 여유가 있어 다른 나라를 침략할 필요성이 없었다. 이런 이유로 대륙 정복을 명확하게 목표로 삼았던 나라는 주 왕조의 방계 세력이었던 진과 초 두 나라뿐이었다.

전국의 통화와 도량형을 통일하고, 교통망을 정비해서 경제 발전을 추구

실제로 '중국은 하나의 대륙 국가'라는 표현이 반드시 맞는 말은 아니다. 주나라 이후 2,600년에 이르는 역대 중화 제국에는 원나라며 청나라 등 이민족의 왕조도 있었고, 위진남북조와 오대십국 같은 분열기도 있었다. 한민족(漢民族)의 통일국가가 지배했던 기간은 그 기나긴 역사 가운데 절반 이하에 불과했다.

시황제는 재상인 이사(李斯)를 통해 각 지역에 중앙 직속의 관료를 파견했던 중앙집권제를 확립시킨다. 또한 주의 봉건제로 인해 각지의 봉건제후가 독립해 전국 상태를 초래했다고 생각했다. 그래서 그는 주 왕조가 중시했던, 혈연에 따른 주종관계를 신봉하는 유교를 탄압했다.

진시황 때 유목민의 침입을 막기 위해 만들었던 유네스코 세계문화유산인 만리장성.
ⓒ Hao Wei

나아가 북방 이민족의 침입을 막기 위해 기존의 방벽을 정비, 확장해서 만리장성을 쌓아 올렸다. 또한 전국의 통화, 도량형(度量衡)의 측량 단위와 마차 바퀴의 폭을 통일하고, 교통망을 정비해서 경제 발전을 꾀했다.

그러나 급속한 중앙집권화와 황제릉 건설 등의 폭정은 민심의 반발을 불렀다. 이렇게 해서 BC 210년에 시황제가 서거하자, 그 즉시 반란이 일어나 불과 4년 만에 진나라는 멸망하게 된다.

하지만 시황제가 구축했던 지배 영토와 중앙집권적인 관료제 시스템은 이후 청 왕조까지 약 2000년에 걸쳐 역대 중화 제국의 통치 체제로 자리 잡았다. 이른바 진나라는 '중국'이라는 국가의 원형을 만들었던 것이다.

투르-푸아티에 전투 732년

서유럽 침공한 이슬람 세력을 기독교의 프랑크 왕국이 방어

이베리아반도를 점령한 이슬람 세력은 피레네산맥을 넘어 프랑크 왕국령을 위협

8세기에 현재의 프랑스 서부를 무대로 일어났던 투르-푸아티에 전투는 기독교 교권과 이슬람 교권이 역사상 처음 대규모로 격돌했던 전쟁이다. 원래 5세기에 서로마 제국이 붕괴한 후, 서유럽에서는 게르만족의 소국 간에 전쟁이 끊이지 않았다. 이에 종지부를 찍은 것이 현재의 프랑스에서 독일에 이르는 지역을 지배했던 프랑크 왕국이다.

한편 중동에서는 7세기에 이슬람교가 발흥한 이후로 서아시아 전역부터 북아프리카에까지 교단의 세력이 확산하고 있었다.

당시 이슬람 문화권은 여러 분야에서 서유럽 국가들에 앞서 있었

프랑크 왕국의 왕계표

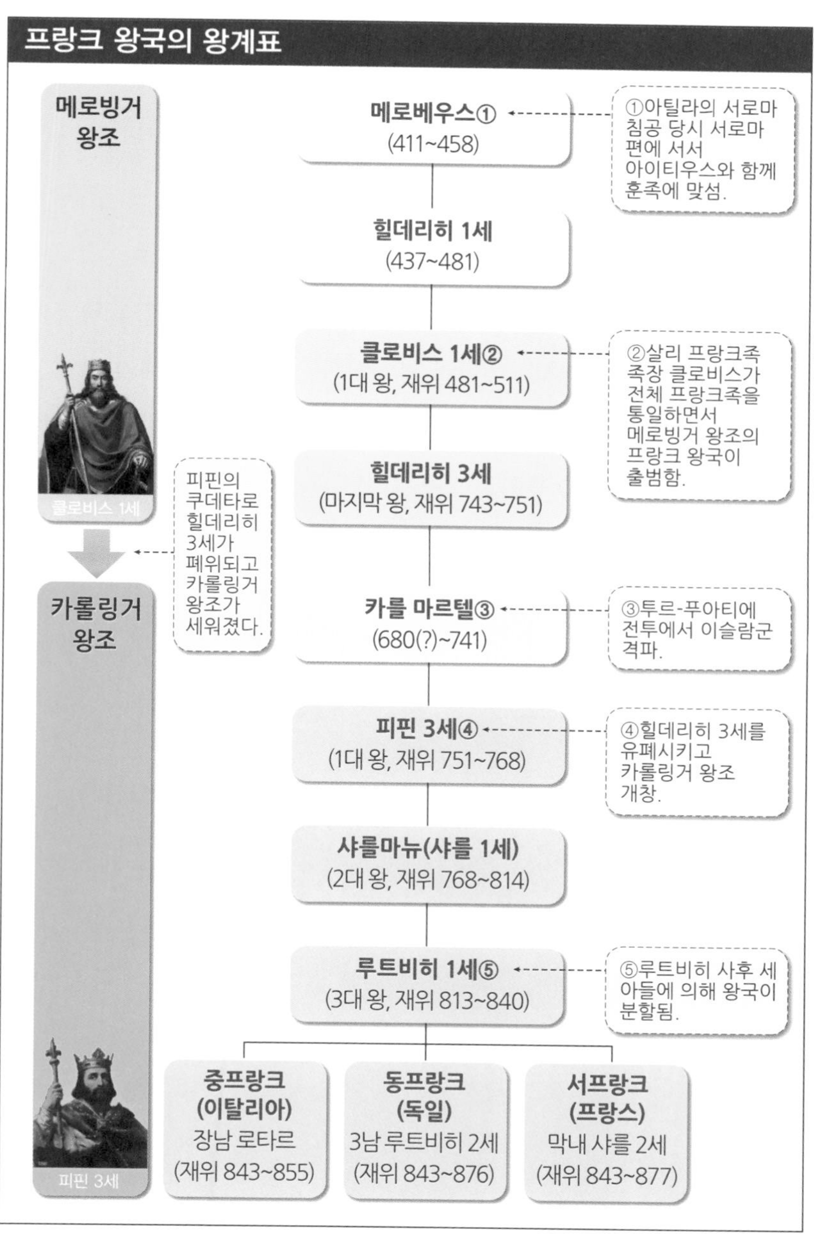

메로빙거 왕조
클로비스 1세
피핀의 쿠데타로 힐데리히 3세가 폐위되고 카롤링거 왕조가 세워졌다.
카롤링거 왕조
피핀 3세
메로베우스① (411~458)
①아틸라의 서로마 침공 당시 서로마 편에 서서 아이티우스와 함께 훈족에 맞섬.
힐데리히 1세 (437~481)
클로비스 1세② (1대 왕, 재위 481~511)
②살리 프랑크족 족장 클로비스가 전체 프랑크족을 통일하면서 메로빙거 왕조의 프랑크 왕국이 출범함.
힐데리히 3세 (마지막 왕, 재위 743~751)
카를 마르텔③ (680(?)~741)
③투르-푸아티에 전투에서 이슬람군 격파.
피핀 3세④ (1대 왕, 재위 751~768)
④힐데리히 3세를 유폐시키고 카롤링거 왕조 개창.
샤를마뉴(샤를 1세) (2대 왕, 재위 768~814)
루트비히 1세⑤ (3대 왕, 재위 813~840)
⑤루트비히 사후 세 아들에 의해 왕국이 분할됨.
중프랑크 (이탈리아) 장남 로타르 (재위 843~855)
동프랑크 (독일) 3남 루트비히 2세 (재위 843~876)
서프랑크 (프랑스) 막내 샤를 2세 (재위 843~877)

다. 특히, 본래 유목민이 중심이었던 만큼 기병의 운용이나 군마의 품종도 서유럽에 비해 월등했다.

이슬람 세력은 711년에 이베리아반도를 점령한 데 이어, 718년에는 비잔티움 제국(동로마 제국)의 수도 콘스탄티노플을 포위한다. 비잔티움 제국의 황제 레오 3세는 격전 끝에 이슬람군을 물리쳤다.

그러나 이베리아반도를 점령한 이슬람 세력은 점점 프랑크 왕국령에 위협을 가하게 된다. 이처럼 확대되어 가는 이슬람 세력 앞에 위기를 느낀 서유럽의 기독교 문화권이 방어전의 하나로 치른 결전이 바로 732년의 투르-푸아티에 전투였다.

카를 마르텔은 서유럽을 기독교 세력으로 재편, 손자 샤를마뉴는 서로마 제국의 황제에 올랐다

서로마 제국이 붕괴한 이래로 전란이 계속되었던 서유럽을 기독교 문화권으로 재편을 주도한 세력이 프랑크 왕국이었다. 프랑크 왕국은 6세기 이후부터 가톨릭교회의 후원을 받아 이단 종파를 믿는 이웃 부족들을 정복해 세력을 늘려갔다.

714년에 카롤링거 가문 출신의 카를 마르텔은 프랑크 왕국의 재상이 되어 주변 게르만 민족들을 토벌하는 동안 이슬람 제국과의 충돌을 거듭했다. 카를 마르텔은 교회령을 몰수해서 신하에게 나눠주는 방식으로 지배력을 키워나갔다. 그리고 아들 피핀 3세가 카롤

투르-푸아티에 전투 - 기독교와 이슬람의 최초 전쟁

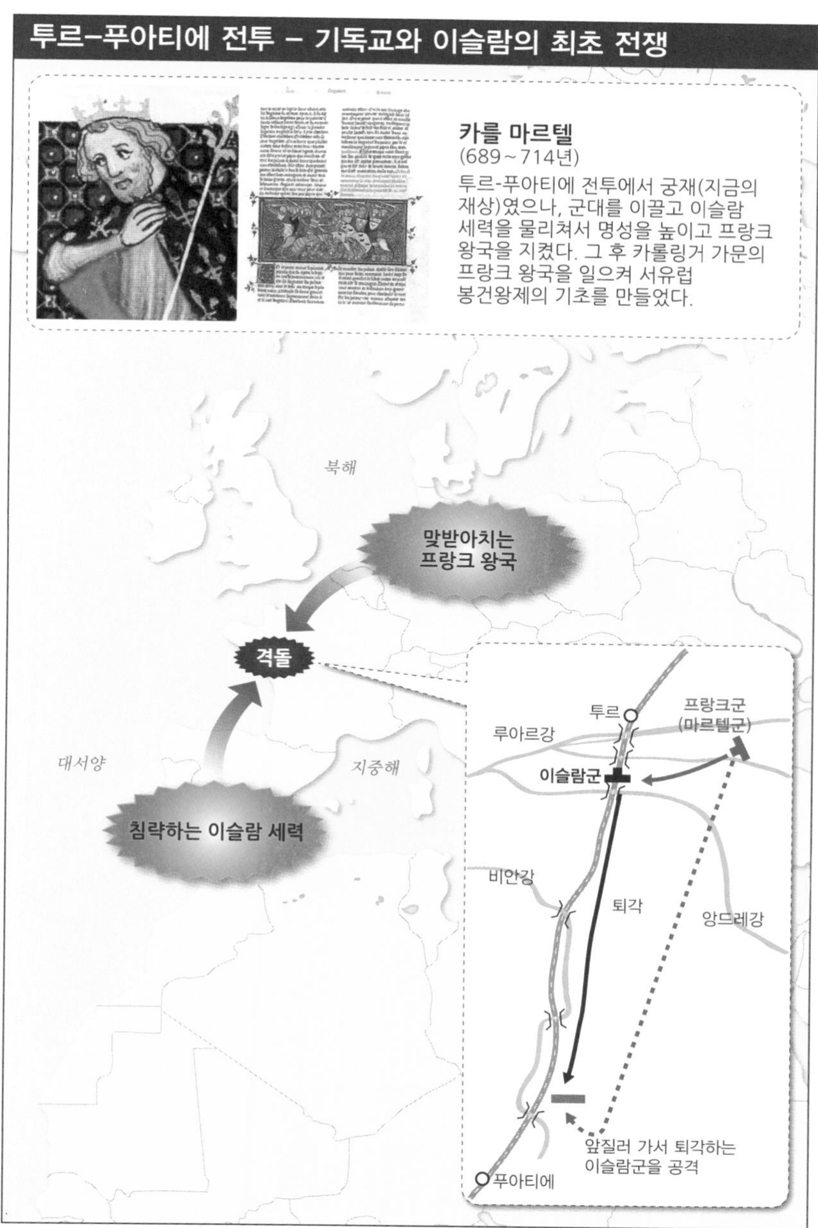

카를 마르텔
(689~714년)
투르-푸아티에 전투에서 궁재(지금의 재상)였으나, 군대를 이끌고 이슬람 세력을 물리쳐서 명성을 높이고 프랑크 왕국을 지켰다. 그 후 카롤링거 가문의 프랑크 왕국을 일으켜 서유럽 봉건왕제의 기초를 만들었다.
북해
맞받아치는 프랑크 왕국
격돌
대서양
지중해
침략하는 이슬람 세력
투르
프랑크군 (마르텔군)
루아르강
이슬람군
비안강
퇴각
앙드레강
앞질러 가서 퇴각하는 이슬람군을 공격
푸아티에

링거 왕조를 개창했고, 훗날 카를 마르텔의 손자는 프랑크 왕국의 카를 대제(샤를마뉴)가 되어 서로마 제국의 황제에 올랐다.

한편 무함마드(마호메트)가 창시한 이슬람교는 중동 각 부족의 지역적인 토착 신앙을 초월해 유일신 알라를 숭배하면서 구심력을 키우는 일신교였다. 이슬람 교단은 이교도라도 세금을 납부하면 종교를 허용한다는 관용적인 태도를 취했다. 그 결과 원래는 유목민이 중심이었던 이슬람 왕조는 중앙집권적인 대륙 국가로 성장해 나간다.

즉, 가톨릭교회가 밀어주는 프랑크 왕국과 지중해 세계로 지배력을 확대하는 이슬람 세력의 대결은 일신교를 바탕으로 중앙집권적인 통일 체제를 갖춘 대륙 국가끼리의 대결이라고 말할 수 있다.

피레네산맥을 넘어온 정예의 이슬람 기병을 보병이 밀집한 형태의 진지전으로 격파

한편 731년에 북부 피레네산맥에 접해 있는 외드 백작의 영토가 압둘 라흐만이 이끄는 이슬람군 5만 명의 침공을 받고 점령당한다. 외드 백작은 본래 프랑크 왕국에 복속되어 있지는 않았지만, 왕국의 신하로 들어가 보호를 요청했다. 그러자 카를 마르텔은 서부 도나우 강변으로 향할 예정이었던 군대를 되돌려 이슬람 군대를 격퇴했다.

732년 10월에 프랑크 군대와 이슬람 군대는 현재의 프랑스 북서

카를 마르텔과 압둘 라흐만이 격돌한 투르-푸아티에 전투, 1470~1480년, 로이셋 리에데, 프랑스 국립 도서관

부에 해당하는 루아르강과 앙드레강을 사이에 두고 있는 두 도시, 투르와 푸아티에의 사이에서 결전을 맞이하게 되었다.

이슬람군은 일찍부터 기마에 말안장 받침대인 등자(鐙子)를 설치해 사용하는 등 기병의 운용에서는 당시 서유럽보다 발전해 있었다. 그러나 카를 마르텔은 역대 전투를 통해서 이슬람군은 방어력이 떨

파리 시내에 진입한 이슬람군,
730~732년,
율리우스 슈노르 폰 카롤스펠트

어지고 보병이 밀집한 형태의 견고한 진지를 공격하는 것이 서투르다는 것을 익히 알고 있었다.

그는 과감하게 아군의 기병을 말에서 내리게 한 뒤 견고한 보병 밀집 진형을 갖추고, 검과 도끼를 휘두르며 이슬람군의 병사와 말을 동시에 공격하도록 했다. 후세의 기록은 이때의 전투 장면을 두고 '카롤링거군은 철벽처럼 꿈쩍하지 않는다'라고 묘사하고 있다.

아무튼 장기간에 걸친 전투 끝에 이슬람군 지휘관인 압둘 라흐만이 전사하고, 이슬람 군대는 전리품만 챙긴 채 후퇴해야만 했다.

프랑크 왕국으로서는 피레네산맥을 넘어서 이슬람 군대를 추격할 여력이 남아 있지 않았고, 이후 이슬람 세력이 피레네산맥을 넘어서 침공해 오는 일도 없어졌다. 이렇게 해서 9세기에 스페

서유럽을 기독교 문화권으로 통일한 프랑크 왕국
프랑크 왕국
게르만 부족을 정복, 통합하면서 피레네 산맥에서 엘베강까지 서유럽 최초의 게르만 통일국가를 이루었다. 카를 대제가 북이탈리아를 평정하고 이슬람교도를 격퇴해 거의 서유럽 전체를 차지하고 제국으로 확장했다. 870년에 분열해 오늘날의 독일, 프랑스, 이탈리아의 원형을 이루었다.
동프랑크
(독일)
서프랑크
(프랑스)
중프랑크
(이탈리아)
로마교황청
후기 우마이야 왕조
지중해
대서양

인의 레콩키스타(reconquista, 국토재정복)가 본격화되기까지 서유럽은 피레네산맥을 경계로 기독교 세력과 이슬람 세력으로 나뉘어 있었다.

이슬람 세력과 전쟁으로 서유럽을 통일해 '무함마드 없이는 샤를마뉴도 없다'라고 기록

이슬람 세력의 서유럽 침입을 막아낸 프랑크 왕국의 승리는 비잔티움 제국의 콘스탄티노플 방위에도 도움이 되었다. 이 덕분에 서유럽의 기독교 문화권은 13~14세기에 걸쳐 발생한 셀주크 왕조의 확대, 몽골 제국의 침공이 있기까지 외적의 침입을 막고 국력을 유지할 수 있었다.

한편 카롤링거가는 정치력을 확대해 751년에 카를 마르텔의 아들 피핀이 카롤링거 왕조를 부흥시키고, 로마교황에게 영토를 바침으로써 로마 교회의 권위를 왕권의 배후로 삼았다. 또한 768년에 즉위한 피핀의 아들 샤를마뉴는 옛 서로마 제국 영토의 대부분을 통일해서 신성로마 제국의 기초를 닦았다.

대표적 사례인 투르-푸아티에 전투에서 볼 수 있듯, 이슬람 세력과의 빈번한 전쟁이 결과적으로 서유럽의 재편으로 이어졌기 때문에 훗날 벨기에의 역사학자 피렌(Henry Pirenne)은 '무함마드가 없이는 샤를마뉴도 없다'라고 기록하고 있다.

또한 군사기술의 면에서도 서유럽 국가들은 투르-푸아티에 전투를 계기로 이슬람 군대가 사육, 운용하고 있던 대형의 군용마에 기병이 등자를 부착하는 방법을 도입해 이를 발전시켰다. 이슬람 세계는 전쟁을 통해 그 문화를 유럽에 수출했던 것이다.

십자군 전쟁 1096~1270년

이슬람이 장악한 예루살렘을 두고 200년 동안 기독교 국가들이 원정

셀주크 왕조가 장악한 예루살렘 탈환을 위해 비잔티움 제국이 로마교황에 구원을 요청

십자군(十字軍, Crusades)은 기독교의 성전을 내세운 군대로, 11~13세기까지 중세 서유럽의 로마가톨릭 국가들이 성지 예루살렘 탈환을 목적으로 중동의 이슬람 국가와 전쟁을 치르면서 시작되었다. 무려 200년에 동안 7차에 걸쳐 간헐적으로 일어난 십자군 전쟁에는 왕과 제후, 기사뿐만 아니라 많은 농민도 참가했다. 물론 순수하게 종교적인 열정만이 그 동기였던 것은 아니다.

3세기 이후 기독교인들은 예수 그리스도가 살았던 지역을 방문하는 성지순례 여행을 해왔다. 동로마 제국의 점령지였던 아나톨리아 반도(지금의 튀르키예)에 튀르크족이 자주 침입하자, 디오게네스 황제

교황 우르바누스 2세(미니어처), 12세기 후반~13세기 초, 프랑스 국립도서관.
우르바누스 2세(재임 1088~1099년)는 성지를 회복하기 위한 제1차 십자군 원정을 계획했으며, 오늘날의 로마교황청 조직의 기틀을 쌓았다고 알려져 있다.

가 직접 정벌에 나섰다. 1071년 아나톨리아반도의 동쪽 만지케르트 전투에서 디오게네스 황제가 체포당하는 참패를 당한 후 동로마 제국은 점차 쇠퇴의 길을 걸었다.

당시의 서유럽 특히 독일에서는 인구가 증가하고 있어, 십자군은 농민에게 농지 확보를 보장하는 개척 이민 운동과도 같았다. 봉건 제후와 기사로서는 점령지의 영주가 될 기회였고, 지중해의 교역 상인에게도 십자군 이송은 크나큰 비즈니스 기회였다.

기독교의 성지 예루살렘은 종래는 비잔티움 제국의 지배하에 놓여 있었으나, 11세기에 접어들면서 서아시아에서 셀주크 튀르크 제국이 세력을 확대해 나가자, 예루살렘으로 가는 순례길이 위협을 받게 되었다.

그때까지 비잔티움 제국의 동방정교회와 서유럽의 가톨릭교회는 대립 관계에 있었으나, 비잔티움 제국은 궁지에서 벗어나기 위해 로마교황 우르바누스 2세에게 구원을 요청한다. 1095년에 교황 우르바누스 2세는 프랑스의 클레르몽 공의회에서 성지 탈환을 호소하는 연설을 하고 수많은 제후와 기사의 지지를 얻었다. 성전에 종군하는 군인들에게 신의 구원을 외치는 한편, 십자군을 통해 동방정교회에 대한 영향력 회복을 염두에 두고 있었다.

십자군이 점령지에서 숱한 이슬람교도를 학살, 이슬람교도도 십자군 격퇴를 성전으로 규정

십자군 전쟁의 원인은 주로 서유럽 가톨릭교회의 종교적 관점에서 거론될 때가 많다. 그러나 시점을 달리하면, 비잔티움 제국 황제인 알렉시우스 1세가 뛰어난 정치 · 외교 수완을 발휘해 다른 나라들을 전쟁에 끌어들여 셀주크 왕조에 빼앗긴 영토를 회복하는 데 성공했던 전쟁이라고도 말할 수 있다.

제1차 원정에서는 1096년 교황과 주교의 주도로 4군단을 조직, 콘스탄티노플로 집결해 안티오크로 떠났다. 프랑스와 이탈리아의 제후들로 구성된 십자군의 정규부대는 비잔티움 제국의 수도 콘스탄티노플에 도착한 후 형식상 비잔티움 제국의 신하가 되었다.

제1차 십자군의 예루살렘 함락(1099년), 1847년, Émile Signol, 베르사유 궁전

먼저 출발했던 농민이 주축을 이룬 십자군은 제대로 통솔을 받지 못해 거의 전원이 전멸당하는 쓰라린 체험을 했으나, 정규군 기사들은 격전 끝에 1099년 성지 예루살렘을 점령한다. 예루살렘 왕국을 건설한 그들 가운데 일부 기사들은 점령지 유지를 위해 계속 주둔했다.

그러나 십자군은 점령지에서 엄청난 수의 이슬람교도와 유대교도를 학살해 현지 주민의 반발을 불러왔다. 이로 인해 이슬람교 진영도 그 후로는 십자군의 격퇴를 성전으로 꼽게 되었다.

최대 10만 명이 참전했던 제3회 십자군은 쿠르드족 출신의 영웅 살라딘에게 참패

제1차에 이어 제2차 십자군이 파견되던 무렵, 이슬람 진영 측은 내분이 일어나서 혼란스러웠다. 이런 가운데 쿠르드족 출신의 명장 살라흐 앗 딘(살라딘)이 파티마 왕조를 멸망시켜 아이유브 왕조를 건국하고 이집트, 시리아 등지로 점차 세력을 넓혀간다. 살라딘은 파죽지세로 지배 영역을 확장해 1187년에는 하틴 전투에서 십자군 국가를 괴멸시키고 예루살렘을 점령했다. 이에 맞서 서유럽 국가들은 1189년에 제3차 십자군을 조직한다.

제3차 십자군은 신성로마 제국 황제 프리드리히 바르바로사(붉은 수염왕), 프랑스 왕 필리프 2세, 영국 왕 리처드 1세(사자왕)가 손잡고 10만 명의 군대가 참가한, 십자군 역사상 최대의 규모였다. 그러나 프리드리히 바르바로사는 전장에 도착하기 전에 사고로 죽고, 남은 프랑스 왕 필리프 2세와 영국 왕 리처드 1세의 불화로 십자군은 갈팡질팡했다.

반면에 살라딘은 바람이 불어오는 유리한 쪽에 아군을 배치하고 탁월한 포위전을 펼쳐 십자군을 물리쳤다. 그뿐만 아니라, 그는 격파한 포로를 정중하게 대하고 휴전 협상에서 기독교도의 성지순례 권리를 인정해 오히려 이슬람 측의 관용을 보여주었다.

탁월한 군사 지도자이자, 뛰어난 정치가였던 살라딘은 전제군주이면서도 상당히 관대하고 합리적인 면모의 소유자였다. 1169년에

십자군의 처참한 패배를 부른 기 드 루지앙과 살라딘의 하틴 전투, 1187년, 사이드 타쉰

북아프리카에 아이유브 왕조를 창건했고, 기독교도의 예루살렘 왕국을 무혈점령하고도 패전군의 장병들을 정중하게 대우하기도 했다.

온건하고 약속을 잘 지키는 자비로운 군주 살라딘은 매우 금욕적인 생활을 하면서 종교적인 의무를 항상 앞세웠고, 결코 정무를 게을리하는 법이 없었다고 전해진다.

특히 그는 사망 후에도 장례를 검소하게 치르게 할 만큼 청빈한 삶을 살았다. 이 같은 업적을 바탕으로 지금도 이슬람 세계에서 지하드의 영웅, 즉 저항과 독립의 상징으로 받들어지고 있다.

이슬람의 영웅 살라딘에 참패한 제3차 십자군 원정

셀주크 왕조
(1038~1194년)
11세기부터 이슬람 세계에 존재했던 튀르크계 왕조가 세웠으며, 전성기에는 서아시아의 상당 지역을 지배했다.

무와히드 왕조
(1121~1269년)
12세기에 설립한 무슬림 칼리파 왕조로 모든 북아프리카를 정복해 손에 넣고 리비아와 이베리아반도까지 다스렸다.

아바스 왕조
(750~1258년)
750년에 옴미아드 왕조를 무너뜨리고 세운 칼리파국이며, 아라비아반도부터 현재의 이라크, 이란까지 지배했다.

아이유브 왕조
(1174~1250년)
12세기에서 13 세기까지 중동 지역에서 통치했던 살라딘의 이슬람 왕조로, 시리아와 이집트를 중심으로 세력을 확장했다.

파리
레겐부르크
아랄해
흑해
카스피해
코르도바
콘스탄티노플
로마교황령
비잔티움 제국
지중해
바그다드
카이로
예루살렘
페르시아만
메디나
메카
홍해
아라비아해
아이유브 왕조
무와히드 왕조
아바스 왕조
셀주크 왕조

제3차 십자군 원정에 참전한 '왕들의 전쟁'

신성로마 제국 황제 프리드리히 1세
황제의 지위로 십자군 원정에 참가한 유일한 인물로 신성로마 제국의 영토 확장과 황권 강화에 기여했다. 대군을 이끌고 원정을 가는 도중에 아나톨리아의 살프레강을 건너다가 사망했다.

프랑스 왕 필리프 2세
중세 프랑스 카페 왕조를 반석 위에 올려놓은 업적으로 '존엄왕(아우구스투스)'으로 불렸다. 영국 왕 리처드 1세와의 불화, 건강 문제로 귀환한 후에는 프랑스 왕권 강화에 힘썼다.

영국 왕 리처드 1세
생애 대부분을 전쟁터에서 보냈으며, 용맹함으로 인해 '사자왕'이라는 별칭을 얻었다. 살라딘과 단독으로 전투에 나서 탁월한 전술로 일진일퇴를 거듭하다 야타 전투를 끝으로 강화조약을 맺고 귀환했다.

제4차 십자군 원정은 제후들의 내분으로 인해 서로마 기독교가 동로마 기독교를 공격

이후에 이어진 십자군 원정에서 기독교 국가 쪽은 이슬람 세력과의 전투에서 번번이 패하면서 어려움이 가중되었다. 게다가 비잔티움 제국을 침략함으로써 십자군 원정의 본의를 완전히 벗어난 결과를 가져왔다. 십자군 원정 경비를 둘러싸고 제후들 사이에 내분이 일어나 서로마 기독교가 동로마 기독교를 공격하는 자중지란의 전쟁을 초래한 것이다.

1203년 제4차 십자군은 베네치아의 수송선을 타고 콘스탄티노플 원정길에 올랐다. 치열한 공성전을 펼치는 등 수개월에 걸친 격전 끝에 1204년 4월 12일, 콘스탄티노플은 이들에게 함락되기에 이르렀다. 십자군을 비잔티움 제국에 끌어들인 알렉시우스 4세는 아버지가 삼촌에게 빼앗겼던 황제 자리를 다시 찾는 데 성공했다.

제5차 십자군 원정 때는 신성로마 제국 황제 프리드리히 2세가 아이유브 왕조와 야합해 예루살렘을 탈환한다. 그러나 한편으로는 프리드리히 2세와 교황 그레고리우스 9세가 내분을 일으키는 복잡한 상황이 벌어졌다. 그다음에는 프랑스의 루이 9세가 제6차와 제7차 십자군을 주도하지만, 실패로 끝난다. 일반적으로 말하는 '십자군'은 제7차 십자군 원정까지이다. 이처럼 십자군 전쟁의 후반은 순전히 이슬람 세력으로부터의 영토 획득을 목적으로 하는 전쟁이었지만, 그 결과는 동서 기독교 세력의 분열로 이어졌다.

후기 십자군 전쟁은 이슬람 세력과의 영토 분쟁

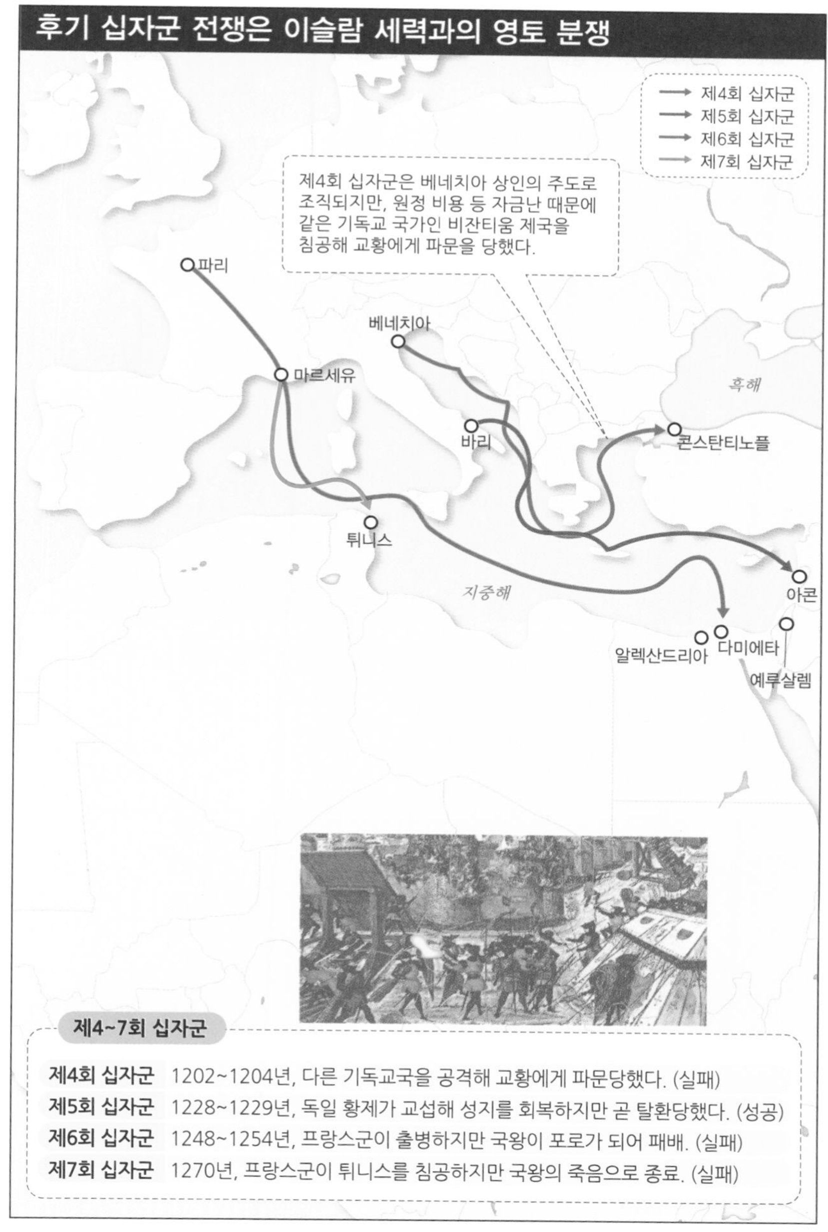

제4회 십자군
제5회 십자군
제6회 십자군
제7회 십자군
제4회 십자군은 베네치아 상인의 주도로 조직되지만, 원정 비용 등 자금난 때문에 같은 기독교 국가인 비잔티움 제국을 침공해 교황에게 파문을 당했다.
파리
베네치아
마르세유
흑해
바리
콘스탄티노플
튀니스
지중해
아콘
알렉산드리아
다미에타
예루살렘

제4~7회 십자군

제4회 십자군	1202~1204년, 다른 기독교국을 공격해 교황에게 파문당했다. (실패)
제5회 십자군	1228~1229년, 독일 황제가 교섭해 성지를 회복하지만 곧 탈환당했다. (성공)
제6회 십자군	1248~1254년, 프랑스군이 출병하지만 국왕이 포로가 되어 패배. (실패)
제7회 십자군	1270년, 프랑스군이 튀니스를 침공하지만 국왕의 죽음으로 종료. (실패)

그라나다 멸망 후 이베리아를 떠나는 무함마드 12세(왼쪽), 레콩키스타를 마무리한 상징적인 그림.

이슬람 전쟁사에서 '십자군 원정'이라는 전쟁은 이슬람 왕조에는 국지적 충돌의 반복에 불과

일관되게 십자군 전쟁에 소극적이었던 비잔티움 제국은 역설적으로 서유럽에서 온 십자군에게 번번이 영토를 빼앗기는 바람에 시간이 흐르면서 쇠퇴의 길로 접어들었다. 그러나 지중해에 면한 항만 상업도시들은 전쟁 병력과 물자의 이송 덕분에 발전을 거듭해 유럽 동북 지역과 연결하는 문물 교역의 주역으로 떠올랐다. 이것이 나중에 독일 각지의 유력 상인이 결집한 한자동맹의 발족과 훗날 르네상스의 기초가 된다.

한편 십자군 원정과 같은 시기 이베리아반도에서 활발하게 일어났던 기독교도의 국토회복운동(레콩키스타)에서는 단순한 영토 획득뿐만 아니라 카스티야 왕국, 아라곤 왕국의 지배력 강화와 반도의 통일이 추진되었다.

그런데 이슬람 측의 전쟁사에서는 '십자군 원정'이라 불리는 일련의 전쟁은 국지적 충돌이 반복되었던 것에 불과하다. 또한 당시의 이슬람 측도 셀주크 왕조, 아바스 왕조, 파티마 왕조로 분열되어 있었으므로, 후세에 알려진 것처럼 기독교 측 대동맹과 이슬람교 측 대동맹의 대결로 보기에는 다소 무리가 따른다. 당시 이슬람 세력권에서는 종교공동체보다는 민족공동체가 우선시되었다는 것을 보여주는 단면이라고 할 수 있을 것이다.

이렇게 본다면 사실 십자군 전쟁은 흔히 말하듯 예루살렘 성지를 둘러싼 일신교끼리의 전쟁이라고만 단정하기는 어렵다는 뜻이다.

레그니차 전투 1241년

유럽 연합군을 섬멸한 몽골군이 헝가리 등 유럽의 심장을 유린

헝가리의 10만 대군을 전멸시킨 몽골군은 도나우강 유역까지 중부 유럽 전역을 지배

13세기 초반, 세상에 이름을 떨쳤던 칭기즈칸과 그의 아들 오고타이의 활약으로 유라시아 대륙 대부분을 지배했던 몽골 군대는 유럽에까지 점령지를 넓혀가고 있었다.

1241년 4월 9일, 몽골군은 북유럽의 폴란드 남부 레그니차(Legnica)를 기습적으로 침공했다. 동유럽의 중심지인 헝가리를 정복하기 전에 북쪽의 폴란드에서 유럽 지원군이 오는 것을 사전에 봉쇄하기 위해 선제공격에 나선 것이다.

오고타이칸의 아들 카단이 이끄는 몽골군은 슐레지엔공 헨리크 2세가 이끄는 유럽 제후 연합군을 상대로 압도적인 병력과 전술을

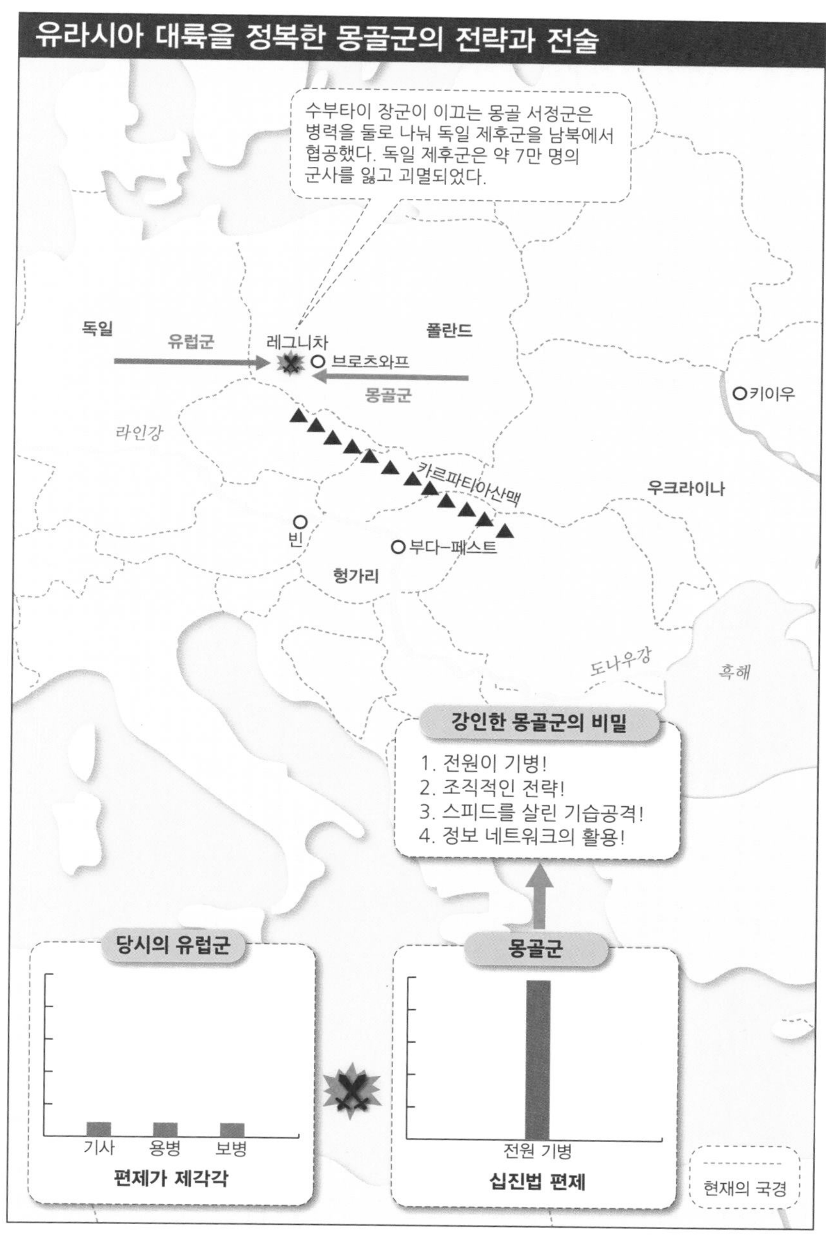
유라시아 대륙을 정복한 몽골군의 전략과 전술
수부타이 장군이 이끄는 몽골 서정군은 병력을 둘로 나눠 독일 제후군을 남북에서 협공했다. 독일 제후군은 약 7만 명의 군사를 잃고 괴멸되었다.
독일
유럽군
레그니차
브로츠와프
폴란드
몽골군
키이우
라인강
카르파티아산맥
우크라이나
빈
부다-페스트
헝가리
도나우강
흑해
강인한 몽골군의 비밀
1. 전원이 기병!
2. 조직적인 전략!
3. 스피드를 살린 기습공격!
4. 정보 네트워크의 활용!
당시의 유럽군
기사
용병
보병
편제가 제각각
몽골군
전원 기병
십진법 편제
현재의 국경

구사해 대승을 거두었다. 숱한 정복 전쟁을 치르면서 단련된 세계 최강의 몽골군에 비해, 유럽 연합군은 훈련과 장비도 변변치 않은 상태여서 전투를 치르기 힘들 정도의 오합지졸이었다.

몽골군은 유럽 연합군의 측면에 경기병을 배치해 놓고, 정면공격에 나섰던 선발대가 갑자기 후퇴하는 연막전술을 구사했다. 이에 폴란드 기병대가 달아나는 몽골군을 추격하는 동안 본대에 떨어진 보병을 향해 몽골 궁병의 화살이 비 오듯이 쏟아졌다. 결국 독일 · 폴란드의 연합군이 대부분 몰살당하면서 대패했고, 헨리크 2세도 전사했다.

몽골군은 카르파티아산맥 인근의 레그니차에서 독일 제후 연합군

몽골군과 유럽 연합군의 전투(레그니차 전투), 1353년, 폴 게티 미술관

을 섬멸한 다음, 1241년 4월 11일에 헝가리의 수도 부다페스트(당시에는 도나우강을 사이에 두고 부다와 페스트라는 2개의 도시로 나뉘어 있었다)까지 육박했다. 이 소식을 접한 헝가리의 벨러 4세 국왕은 군대를 소집하면서 출격에 나섰다.

헝가리를 침공한 몽골 제국 군대는 바투칸이 이끄는 부대, 수부타이 장군이 이끄는 부대로 나누어 협공 전술을 구사했다. 몽골군의 유럽 방면 총사령관 수부타이가 부다페스트에 임해 있는 셔요강과 모히 평원에서 헝가리 국왕 벨러 4세가 이끄는, 10만이나 되는 군사를 뛰어난 전략으로 전멸시켰다. 이렇게 해서 몽골군은 도나우 강변까지 이르는 중부 유럽 지역을 지배하에 두게 되었다.

몽골 제국의 특징은 내륙 국가이면서도 이동과 유동성을 중시하는 해양 국가의 성격

모히 전투에서 대승을 거두고 헝가리를 점령한 수부타이 장군은 이탈리아까지 군대를 전진시키려 했으나, 그때 칭기즈칸의 삼남 오고타이가 급사했다는 소식이 전해진다. 보고를 들은 수부타이 장군은 신속하게 동방으로 군사를 되돌렸다. 만일에 그때 오고타이가 죽지 않았다면, 유럽은 분명 몽골군에게 더한층 유린당했을 것이다. 이렇게 해서 유럽 국가들은 완전히 우연한 사건에 힘입어 구사일생으로 몽골군에 의한 초토화를 피할 수 있었던 셈이다.

이야기를 레그니차 전투에서 조금 앞으로 돌려보자. 1206년에 칭기즈칸이 몽골의 부족들을 통일하기 전까지 몽골족은 여러 부족으로 흩어져 있었다. 유목민 몽골인의 군대조직은 그때까지 무질서하기 이를 데 없었지만, 칭기즈칸은 경장기병대(輕裝騎兵隊)와 중장기병대(重裝騎兵隊)로 이루어진 전투부대(투멘, tumen)을 편제한다. 이로써 전군이 같은 속도로 진격하며 공격하는 조직적인 기동전을 구사할 수 있는 전술과 전략 체제로 통합했다.

이렇게 해서 강성한 전력을 얻은 칭기즈칸은 동서 무역의 교역로 확보를 목적으로, 인근 지역부터 차례로 정복한 데 이어 대규모의 서방 원정을 개시했다.

칭기즈칸이 완성한 초기 몽골 제국의 특징은 내륙에서 생겨난 국가이면서도 전쟁 목적과 군대의 운용 방식은 정주와 집단화가 아니라, 이동과 유동성에 중점을 두는 해양 국가의 성격이었다는 점을 지적할 수 있다. 이것은 그들이 원래 일정한 토지에 정주해서 농사를 짓는 농경 민족이 아니라 유목과 교역을 통해 생활하는 유목 민족이었기 때문이다.

몽골 제국은 피정복민의 자주성을 존중했지만, 반기를 든 정복지는 초토화로 지배 영토 확장

몽골 제국은 기존 정복지에는 소수의 감시병만을 두고 피정복민의

바투가 이끄는 몽골군이 러시아를 침략하고 있다.

자주성을 존중했지만, 정복지가 반기를 든 경우, 정규군을 보내 전원 몰살하는 잔혹한 통치 방식으로 지배 영역을 크게 넓혀갔다.

정복 전쟁이 한창이던 중에 칭기즈칸이 사망하자, 셋째 아들 오고타이가 몽골 제국의 정복 사업을 계승한다. 서방 원정을 담당했던 오고타이의 조카 바투의 군대는 광대한 중앙아시아 서부를 정복하고 러시아령의 모스크바, 키이우를 점령해 레그니차 전투가 일어나기 전해인 1240년에는 정복지가 중부 유럽 지역까지 육박했다.

칭기즈칸의 장남 주치의 아들 바투 휘하의 서방 정벌군을 실질적으로 지휘했던 사람은 일찍부터 칭기즈칸에게 그 재능을 인정받고 있던 수부타이 장군이었다. 그런데 몽골군은 유럽 군대에 비해 어떤 점에서 뛰어났던 것일까?

몽골군은 전원이 기병으로 이루어진 종대진형(縱隊陣形)을 취했다. 이 전법은 보병과 기병으로 구성된 횡대(橫隊)진형을 기본으로 하고 있던 유럽 군대로서는 중앙을 돌파당하는 기습공격에 가까운 것이었다. 게다가 당시 서유럽 군대는 실전 경험이 없는 기사나 평민, 징병당해 전투 경험이 없는 보병이 많아 손쉽게 격파되었다.

유럽의 기사는 중장갑(重裝甲)에 무거운 대검과 방패를 주요 무기로 삼고 있었기 때문에 가볍게 무장한 경기병 중심의 몽골군보다 기동전에서는 불리했다.

몽골 제국의 대규모 서방 원정은 동서양이 최초로 대결한 세계대전

이에 더해 정보 네트워크의 힘도 컸다. 당시 유럽 군대는 제후마다 지휘 계통이 제각각 달라 부대 지휘와 전투에 큰 어려움을 겪고 있었다. 반면 몽골군은 척후병에 의한 정보 입수에 뛰어나 수집한 정보와 명령을 전령과 깃발을 이용해 말단 병사에게까지 빠르고 정확하게 전달했다. 그래서 전군이 일체가 되어 움직이면서 전력과 전술을 적재적소에 효율적으로 구사해 승리를 거두었다.

이러한 정보력 덕분에 몽골 서방 원정군의 수부타이 장군은 신성로마 제국과 로마교황청의 불화 등 유럽 국가들에 관한 정보도 미리 확보해서 활용하고 있었다. 당시 몽골인 대부분은 문자를 사용하지 않았지만, 드넓은 지역에 산개해 있던 부대들 사이에 정보를 정확하게 전달하는 기술은 경탄할 만한 것이었다.

아무튼 몽골군의 서방 원정은 동양과 서양이 대결한 최초의 '세계대전'이 되었다. 나중에 광대한 몽골 제국은 서방 원정군 총사령관 바투가 건국했던 킵차크한국을 시작으로 몇 개의 왕조로 분열되었다. 그러나 몽골 제국의 대원정이 동서를 잇는 교통망을 개척한 덕분에 유럽에서 출발해 아시아의 동쪽 끝까지 동서 문화권을 연결하는 유라시아 문화권을 만들어 냈다.

2장

기독교와 이슬람교

중세와 근세를 지배한 종교 전쟁

중세 말기부터 근세에 걸쳐서 일어났던 전쟁은 그 대부분이 종교적인 가치관이 다른 데서 비롯되었다. 특히 기독교와 이슬람교의 싸움은 당시 유럽의 역사를 형성하는 데 결정적인 영향을 미쳤다.

서양에서는 중세까지 중동의 이슬람교 문화권 국가들이 지중해부터 중동의 교역로 패권을 쥐고 있었다. 하지만 15세기 말에 유럽 국가들은 아프리카 대륙 남단의 희망봉을 돌아가는 항로를 통해 인도 등 아시아 지역으로 진출할 수 있게 되었다. 이때 유럽에서는 종교개혁이 일어나 종래의 가톨릭교회(구교)와 프로테스탄트(신교)가 본격적으로 충돌하게 된다.

중세~근세의 전쟁사

종교가 세상을 지배한 시대, '신의 이름'으로 싸우다

중세 시대 가톨릭과 이슬람의 대립 구도가 종교개혁 후 신교와 구교 갈등으로 비화

중세 말기부터 근대에 걸쳐서 일어났던 전쟁은 그 대부분이 종교적인 가치관이 다른 데서 비롯되었다. 특히 유대교라는 유일신 종교에서 비롯한 기독교와 이슬람교, 두 일신교끼리의 싸움은 당시 유럽 세계의 역사를 형성하는 데 결정적인 영향을 미친 큰 테마라고 하겠다.

서양에서는 중세까지 중동의 이슬람교 문화권 국가들이 지중해부터 중동, 중앙아시아, 동아시아에 이르는 교역로의 패권을 쥐고 있었다. 하지만 15세기 말에 유럽 국가들은 아프리카 대륙 남단의 희망봉을 돌아가는 항로를 통해 인도 등 아시아 지역으로 진출할 수 있게 되었다.

그리고 서쪽으로 우회하는 항로를 개척해 아메리카 대륙에 도달하는 데도 성공했다. 동서양 문화권을 연결하는 지중해와 동유럽이 이슬람 세력에 좌지우지되자, 기독교 세력은 이들 신대륙에 눈을 돌림으로써 식민지 개척 등 활로를 찾아냈던 것이다.

이 시기를 전후해 유럽에서는 종교개혁이 일어나 종래의 가톨릭 교회(구교)를 중심으로 한 질서에 맞서, 영국과 네덜란드, 북독일 등의 프로테스탄트(신교) 국가들이 독립적으로 세력을 넓혀가게 된다.

프랑스 대혁명과 뒤이은 나폴레옹의 등장으로 절대 왕정이 붕괴하면서 시민들이 정치의 주체

2장의 전반에서는 이러한 종교적 대립을 축으로 하여 일어났던 전쟁을 소개한다. 또한 유럽 국가들은 18세기까지 세계 각지에서 식민지 개척과 상업 활동을 통해 부를 축적한 덕분에 절대 왕정이 발전했다. 상업 활동을 통한 부의 축적은 부유한 시민계급을 출현시켰고, 이러한 시민계급의 정치 참여를 요구하는 움직임은 시민혁명으로 이어진다.

특히 청교도라고 불리는 엄격한 프로테스탄트 세력이 식민지 개척을 주도한 북아메리카에서는 문화적으로 보나 계급상으로 보나 유럽의 왕정과는 다른 개척민 공동체가 형성되어 시민계급이 독립

의지를 품게 되었다. 시민계급의 정치적 독립을 상징하는 대표적인 예가 바로 미국의 독립 전쟁이다. 그리고 유럽에서는 프랑스 대혁명과 뒤이은 나폴레옹의 등장으로 절대 왕정이 붕괴하면서 시민들이 정치의 주체가 되었다.

이들 시민혁명으로 인해 일어났던 전쟁은 종래의 왕과 제후들의 군대가 벌이는 전쟁이 아닌, 근대적인 국민국가 군대끼리의 전쟁으로 이어진다. 2장의 후반부에서는 이러한 2가지 전쟁의 경과와 더불어 역사에 끼친 영향도 살펴본다.

레판토 해전 1571년

이슬람 세력의 지중해 패권을 기독교 세력이 되찾았다

아메리카 신대륙을 발견한 신흥 강국 스페인이 지중해를 지배하는 오스만 제국에 도전

레판토 해전이란 지중해의 패자인 오스만 제국과 로마교황의 호소로 단결한 신성로마 제국, 스페인, 베네치아 연합군이 벌인 전쟁이다. 기독교 세력의 유럽에서는 역사의 전환점이라고도 할 만한 중요한 일전이다. 기독교 세력이 이슬람 세력이 장악하고 있던 지중해 패권을 되찾은 전쟁이기 때문이다.

13세기에 발흥한 오스만 제국은 동로마 제국을 정벌하기 위해 유럽에서 동방으로 가는 교역로를 확보하고 급속하게 국력을 확대했다. 1538년에는 그리스 서부의 프레베자 해전에서 스페인, 베네치아, 로마교황의 연합군 함대에 승리를 거두고 북아프리카 연안, 키

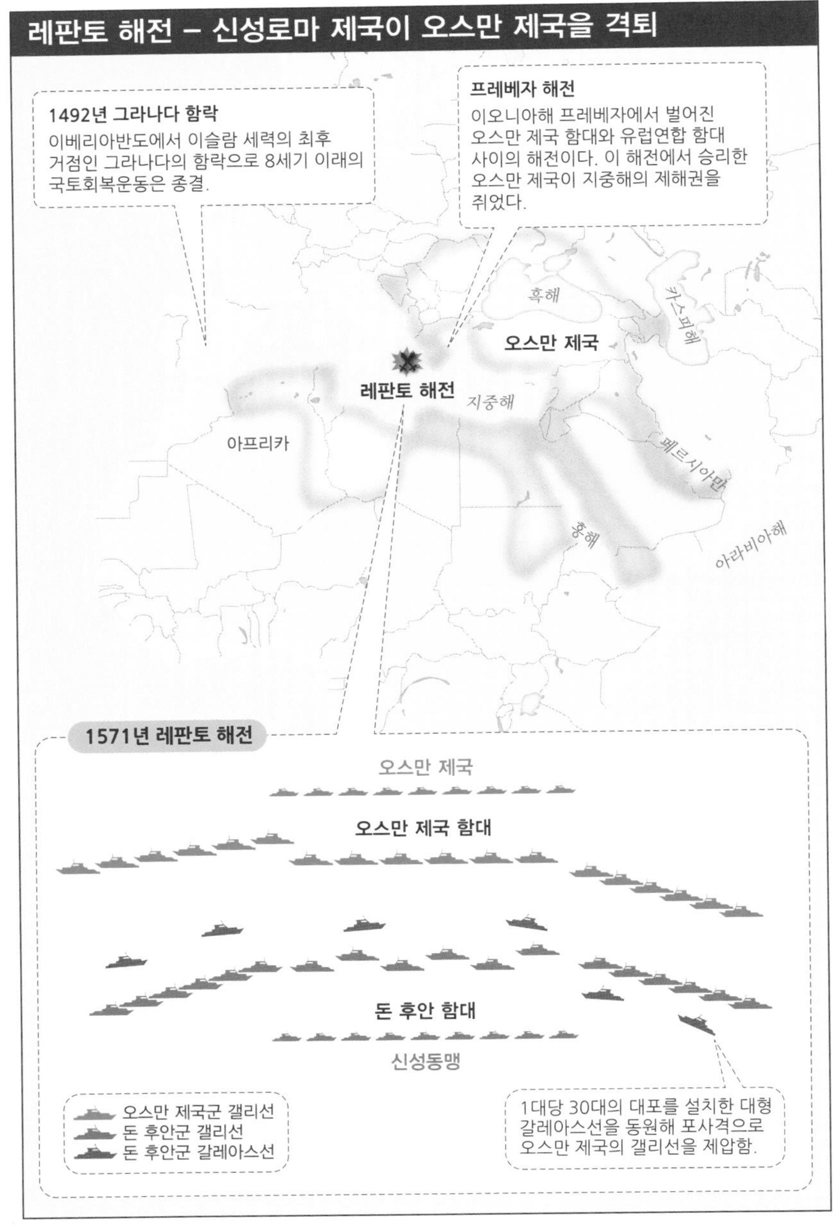
레판토 해전 – 신성로마 제국이 오스만 제국을 격퇴
1492년 그라나다 함락
이베리아반도에서 이슬람 세력의 최후 거점인 그라나다의 함락으로 8세기 이래의 국토회복운동은 종결.
프레베자 해전
이오니아해 프레베자에서 벌어진 오스만 제국 함대와 유럽연합 함대 사이의 해전이다. 이 해전에서 승리한 오스만 제국이 지중해의 제해권을 쥐었다.
흑해
카스피해
오스만 제국
레판토 해전
지중해
아프리카
페르시아만
홍해
아라비아해
1571년 레판토 해전
오스만 제국
오스만 제국 함대
돈 후안 함대
신성동맹
오스만 제국군 갤리선
돈 후안군 갤리선
돈 후안군 갈레아스선
1대당 30대의 대포를 설치한 대형 갈레아스선을 동원해 포사격으로 오스만 제국의 갤리선을 제압함.

레판토 해전, 1571년, 벨기에 국립해양박물관

프로스섬을 점령해 지중해의 제해권을 완전히 장악했다.

마침 그 무렵에 이베리아반도에서는 이슬람 세력에 맞선 기독교 세력의 국토회복운동이 추진되고 있었다. 15세기 말, 국토회복운동을 전개하는 과정에서 국력을 기른 스페인과 포르투갈은 한 걸음 더 나아가 아프리카의 새로운 항로를 개척해 인도에 도착하고, 대서양으로 대항해에 나서 아메리카 신대륙을 발견했다.

이렇게 차근차근 힘을 기른 스페인은 기독교 진영을 대표하는 세력으로 성장한다. 지중해의 제해권을 장악한 오스만 제국과 충돌하는 것은 시간문제였던 것이다.

합스부르크 왕가 출신의 펠리페 2세 왕과 그 이복동생으로 스페인 해군을 지휘했던 돈 후안은 지중해 지역의 패권을 장악한 오스만 제국을 물리치기 위해 신성로마 제국, 스페인, 베네치아의 신성동맹 함대를 편제해서 맞섰다. 이렇게 해서 1571년에 신성동맹 함대는 이탈리아 남부의 시칠리아섬에 집결했다.

레판토 해전 영웅 돈 후안은 이오니아해로 직진, 오스만 함대의 본거지인 코린토스만을 기습

지중해의 패자 오스만 제국을 상대로 스페인 함대가 도전장을 던진 레판토 해전은 이렇게 시작되었다. 마침내 1571년 10월 7일, 양 진영의 함대가 그리스 코린토스만의 입구 레판토(현 나프팍토스) 앞바다에서 격돌했다.

총사령관 알리 파샤가 지휘하는 오스만 제국 함대들은 갤리선 약 280척을 주축으로 하고 작은 함선 수십 척이 뒤따랐다. 돈 후안이 이끄는 신성동맹 연합군은 베네치아의 대형 군함인 갈레아스선(Galleass) 6척과 갤리선 200여 척이 주력 함대로 편성되었다. 그리고 양 진영 모두 배를 충돌시켜 선상 백병전을 벌이겠다는 전략을 세우고 각각 3만 명에 가까운 전투 보병을 함대에 태웠다.

레판토 해전에서 돈 후안은 과감하게도 적이 제해권을 쥐고 있는 이오니아해로 직진해 오스만 제국 함대의 본거지인 그리스 서부의

돈 후안 데 아우스트리아,
1567년, 알론소 산체스 코엘료,
마드리드 데스칼사스 왕립수도원

코린토스만을 기습했다.

신성동맹 연합군은 전투가 시작되자마자 베네치아의 갈레아스선을 앞세워 오스만 함대(오른쪽 진영)에 대포 포격을 퍼부었다. 범선을 개조해 포대를 설치한 갈레아스선은 우세한 화력으로 오스만 함대의 갤리선을 격침하며 전열을 흩뜨려 놓았다. 이 틈을 놓치지 않고 연합군의 중앙과 좌익이 혼란에 빠진 적군의 우익을 밀어붙였다.

그런데 이때 마침 바람이 불기 시작해 육지 가까이에 있던 오스만 함대의 우익이 해안으로 떠밀리면서 전투 대열이 무너지고, 결국 갤리선 함대 대부분이 침몰하고 말았다. 그 결과 신성동맹 함대는 적함의 약 4분의 1을 침몰시키고, 적군 병사의 반을 사로잡는 큰

전과를 올린다.

사실 이 레판토 해전에서는 영웅 돈 후안을 빼놓을 수가 없다. 그는 신성로마 제국 황제였던 카를 5세의 사생아로 성직자가 되라는 카를 5세의 말을 듣지 않고 군인의 길로 뛰어들었다. 그런데 그가 1571년 레판토 해전에서 바람의 방향이 공격에 유리한 순풍으로 변하는 시기를 활용해 오스만군을 물리친 아이디어로 이름을 날리고 승자가 되었기 때문이다.

오스만 제국은 쇠퇴의 길로 접어들고, 지중해 패권은 기독교 세력이 장악했다

돈 후안은 왜 우회하지 않고 적지로 직행했던 것일까? 당시의 군함은 노를 저어 나가는 갤리선으로 고대 로마 시대 이후 항해술이 발달하지 않아 장거리 항해가 불가능하기 때문이었다. 당시 이슬람 세력이 지중해와 육지의 동서 교역로를 장악할 수 있었던 것도 이런 이유에서였다.

유럽과 인도 간의 원거리 교역에서는 인도양으로부터 일단 오스만 제국 지배하의 육로와 지중해를 거쳐 향신료 등 화물이 운반되었다. 서유럽 국가들은 이 교역로를 어떻게든지 빼앗고 싶어 했다.

레판토 해전이 발생한 당시에는 이미 대서양이며 인도양 등의 대항해에 나서 드넓은 외양 항해(外洋航海)에 익숙해 있던 스페인의 돈

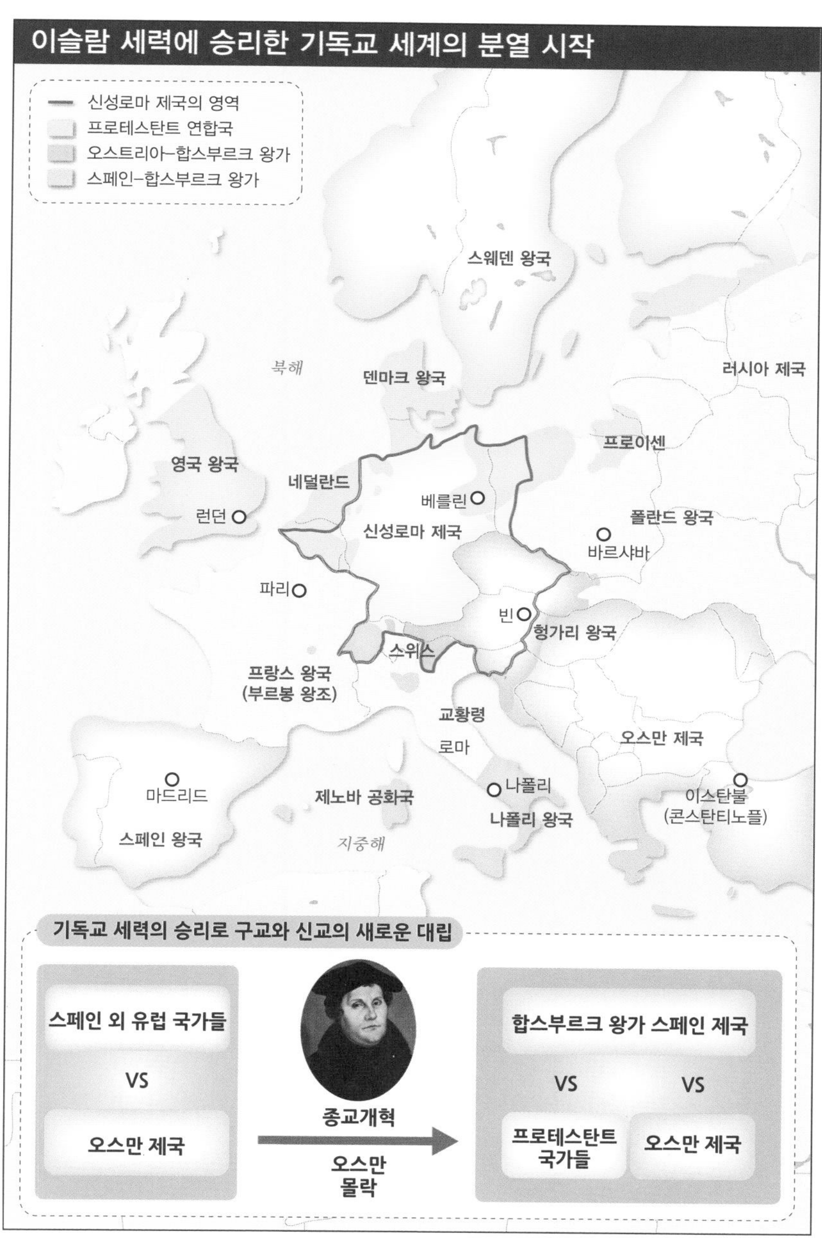
이슬람 세력에 승리한 기독교 세계의 분열 시작
신성로마 제국의 영역
프로테스탄트 연합국
오스트리아-합스부르크 왕가
스페인-합스부르크 왕가
스웨덴 왕국
북해
덴마크 왕국
러시아 제국
프로이센
영국 왕국
네덜란드
베를린
런던
신성로마 제국
폴란드 왕국
바르샤바
파리
빈
헝가리 왕국
스위스
프랑스 왕국
(부르봉 왕조)
교황령
오스만 제국
로마
마드리드
제노바 공화국
나폴리
나폴리 왕국
이스탄불
(콘스탄티노플)
스페인 왕국
지중해
기독교 세력의 승리로 구교와 신교의 새로운 대립
스페인 외 유럽 국가들
VS
오스만 제국
종교개혁
오스만
몰락
합스부르크 왕가 스페인 제국
VS
VS
프로테스탄트
국가들
오스만 제국

후안 함대의 항해술과 전투력이 한 단계 위였다고 할 수 있다. 그리고 배끼리의 근접전 중심이었던 당시의 해전에서 포대를 설치한 대형 갈레아스선을 동원해 근거리 포사격으로 오스만 제국의 갤리선 함대를 제압함으로써 결정적으로 승기를 잡았다.

레판토 해전에서 승리한 스페인 함대가 끝까지 추격해 오지 않자, 오스만 제국은 베네치아에 압력을 가해서 키프로스섬과 알바니아 등을 손에 넣는다. 레판토 해전은 단기적으로 보면 기독교 세력이 대승을 거두긴 했어도, 이는 일시적인 승리에 지나지 않았다. 그러나 이후 오스만 제국은 점차 쇠퇴의 길로 접어들었고, 지중해의 패권은 기독교 세력이 장악하게 된다.

레판토 해전의 승리를 주도한 스페인에는 '태양이 지지 않는 제국'의 황금시대 도래

이 전쟁에서 승리의 중심이 되었던 스페인은 더한층 국력이 강화된다. 1580년에는 포르투갈을 병합했을 뿐 아니라, 중남미나 아시아 등지에서 포르투갈이 획득했던 식민지도 지배하에 두어 '태양이 지지 않는 제국'으로 불리는 황금시대를 이루었다.

레판토 해전은 중세와 근세의 갈림길을 상징하는 해전이라고도 한다. 이 전쟁 이후에 점차 기독교 세력이 이슬람교 세력에 대해 우위에 서게 되지만, 대신 기독교 세력이 분열하기 시작하는 기점이 되기도 했다.

또한 군사 기술적인 측면에서도 대항해 시대의 진전으로 군함이 개량되고 대형화되었다. 그 결과 레판토 해전을 분기점으로 고대 로마 시대부터 사용되었던 갤리선 군함이 투입된 해전은 점점 사라져갔다.

그리고 다른 유럽 국가들의 해외로 향한 관심은 지중해를 벗어나, 광대한 대서양 저편에 있는 아메리카 신대륙과 인도양을 넘어 동남아시아로 향하게 되었다.

아르마다 해전 1588년

100년간 세계 지배한 스페인이 섬나라 영국에 무릎 꿇었다!

서쪽 대서양을 횡단하는 해양 루트를 개척한 스페인이 16세기 세계의 패권을 손에 쥐었다

16세기에 세계의 패권은 스페인의 손안에 있었다. '태양이 지지 않는 나라', '무적함대' 등 당시 스페인에 붙여졌던 별칭에서도 이는 분명히 드러난다.

1580년, 스페인 최전성기 때의 왕 펠리페 2세는 이웃 나라 포르투갈과 북유럽 네덜란드, 그리고 멀리는 북미 대륙 일부와 중남미 대륙 대부분을 포함해 필리핀에까지 지배권을 확장하는 동안 막대한 부를 쌓았다.

왜 스페인만이 전 세계로 세력 범위를 넓힐 수 있었던 것일까? 그 주된 요인은 다른 유럽 국가보다 한발 앞서, 유럽의 서쪽 대서양으

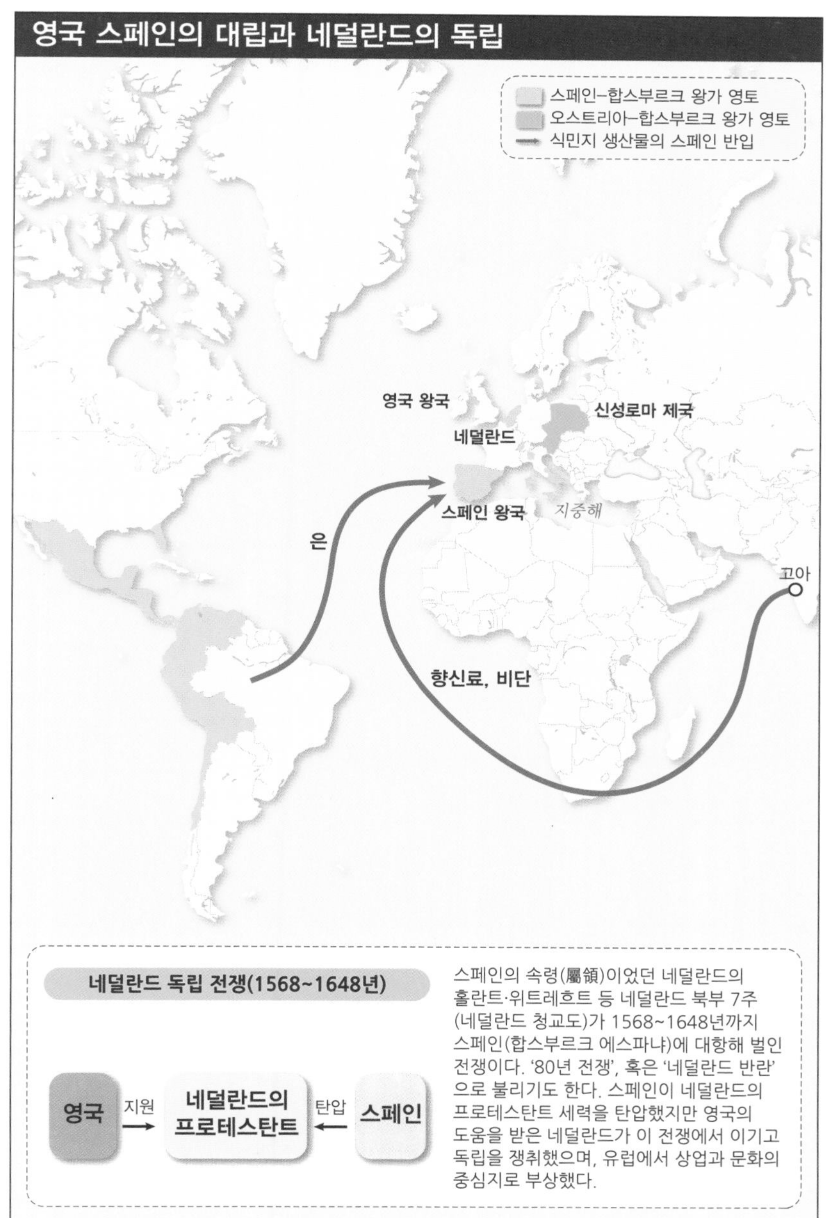
영국 스페인의 대립과 네덜란드의 독립
스페인-합스부르크 왕가 영토
오스트리아-합스부르크 왕가 영토
식민지 생산물의 스페인 반입
영국 왕국
신성로마 제국
네덜란드
스페인 왕국
지중해
은
고아
향신료, 비단
네덜란드 독립 전쟁(1568~1648년)
영국
지원
네덜란드의 프로테스탄트
탄압
스페인
스페인의 속령(屬領)이었던 네덜란드의 홀란트·위트레흐트 등 네덜란드 북부 7주(네덜란드 청교도)가 1568~1648년까지 스페인(합스부르크 에스파냐)에 대항해 벌인 전쟁이다. '80년 전쟁', 혹은 '네덜란드 반란'으로 불리기도 한다. 스페인이 네덜란드의 프로테스탄트 세력을 탄압했지만 영국의 도움을 받은 네덜란드가 이 전쟁에서 이기고 독립을 쟁취했으며, 유럽에서 상업과 문화의 중심지로 부상했다.

로 우회하는 원양 항해에 성공했던 데 있다.

그때까지 유럽 국가들 입장에서는 대륙의 루트를 활용해 아시아로 진출하기 위해서는 아무래도 동쪽의 강국 오스만 제국과 대립할 수밖에 없었다. 그러나 서쪽의 대서양을 횡단하는 해양 루트를 새롭게 개척함으로써 자유롭게 아시아나 아메리카 대륙으로 곧장 갈 수 있게 되었던 것이다.

그러나 이처럼 세계 최강의 힘과 부를 자랑하던 스페인도 채 100년을 채우기도 전인 1588년에 당시 아직 약소국으로 여기고 있던 영국에 선전포고했다가 불의의 패배를 당하고 만다. 이른바 아르마다 해전에서 제대로 싸워보지도 못한 채 영국에 완패당했다.

해적 행위를 일삼는 엘리자베스 여왕에게 해상 강국 스페인의 펠리페 2세가 선전포고

아르마다 해전이 일어나기 반세기 전인 16세기 초엽. 해상 강국으로 번영 일로를 걷던 스페인에 비해서 농업국가인 영국은 농업생산력이 낮아 좀처럼 국력이 증강되지 않았다.

국왕 헨리 8세가 종교개혁을 단행하고 가톨릭교회의 재산을 몰수한 것은 이 무렵이다. 그가 왕권을 점차 강화해 나가면서 상비 해군을 편성한 것은 이유가 있었다. 영국은 농업생산력이 떨어진 데다 14~15세기의 영국-프랑스 백년 전쟁으로 프랑스에 있던 영지를

영국과 프랑스가 중세에 벌인 백년 전쟁 중 크레시 전투, 15세기, 장 프로이사르, 리슐리외 프랑스 국립도서관

모두 잃은 상태였다. 즉, 국내 사정으로 인해 해외로 진출하지 않을 수가 없었던 것이다.

필연적으로 해양 국가인 영국의 눈은 아메리카 대륙이나 동남아시아로 향하게 되었다. 한발 앞서 식민지 개척에 나섰던 스페인 등 유럽 해양 국가의 뒤를 따르는 후발주자였던 셈이다.

엘리자베스 1세, 1585년, 윌리엄 새거, 해트필드하우스

펠리페 2세, 1565~1573년, 소포니스바 앙귀솔라, 프라도미술관

1558년에 영국 여왕으로 즉위한 엘리자베스 1세는 해외 진출을 확대하는 동안 스페인과 대립했다. 경제력과 군사력에서 훨씬 앞서 있는 스페인을 상대로 엘리자베스는 비공식적으로 민간의 자원을 활용해 해적 행위를 부추긴다. 훗날 영국 해군의 명장이 되는 드레이크(Drake) 등이 스페인 무역선을 빈번하게 습격해 아메리카의 카리브해와 대서양 곳곳에서 스페인의 제해권을 위협했던 것이다.

영국의 이러한 해적 활동을 경계했던 스페인의 펠리페 2세는 영국을 지배하에 두기 위해 엘리자베스 1세에게 청혼하지만 거절당한다. 이어서 스코틀랜드 출신의 구교도인 메리 공주를 영국 공주로 옹립하려 했으나 이것도 실패하고 말았다. 이같이 양국의 대립이 계속되던 끝에 마침내 1587년 스페인은 영국에 선전포고하고, 두 나라는 교전 상태로 들어갔다.

당시 영국은 연안 방위에는 약체의 민병대밖에 배치하지 않았기에 스페인 군대가 상륙에 성공한다면 전쟁에서 이길 가능성이 거의 없었다. 그러나 두 나라 사이의 전쟁은 완전히 정반대 방향으로 진행되었다.

영국 본토를 노린 무적함대 아르마다가 제해권 장악한 영국 해군의 역습에 자멸

전쟁이 시작되고 1년 후 펠리페 2세는 동맹 관계에 있는 이탈리아의 파르마 공과 연대해서 영국에 대한 대규모 공세를 계획했다. 이렇게 해서 1588년 5월 25일에 메디나 시도니아 공작이 이끄는 130척의 스페인 함대(아르마다)가 리스본을 출항했다. 승조원은 약 3만 명으로 전투 요원의 3분의 2는 육군이었다. 이는 해전을 치른 다음에 영국 본토를 침공할 계획이었기 때문이다.

영국 해협을 향해 출항한 아르마다는 선제공격하기 위해 라 코루냐를 거쳐 영국 함대의 집결지인 플리머스를 향했다. 영국의 최남단 요충지 플리머스에서 아르마다를 맞이한 영국 함대는 총 197척이었다.

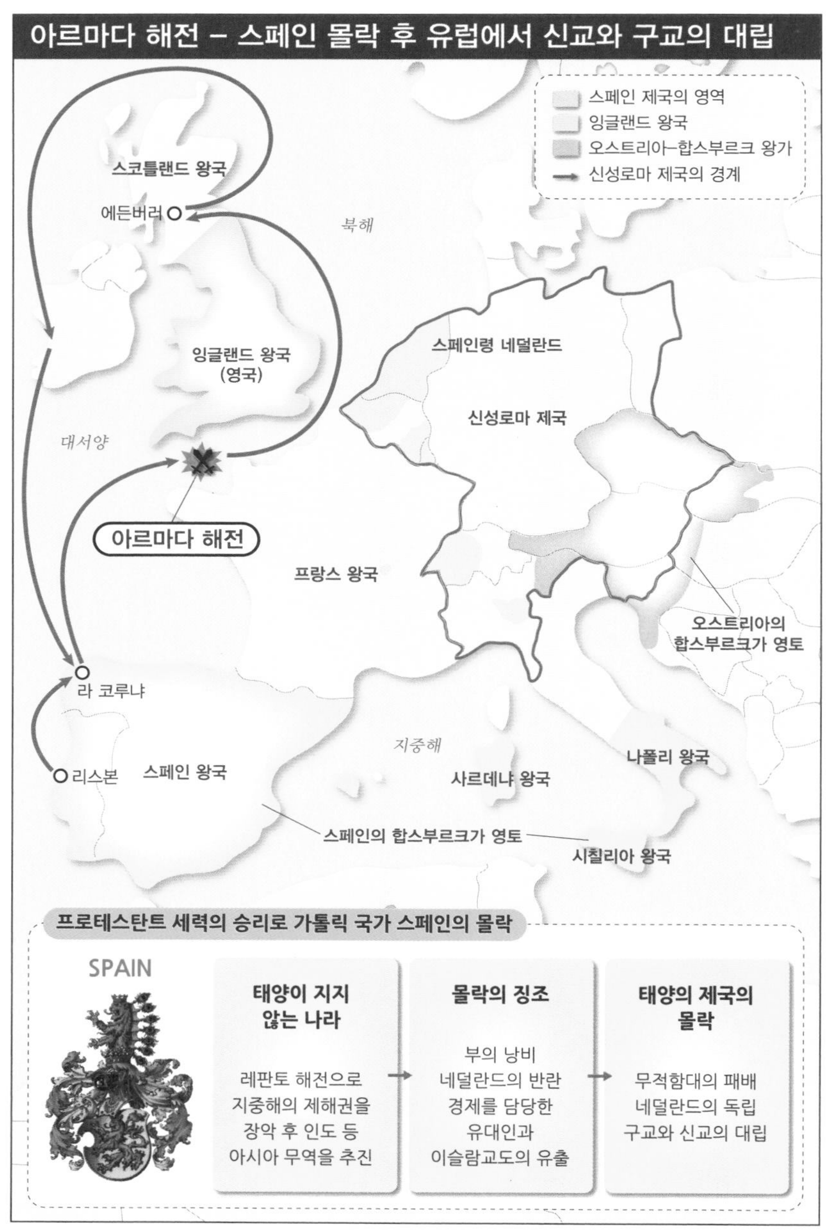
아르마다 해전 – 스페인 몰락 후 유럽에서 신교와 구교의 대립
스페인 제국의 영역
잉글랜드 왕국
오스트리아-합스부르크 왕가
신성로마 제국의 경계
스코틀랜드 왕국
에든버러
북해
잉글랜드 왕국
(영국)
스페인령 네덜란드
신성로마 제국
대서양
아르마다 해전
프랑스 왕국
오스트리아의
합스부르크가 영토
라 코루냐
지중해
나폴리 왕국
리스본
스페인 왕국
사르데냐 왕국
스페인의 합스부르크가 영토
시칠리아 왕국
프로테스탄트 세력의 승리로 가톨릭 국가 스페인의 몰락
SPAIN
태양이 지지
않는 나라
레판토 해전으로
지중해의 제해권을
장악 후 인도 등
아시아 무역을 추진
몰락의 징조
부의 낭비
네덜란드의 반란
경제를 담당한
유대인과
이슬람교도의 유출
태양의 제국의
몰락
무적함대의 패배
네덜란드의 독립
구교와 신교의 대립

7월 31일, 플리머스에서 벌어진 해상 전투에서는 영국 함대가 승리했다. 이후 스페인 함대가 도버 해협을 빠져나갈 때까지 계속된 3번의 전투에서 공방전을 이어갔지만, 어느 쪽도 승기를 잡지 못했다. 스페인 함대는 멀리서 대포를 쏘아 상대 함선을 침몰시키려 했기 때문에 전쟁의 승패를 가르는 치열한 접전은 벌어지지 않았다.

몇 차례 전투를 치르는 동안 탄약과 식량이 떨어진 스페인군은 전쟁을 중단하고 도버 해협의 칼레에서 네덜란드군의 저지로 탄약과 식량을 확보하는 데 실패했다. 결국 전쟁을 포기한 채 북쪽으로 배를 돌려 영국 제도를 돌아 본국으로 철수하기로 결정했다.

북해를 통과하는 동안 추운 날씨와 폭풍우를 만난 스페인군은 남은 함대의 절반이 넘는 50여 척의 배가 복귀 도중에 난파당했다. 그리고 곳곳에서 영국군에게 습격당해 희생자가 속출했고, 추위와 굶주림으로 생명을 잃은 병사도 부지기수였다.

해양국 영국군은 먼저 제해권을 확보해 본토를 노리는 스페인 함대를 철벽 방어

그러면 스페인 함대는 무엇 때문에 영국에 패배했을까? 이유는 해양 국가 영국과 해양 국가로 성장했지만, 기본적으로 대륙 국가였던 스페인의 해외정책 방향이 달랐던 점에 있다.

해양 국가 영국이 해외로 진출할 때 가장 중시했던 것은 자국 군

영국 함대와 스페인 함대의 싸움, 1700년 이전, 작가 미상

대의 무력이 미치는 교역소 등의 거점 확보였다. 반면에, 스페인은 내륙에 수도를 두고 있는 데서도 알 수 있듯, 지정학적 관점으로 볼 때 원래는 대륙 국가이다. 오랫동안 유럽의 강국으로 머물렀던 프랑스의 벽에 막혀 유럽 대륙으로의 진출이 불가능해 해양으로 먼저 진출했던 것이 세계 강국으로 급부상한 배경이었다. 따라서 스페인이 해외 진출을 할 때 가장 중시했던 것은 바로 새로운 영토 확보를 위한 식민지 정책이었다.

반대로 바다로 둘러싸인 섬나라 영국은 국방 전선(前線)을 자국의 해안선이 아니라 바다를 사이에 두고 있는 적국의 연안까지라고 설정해 두었던 것이다. 이러한 영국식 사고방식을 따르자면 항상 전쟁은 다음과 같은 3단계를 밟는 것이 기본적인 전략이다.

1. 제해권의 확보
2. 대안(對岸)에 있는 적의 해양 기지 파괴
3. 내륙으로 상륙작전

그런데 스페인은 다짜고짜로 세 번째 단계인 상륙을 목표로 삼아 전쟁에 나섰다. 결국 제해권을 확보하지도 않은 상태에서 적국의 땅에 상륙을 강행해 영토를 점령한다는 무모한 전략을 세웠던 것이다. 당시 군사력이 미미했던 아프리카와 아시아, 아메리카에 식민지를 개척했던 방식을 그대로 답습했던 탓에 패배는 필연적이었다고 할 수 있다.

그러나 영국 해군은 먼저 제해권을 확보함으로써 무리하게 영국 본토를 노리는 스페인 함대를 본토 근처에 얼씬도 못 하게 방어했다. 도버 해협을 통과하기 위해 영국 해군과의 전투에 돌입했던 스페인 함대는 치명적인 타격을 입었다. 130척 가운데 70척만이 겨우 스페인 본토에 귀환한 데 반해 영국 해군은 한 척도 피해를 보지 않았다.

덧붙이자면, 이 해전은 갤리선을 투입하는 고대 근접전의 전투 형식으로부터 대형 범선인 갤리온선(Galleon)끼리의 포격전 형식으로 바

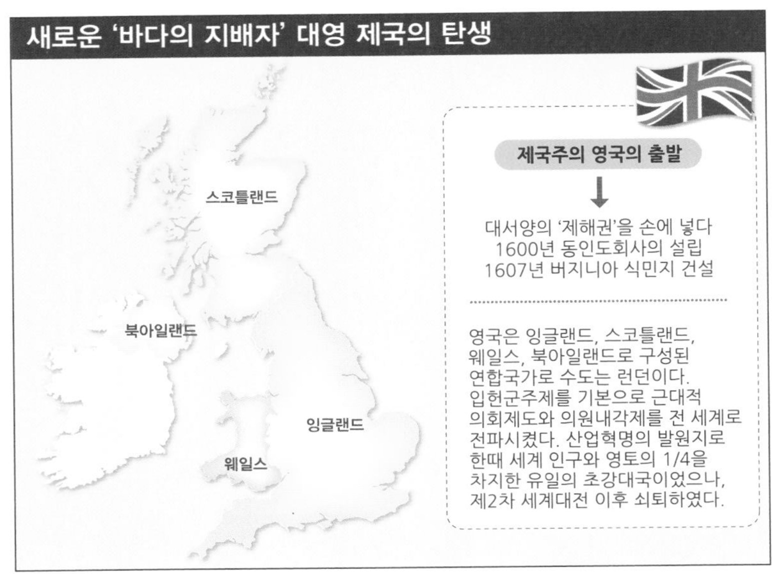
새로운 '바다의 지배자' 대영 제국의 탄생
스코틀랜드
북아일랜드
잉글랜드
웨일스
제국주의 영국의 출발
대서양의 '제해권'을 손에 넣다
1600년 동인도회사의 설립
1607년 버지니아 식민지 건설
영국은 잉글랜드, 스코틀랜드, 웨일스, 북아일랜드로 구성된 연합국가로 수도는 런던이다. 입헌군주제를 기본으로 근대적 의회제도와 의원내각제를 전 세계로 전파시켰다. 산업혁명의 발원지로 한때 세계 인구와 영토의 1/4을 차지한 유일의 초강대국이었으나, 제2차 세계대전 이후 쇠퇴하였다.

뀐 최초의 전투이다. 스페인 해군이 선상의 의장(艤裝, 항해나 전투하는 데 필요한 여러 장비)을 표적으로 삼은 작전이었던 데 반해, 영국 해군은 선체를 공격하는 작전을 썼다. 양국의 전투 전술이 달랐던 것도 영국의 승리에 유리하게 작용했다.

프로테스탄트 국가들이 주도권을 잡기 시작, 구교와 신교의 종교 대립이 본격화되었다

아르마다 해전에서 치명적인 패전을 당한 이후 스페인은 쇠락의 길로 접어들었다. 반면에 세계 최강의 스페인 무적함대를 물리친 영국은 점차 오대양을 누비며 세계의 맹주로 떠오르게 된다.

스페인은 신대륙에서 착취한 막대한 부의 낭비, 거대한 영토와 식민지를 지키기 위해 거듭되는 전쟁으로 인한 경비 때문에 점점 쇠락을 거듭했다. 또한 엎친 데 덮친 격으로 그때까지 상공업의 중심지로서 번영했던 식민지 네덜란드마저 잃었다.

게다가 스페인의 지배력이 땅에 떨어졌음을 여실히 보여주는 사태가 일어났다. 당시 종교 지도자 루터 등이 일으켰던 종교개혁의 영향으로 인해 유럽 각지에서 가톨릭(구교)과 프로테스탄트(신교) 간에 종교 전쟁이 일어났다.

스페인의 합스부르크가는 최대의 가톨릭교 수호자 역할을 했으나, 아르마다 패전으로 인해 영향력을 잃기 시작했다. 이후 유럽 곳곳에서는 프로테스탄트(루터파나 칼뱅파) 국가들이 주도권을 장악하기 시작하면서 구교와 신교의 종교 대립이 본격화되었다. 결국 아르마다 해전은 16~17세기에 구교와 신교가 벌이게 될 숱한 전쟁의 실마리를 제공했던 전쟁이었던 셈이다.

30년 전쟁 1618~1648년

구교와 신교의 30년 전쟁으로 신성로마 제국 해체도 본격화

신성로마 제국은 합스부르크가를 중심으로 300명이 넘는 제후들이 영주로 군림했다

16세기부터 17세기에 걸쳐 유럽 각지에서는 가톨릭(구교)과 프로테스탄트(신교)의 종교 전쟁이라는 거센 회오리가 불어닥쳤다. 이 가운데 최대이자 최후의 종교 전쟁이 된 것이 바로 30년 전쟁이었다.

중세의 독일 지역은 교황청의 교권과 신성로마 제국의 세속권이라는 이중의 지배구조 아래 있었으며, 신성로마 제국의 내부에는 합스부르크가를 중심으로 300명이 넘는 제후들이 영주로 군림하고 있었다.

16세기에 루터 등의 주도로 종교개혁이 시작되고, 활판인쇄 기술 덕분에 각국의 언어로 번역된 성서가 대중에 널리 보급되기 시작했

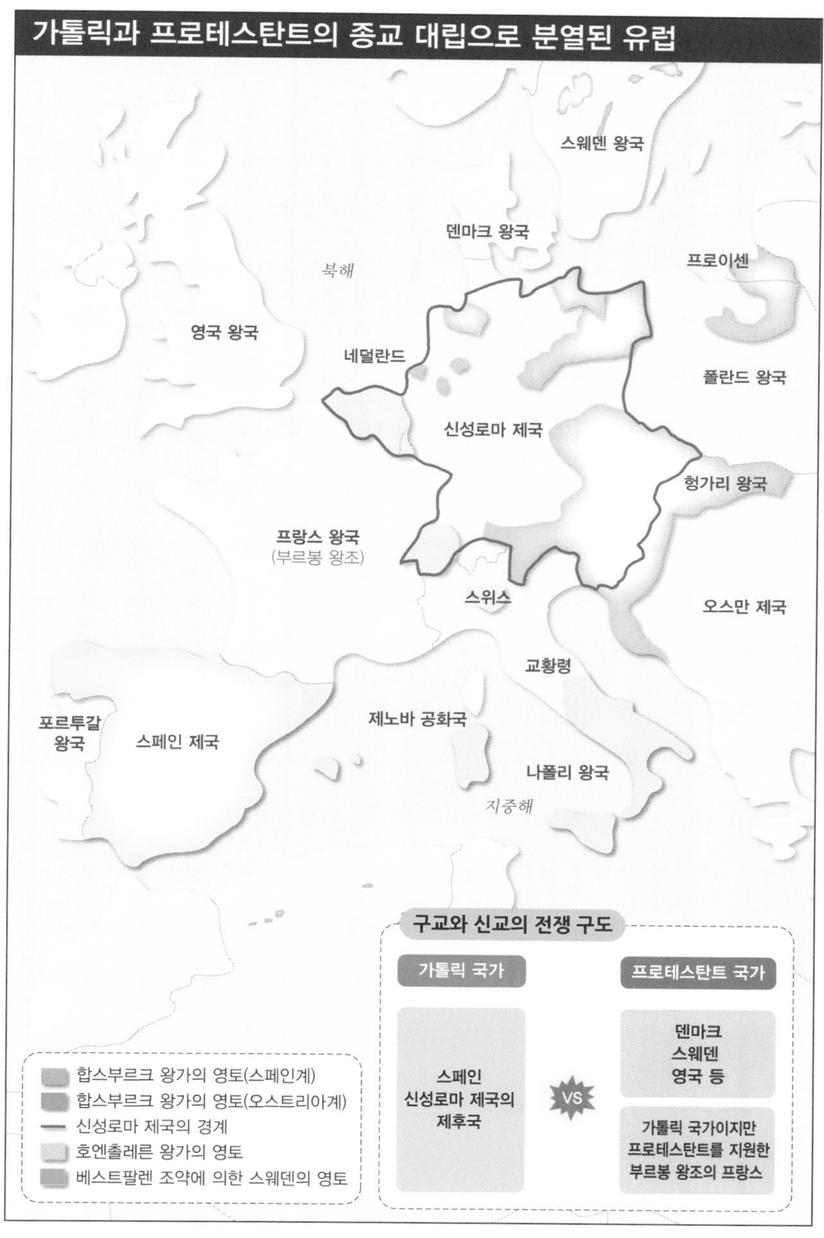
가톨릭과 프로테스탄트의 종교 대립으로 분열된 유럽
스웨덴 왕국
덴마크 왕국
북해
프로이센
영국 왕국
네덜란드
폴란드 왕국
신성로마 제국
헝가리 왕국
프랑스 왕국
(부르봉 왕조)
스위스
오스만 제국
교황령
포르투갈
왕국
스페인 제국
제노바 공화국
나폴리 왕국
지중해
합스부르크 왕가의 영토(스페인계)
합스부르크 왕가의 영토(오스트리아계)
신성로마 제국의 경계
호엔촐레른 왕가의 영토
베스트팔렌 조약에 의한 스웨덴의 영토
구교와 신교의 전쟁 구도
가톨릭 국가
프로테스탄트 국가
스페인
신성로마 제국의
제후국
VS
덴마크
스웨덴
영국 등
가톨릭 국가이지만
프로테스탄트를 지원한
부르봉 왕조의 프랑스

다. 종교개혁의 바람이 거세게 일어나자, 제후 중에서는 교황청과 신성로마 제국으로부터 독립하기 위해 신교를 받아들이는 사람도 나타나기 시작했다.

1555년의 독일 아우크스부르크의 종교화의에서 신성로마 제국 내의 각 제후령에는 루터교가 가톨릭과 동등하게 신앙의 자유가 인정되었다. 그러나 신교 내에서도 루터파와 칼뱅파의 충돌, 그리고 예수회를 중심으로 한 구교파의 반격으로 17세기 초엽부터 종교의 대립은 더욱 격화된다. 여기에 더해 신성로마 제국의 내분은 주변국의 개입을 초래해 더더욱 복잡한 양상을 띠게 만들었다.

합스부르크 왕가가 가톨릭 세력 강화하자, 북유럽의 신교 국가들도 종교 전쟁에 참전

1618년, 유력한 제후였던 합스부르크 왕가의 페르디난트 2세는 보헤미아(현재의 체코)의 신교도에게 구교를 강요한다. 이듬해에 신성로마 제국의 황제에 오른 그는 같은 구교국인 바이에른 왕국, 스페인과 연합해서 보헤미아의 신교도를 탄압했다. 황제 페르디난트 2세는 구교를 중심으로 신성로마 제국의 영향력을 강화하는 데 앞장섰다. 급기야 1618년에는 왕의 대관을 프라하 궁전의 창문 밖으로 던져버리는 사건이 일어났고, 이것이 30년 전쟁의 불씨가 되었다.

보헤미아 왕국의 프라하에서 일어난 폭동은 순식간에 오스트리아

30년 전쟁 – 서유럽을 재편한 신교와 구교의 종교 전쟁

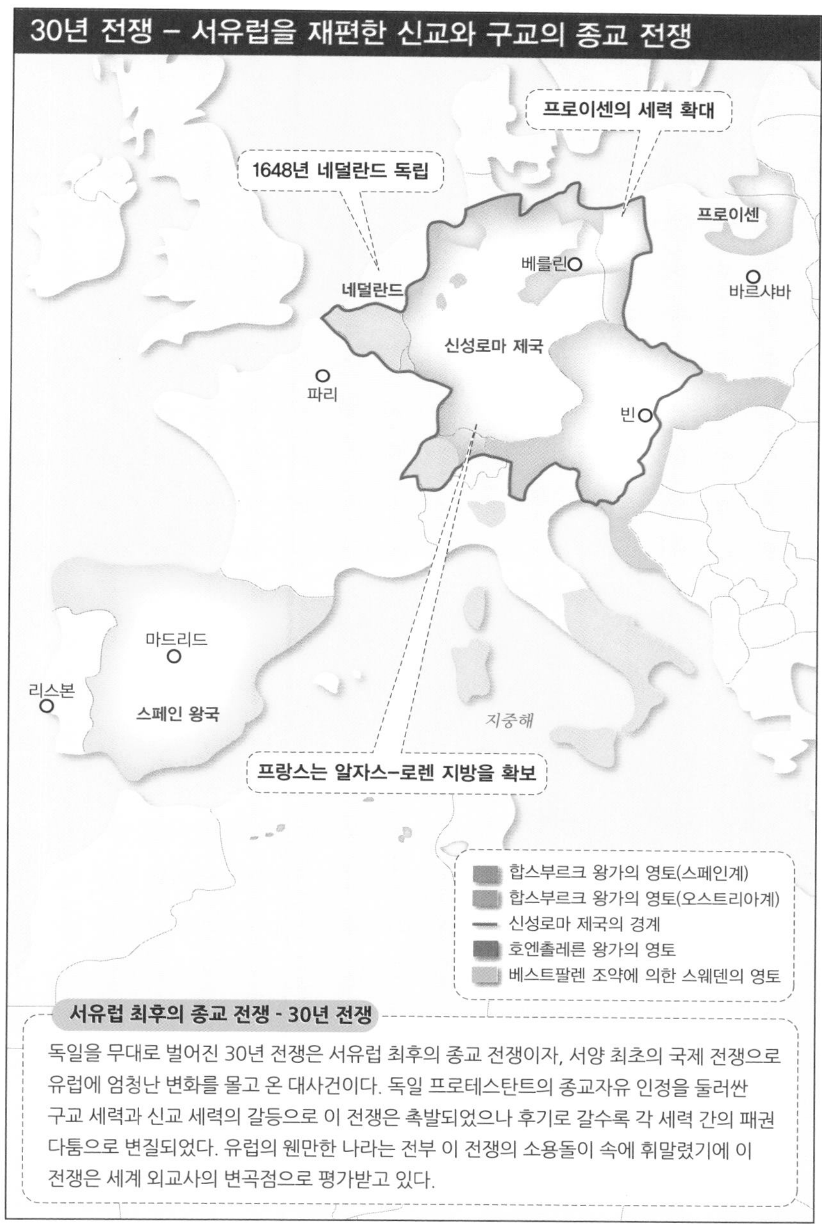

프로이센의 세력 확대
1648년 네덜란드 독립
프로이센
베를린
바르샤바
네덜란드
신성로마 제국
파리
빈
마드리드
리스본
스페인 왕국
지중해
프랑스는 알자스–로렌 지방을 확보
합스부르크 왕가의 영토(스페인계)
합스부르크 왕가의 영토(오스트리아계)
신성로마 제국의 경계
호엔촐레른 왕가의 영토
베스트팔렌 조약에 의한 스웨덴의 영토

서유럽 최후의 종교 전쟁 - 30년 전쟁

독일을 무대로 벌어진 30년 전쟁은 서유럽 최후의 종교 전쟁이자, 서양 최초의 국제 전쟁으로 유럽에 엄청난 변화를 몰고 온 대사건이다. 독일 프로테스탄트의 종교자유 인정을 둘러싼 구교 세력과 신교 세력의 갈등으로 이 전쟁은 촉발되었으나 후기로 갈수록 각 세력 간의 패권 다툼으로 변질되었다. 유럽의 웬만한 나라는 전부 이 전쟁의 소용돌이 속에 휘말렸기에 이 전쟁은 세계 외교사의 변곡점으로 평가받고 있다.

30년 전쟁의 촉매제가 된 프라하 창문 투척사건, 1635~1662, 마태우스 메리안, 프랑크푸르트 암마인 기념관

빈으로 번져나갔고, 오스트리아 역시 반란의 소용돌이에 휘말렸다.

그러나 1620년, 신성로마 제국군은 프라하 근교에서 벌어진 전투에서 압도적인 승리를 거두었다. 이로써 보헤미아는 가톨릭의 지배권 아래에 들어가게 되었다. 이에 맞서 북독일과 접한 신교국인 덴마크 왕 크리스티안 4세는 신교도 보호를 위해 1625년에 신성로마 제국에 선전포고를 했다. 같은 신교 국가인 영국과 네덜란드도 덴마크 지원에 나섰다. 결국 이 전쟁은 덴마크의 패배로 끝나고, 신성로마 제국 황제 페르디난트 2세는 아우크스부르크의 종교화의를 무효로 선언하고 신교의 교회 영토를 몰수해 버렸다.

신구교가 격돌한 30년 전쟁의 전개

1단계

보헤미아 전쟁(1618~1620)

▶주요 전투: 백산 전투(1620, 구교군 틸리 승리)

▶결과: 신성로마 제국이 프라하 반란을 진압

2단계

덴마크 전쟁(1625~1629)

▶주요 전투: 데사우 전투(1626 , 구교군 발렌슈타인 승리)
루터 전투(1626 , 구교군 틸리 승리)
볼가스트 전투(1628, 구교군 발렌슈타인 승리)

▶결과: 덴마크가 뤼벡 조약으로 이탈, 신성로마 제국이 압승

3단계

스웨덴 전쟁(1630~1635)

▶주요 전투: 브라이텐펠트 전투(1631, 신교군 구스타브 아돌프 승리)
뤼첸 전투(1632 , 신교군 구스타브 아돌프 승리)
뇌르틀링겐 전투(1634, 구교군 페르디난트 승리)

▶결과: 신성로마 제국이 신승, 구교국 프랑스가 신교국 편으로 참전

4단계

프랑스-스웨덴 전쟁(1635~1648)

▶주요 전투: 로크루아 전투(1643, 프랑스 콩데 승리)

▶결과: 프랑스와 스웨덴의 승리, 베스트팔렌 조약으로 신성로마 제국 형해화

이런 과정을 통해 세력을 확대한 신성로마 제국은 여세를 몰아 발트해까지 진출했다. 그러자 이번에는 발트해에 면한 신교국인 스웨덴의 왕 구스타브 2세가 신교도를 지원하기 위해 1630년에 신성로마 제국을 상대로 선전포고했다. 구스타브 2세는 1632년에 보헤미아 북부의 뤼첸 전투에서 전사하지만, 스웨덴군은 신성로마 제국군에게 커다란 타격을 입혔다.

합스부르크가의 스페인과 신성로마 제국이라는 두 대국에 둘러싸인 프랑스의 부르봉 왕가

이 전투가 있고 나서 1635년에 프라하에서 휴전조약이 체결된다. 황제 페르디난트 2세는 이전에 몰수했던 신교의 교회령을 되돌려주는 등 어쩔 수 없이 신교도와 타협하는 조약을 맺었다.

한편 국왕을 잃은 스웨덴은 점차 세력이 약화하기 시작했지만, 이번에는 루이 13세의 프랑스가 명재상 리슐리외 추기경의 지휘 아래 신성로마 제국과 전쟁을 시작한다. 부르봉 왕가가 지배하는 프랑스는 구교국이지만, 합스부르크 가문이 통치하는 스페인과 신성로마 제국이라는 두 대국에 둘러싸여 위협을 느끼고 있었다. 이런 까닭에 프랑스는 합스부르크가 타도를 위해 이전부터 신교 국가들을 배후에서 지원하고 있었던 것이다.

이미 30년 전쟁은 구교 대 신교의 전쟁이라기보다는 강대해지는

Israel ex. Cum Priuil. Reg.
A la fin ces Voleurs infames et perdus,
Comme fruits malheureux a cet arbre pendus
Monstrent bien que le crime (horrible et noire engeance)
Est luy mesme instrument de honte et de vengeance,
Et que cest le Destin des hommes vicieux
Desprouuer tost ou tard la iustice des Cieux

유럽의 종교 전쟁, 1632년, 자크 칼로, 시드니 뉴사우스웨일스 주립미술관

합스부르크 왕가와 이에 두려움을 느낀 주변국 간의 전쟁으로 변질되어 있었다. 프랑스는 신성로마 제국과의 전쟁에서 일정한 성과를 올리지만, 나중에는 스페인을 주적으로 삼아 집중적인 공략에 나섰다.

합스부르크가의 견제를 위해 직접 스페인 전투에 참전하기도 했던 리슐리에 추기경은 전쟁 도중에 병으로 사망했다. 그는 루이 13세를 위해 절대 왕정을 강화했다는 평가와 함께 후세 사가들에 의해 독일의 철혈재상 비스마르크에 비견되기도 한다.

전쟁 초기에는 스페인이 우세했으나 전투가 장기화함에 따라 프랑스 측이 우위에 선 상태에서 휴전이 성립된다. 이렇게 해서 1648년에 저 유명한 베스트팔렌 조약이 체결된다.

베스트팔렌 조약의 비준, 1648년, 헤라르트 테르보르흐, 네덜란드 레이크스미술관

30년 전쟁으로 전 국토가 폐허로 변한 프로이센은 독립과 통일의 열망을 키웠다

베스트팔렌 조약의 결과로 합스부르크 왕가의 권력은 크게 약화하고, 네덜란드와 스위스는 독립을 이루었으며, 프랑스는 알자스-로렌 지방을 차지하게 되었다. 또한 신성로마 제국 영내의 신교 제후들, 특히 프로이센은 독립에 대한 열망을 굳히게 되었다.

베스트팔렌 조약은 세계 최초의 국제평화 조약으로 간주하고 있는데, 승전국의 현상 유지만을 꾀하던 데서 한발 나아가 각국의 세력 균형을 맞추면서 향후 정세의 변화도 고려한 현실적인 조약으로 평가받고 있다.

독일은 30년 전쟁을 치르는 동안 전 국토가 전쟁터가 되어 황폐해지면서 국력은 재기가 힘들 정도로 약화하였다. 전쟁 전에 1,800만 명에 달하던 인구가 700만 명으로 줄어드는 등 심각한 피해를 보고 강대국의 지위를 내려놓았다. 이는 훗날 프로이센으로 통일될 때까지 다른 나라에 뒤처지는 원인이 된다. 대신 프랑스가 유럽의 최강국으로 부상했고, 네덜란드를 비롯한 유럽의 여러 신흥국이 정치적·종교적으로 독립해서 국가의 기틀을 다지는 계기가 되었다.

30년 전쟁을 마무리한 유럽 해양 세력은 대포와 범선을 이용한 원양 항해의 발전에 힘입어 해외 식민지 전쟁에 본격적으로 뛰어들었다. 각국에서는 중앙집권적인 절대 왕정이 발전하면서 군대 제도도 각 제후 휘하의 용병제를 벗어나 국왕 직속의 강력한 상비군 제도로 바뀌어 갔다.

프로테스탄트의 교의는 부국강병과 식민지 지배의 정당화에도 이용되었다. 종래는 교황청의 종교적 권위가 제후의 세속적 권력을 억누르고 있었으나, 프로테스탄트는 전쟁과 그 결과도 신의 뜻대로 미리 정해져 있다는 해석(예정설)을 널리 전파했다. 이에 따라 기독교도가 다른 인종을 정복하는 것도 신의 의지라고 주장하는 논리의 근거로도 이용되었다.

미국 독립 전쟁 1775~1783년

영국에 도전한 식민지 13개 주가 미국의 독립과 민주주의를 쟁취

1775년 4월, 보스턴 차 사건으로 전투가 발발, 북미 식민지 13개 주는 영국과 전면 전쟁 개시

미국 독립 전쟁의 정식 명칭은 미국 혁명전쟁이다. 이 말에서 알 수 있듯 이는 종교개혁의 일익을 맡았던 청교도들이 영국의 절대주의 왕조에 도전장을 던지고 민주주의를 쟁취했던 전쟁이다. 당시 북아메리카 대륙의 상황을 보면, 영국은 18세기 중반 무렵까지 13곳에 식민지를 건설하고 지역마다 현지 주민의 의사 결정 기관인 식민지 의회를 두고 있었다.

영국은 이 땅을 자원과 이권을 획득하는 식민지로 간주하고 있었다. 그런 만큼 식민지의 내부 통치에는 관심이 크지 않아 충분한 병력을 두지 않고 있었다. 그 결과 북아메리카 식민지의 주민들은 자

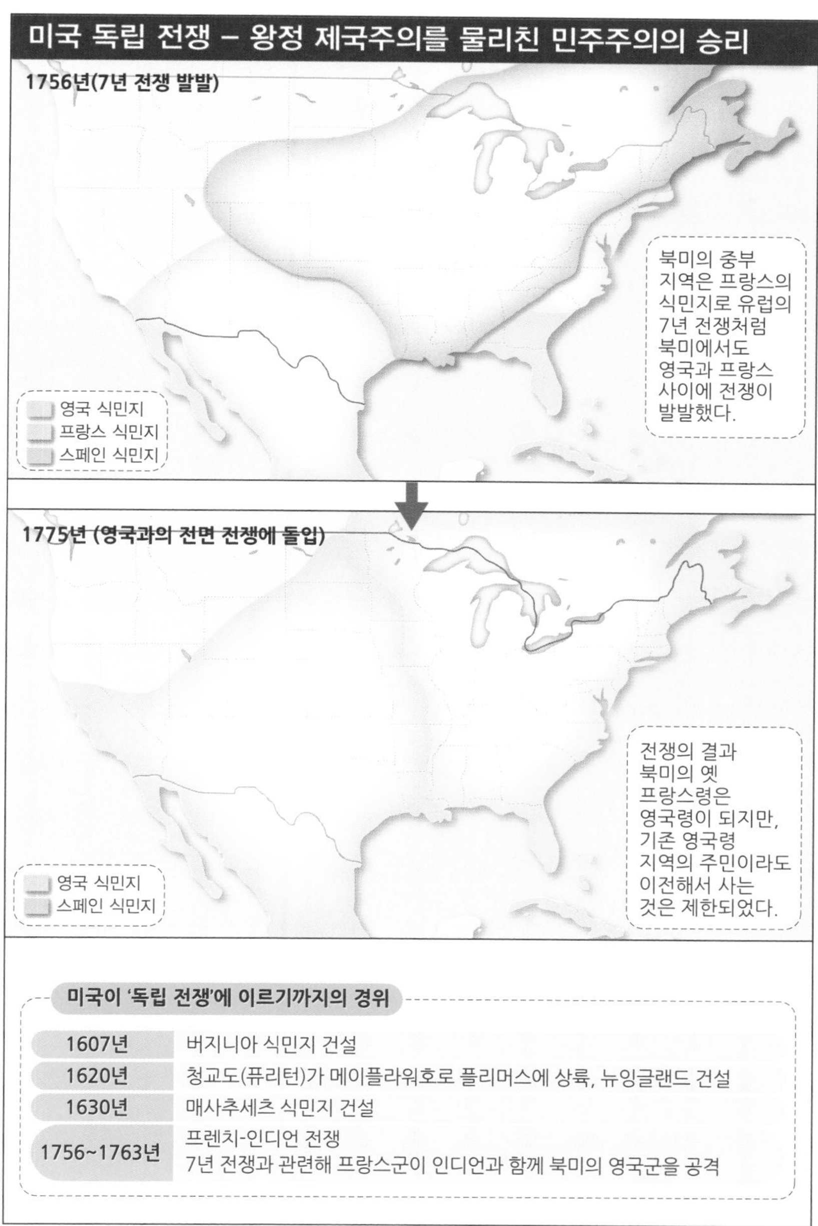
미국 독립 전쟁 – 왕정 제국주의를 물리친 민주주의의 승리
1756년(7년 전쟁 발발)
영국 식민지
프랑스 식민지
스페인 식민지
북미의 중부 지역은 프랑스의 식민지로 유럽의 7년 전쟁처럼 북미에서도 영국과 프랑스 사이에 전쟁이 발발했다.
1775년 (영국과의 전면 전쟁에 돌입)
영국 식민지
스페인 식민지
전쟁의 결과 북미의 옛 프랑스령은 영국령이 되지만, 기존 영국령 지역의 주민이라도 이전해서 사는 것은 제한되었다.

미국이 '독립 전쟁'에 이르기까지의 경위

1607년	버지니아 식민지 건설
1620년	청교도(퓨리턴)가 메이플라워호로 플리머스에 상륙, 뉴잉글랜드 건설
1630년	매사추세츠 식민지 건설
1756~1763년	프렌치-인디언 전쟁 7년 전쟁과 관련해 프랑스군이 인디언과 함께 북미의 영국군을 공격

보스턴 차 사건 판화, 1789년, 미국 의회도서관

립과 자위의 정신을 키울 수 있게 된다.

또한 처음부터 북아메리카는 본국에서 이단시되었던 기독교의 청교도와 칼뱅파가 개척했기 때문에 영국의 일원이라는 인식이 낮았다. 이런 상황에서 유럽에서는 영국-프로이센 연합과 프랑스를 중심으로 한 유럽 국가들 사이에 7년 전쟁이 발발했다. 북아메리카 대륙에서도 7년 전쟁처럼 식민지의 이권을 둘러싸고 영국과 프랑스가 대치한 프렌치-인디언 전쟁이 일어났다.

전쟁은 양쪽 다 영국의 승리로 끝났으나, 승자로서도 큰 부담이 되었던 전쟁 비용을 충당하기 위해 영국은 북아메리카 식민지의 주민에게 인지세 등의 무거운 세금을 부과했다. 이에 식민지 측에서는 본국에 대한 반발과 항의가 격화되어 갔다.

1773년에 영국 본토는 매사추세츠주 보스턴에 처음으로 군대를 본격적으로 투입해 식민지 주민의 반발을 탄압하고 주의 자치권을 박탈한다. 이렇게 해서 본국과의 긴장이 높아진 가운데 북아메리카 13개 주 식민지의회의 대표들은 필라델피아에서 제1회 대륙회의를 개최하고 본국에 중과세와 탄압 방침의 철회를 요구했다.

기본적 인권, 주권재민, 혁명권을 주창하는 미합중국 독립선언을 토머스 제퍼슨이 선포

1775년 4월에 보스턴 교외의 렉싱턴과 콩코드에서 영국 본토군과 민병대 사이에 전투가 벌어지면서 북아메리카 식민지는 영국과의 전면 전쟁에 돌입하게 된다.

같은 해 5월에는 조지 워싱턴이 미국 대륙군의 총사령관으로 취임했다. 조지 워싱턴은 각 주에 있는 오합지졸의 민병대 조직을 정규군으로 편성했지만, 장비도 빈약하고 병사들의 자질도 낮아 전투력이 보잘것없었다. 따라서 워싱턴은 병력을 분산시키지 않고, 적과의 전투에 유리하도록 광대한 대륙 내 요충지를 활용해 거점 방위를 철저히 하는 식으로 버텨 나갔다.

이렇게 전투가 장기화하는 가운데 1776년에는 토머스 제퍼슨 등

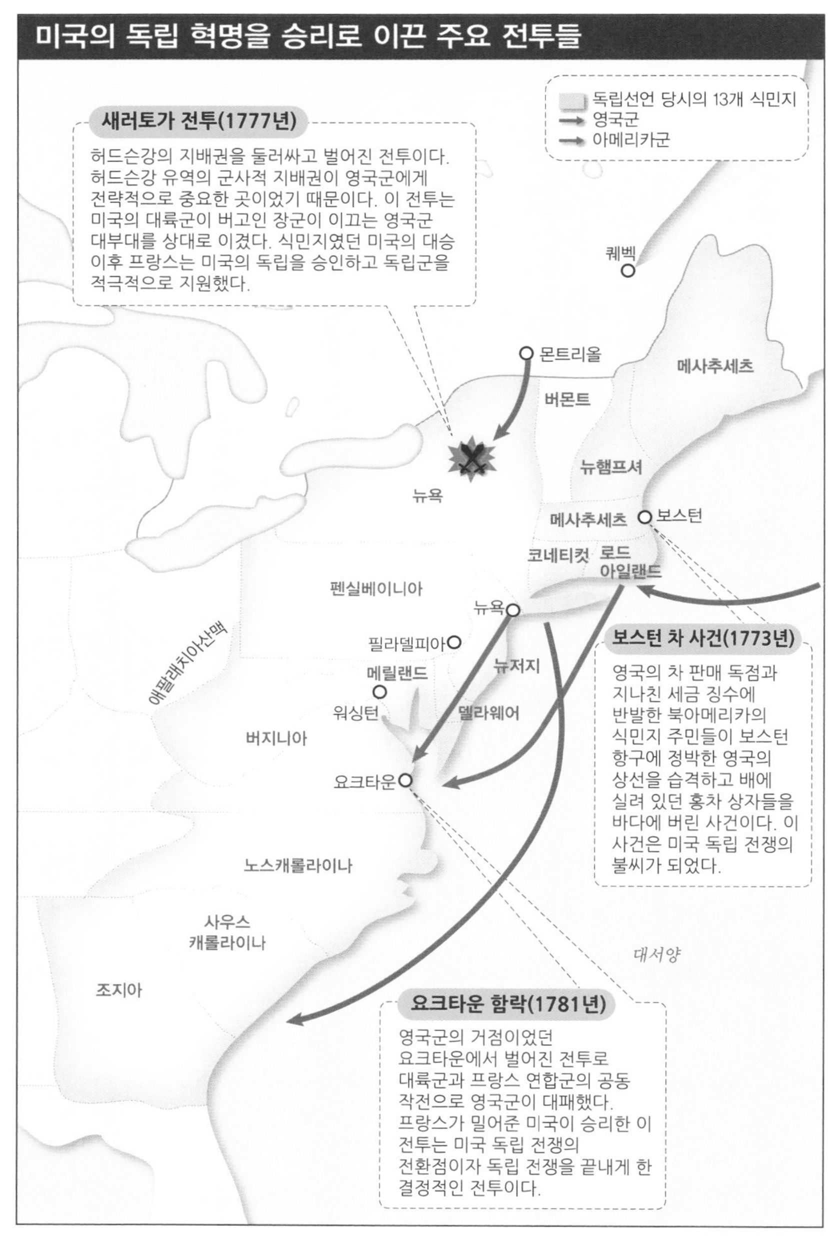

미국의 독립 혁명을 승리로 이끈 주요 전투들
독립선언 당시의 13개 식민지
영국군
아메리카군
새러토가 전투(1777년)
허드슨강의 지배권을 둘러싸고 벌어진 전투이다. 허드슨강 유역의 군사적 지배권이 영국군에게 전략적으로 중요한 곳이었기 때문이다. 이 전투는 미국의 대륙군이 버고인 장군이 이끄는 영국군 대부대를 상대로 이겼다. 식민지였던 미국의 대승 이후 프랑스는 미국의 독립을 승인하고 독립군을 적극적으로 지원했다.
퀘벡
몬트리올
메사추세츠
버몬트
뉴햄프셔
뉴욕
메사추세츠
보스턴
코네티컷
로드 아일랜드
펜실베이니아
뉴욕
필라델피아
애팔래치아산맥
메릴랜드
뉴저지
워싱턴
델라웨어
버지니아
요크타운
보스턴 차 사건(1773년)
영국의 차 판매 독점과 지나친 세금 징수에 반발한 북아메리카의 식민지 주민들이 보스턴 항구에 정박한 영국의 상선을 습격하고 배에 실려 있던 홍차 상자들을 바다에 버린 사건이다. 이 사건은 미국 독립 전쟁의 불씨가 되었다.
노스캐롤라이나
사우스 캐롤라이나
대서양
조지아
요크타운 함락(1781년)
영국군의 거점이었던 요크타운에서 벌어진 전투로 대륙군과 프랑스 연합군의 공동 작전으로 영국군이 대패했다. 프랑스가 밀어준 미국이 승리한 이 전투는 미국 독립 전쟁의 전환점이자 독립 전쟁을 끝내게 한 결정적인 전투이다.

이 모여 미합중국의 독립선언을 선포했다. 여기에는 기본적 인권, 주권재민, 혁명권을 주창하는 등 전쟁 목적이 명확하게 드러나 있어 독립을 요구하는 목소리는 한층 높아졌다.

1777년에 영국은 당시 합중국의 수도인 필라델피아를 점령한 다음에 캐나다 부대를 합류시킨다. 그러나 10월에 뉴욕 북부 지역의 새러토가 전투에서 대륙군이 승리를 거두자, 이때부터 전쟁의 무대는 남부로 옮기게 되었다.

당시에 영국과 대립 관계에 있던 프랑스, 네덜란드, 스페인이 영국의 패배가 예상되자 대륙군을 지원하기로 결정했다. 1780년에는 러시아 등이 중립의 입장을 분명히 했기 때문에 영국은 국제적으로 고립되었다. 이에 따라 대륙군은 전쟁의 전력과 명분에서 점차 영국의 우위에 서게 된다. 미국의 독립 전쟁이 제국주의 간의 패권 다툼이기는 했지만, 실제로는 절대 왕정에 반대하면서 세계적으로 유행한 근대 시민의 계몽주의를 주도하고 있다는 점이 지지받았기 때문이다.

버지니아주 요크타운에서 벌어진 전투로 사실상 미국 독립 전쟁에 종지부를 찍었다

1781년, 노스캐롤라이나의 길버트에서 대패한 영국군은 버지니아주의 요크타운으로 이동해 지원군을 기다리며 결전에 대비했다. 미

요크타운 전투에서 영국군 사령관(콘월리스)이 항복하는 모습, 1797년, 존 트럼블, 디트로이트 뮤지엄

국의 조지 워싱턴 사령관과 프랑스의 로샹보 장군이 이끄는 미국-프랑스 연합군 1만 5,000명은 찰스 콘월리스 장군이 지휘하는 영국군 7,000명을 포위했다.

영국군이 포위망을 뚫기 위해 공격을 감행하기도 했지만, 수적 열세를 뒤집기는 불가능했다. 더구나 육지와 바다의 통로를 막는 봉쇄 작전으로 인해 영국군은 무기와 식량 부족에 시달리며 전의를 거의 상실한 상태였다. 결국 10월 19일, 영국군은 항복을 선언하고 요크타운 전투가 막을 내렸다. 버지니아주 동쪽에 위치한 영국군의 마지막 거점 요크타운에서 벌어진 전투는 사실상 미국 독립 전쟁에 종지부를 찍은 결정적 전투였다.

이렇게 해서 1783년에 영국과 합중국 정부가 파리 강화조약을 맺은 결과, 식민지 13개 주는 마침내 영국으로부터 독립해 미합중국으로 새롭게 출발했다. 당시 영국 측은 프랑스의 개입을 막음과 동시에, 독립한 미국과 우호적인 관계를 유지하기 위해 미시시피강 서쪽의 영토를 할양하는 등 양보적인 자세로 대처해 미국의 독립에 날개를 달아주었다.

미국은 민주주의의 기치를 내걸고 외국의 전쟁과 분쟁에 끊임없이 개입

미합중국은 1787년에 헌법을 제정했으며, 대륙군의 총사령관이었던 워싱턴이 1790년에 초대 대통령으로 취임했다. 그러나 독립 후에도 문제는 산적해 있었다. 합중국의 각 주마다 믿는 종파도 다르고, 기간산업이나 문화와 관습도 달랐기 때문에 독립과 분권을 열망하는 각 주와 중앙연방정부의 대립이라는 과제가 남아 있었다. 특히 이해당사자의 사활이 걸린 노예제 문제는 남북

워싱턴 초상화, 1796년, 길버트 스튜어트, 미국 국립초상화미술관

전쟁으로 이어졌고, 현재까지도 흑백의 인종 문제는 미국 국내 정치가 안고 있는 가장 큰 난제이기도 하다.

한편 미국 독립 정신의 하나였던 칼뱅파의 신앙관은 기독교와 민주주의의 정의뿐 아니라 부의 확대나 이를 위한 식민지 지배도 적극적으로 인정하고 있다. 이는 훗날 미국이 민주주의라는 기치를 내걸고 외국과의 전쟁에 끊임없이 개입하고, 또 유색인종에 대한 지배마저도 정당화하는 논리적 근거가 되고 있다. '민주주의야말로 명백한 천명'을 내세운 미국 독립 전쟁은, 이후 미국이 일으키는 전쟁의 전범이 되었다고도 할 수 있다.

나폴레옹 전쟁 1802~1815년

프랑스 혁명 사상을 내세워 유럽 통일에 나선 나폴레옹

프랑스 혁명은 전제 군주를 타파하고 국민국가를 건설하려는 민중의 봉기

프랑스 혁명은 전제 군주의 손에서 벗어나 국민국가를 이루고자 하는 열망의 분출이었다. 그리고 나폴레옹 전쟁은 그 이념을 바탕으로 유럽 통일을 달성하기 위한 싸움이었다.

혁명 후의 프랑스는 혁명의 불길이 자국으로 번질까 봐 두려워하던 유럽 국가들과 잇달아 전쟁을 치르게 되었다. 프랑스는 포병장교에서 출세해 천재적인 군사능력으로 두각을 드러냈던 나폴레옹의 등장으로 이러한 사면초가의 위기를 벗어나게 된다.

1796년에 나폴레옹이 지휘하는 프랑스군이 이탈리아 원정에 성공함으로써 프랑스의 포위를 목적으로 했던 영국 주도의 제1차 대 프

프랑스에서 시작한 혁명의 폭풍이 유럽을 강타

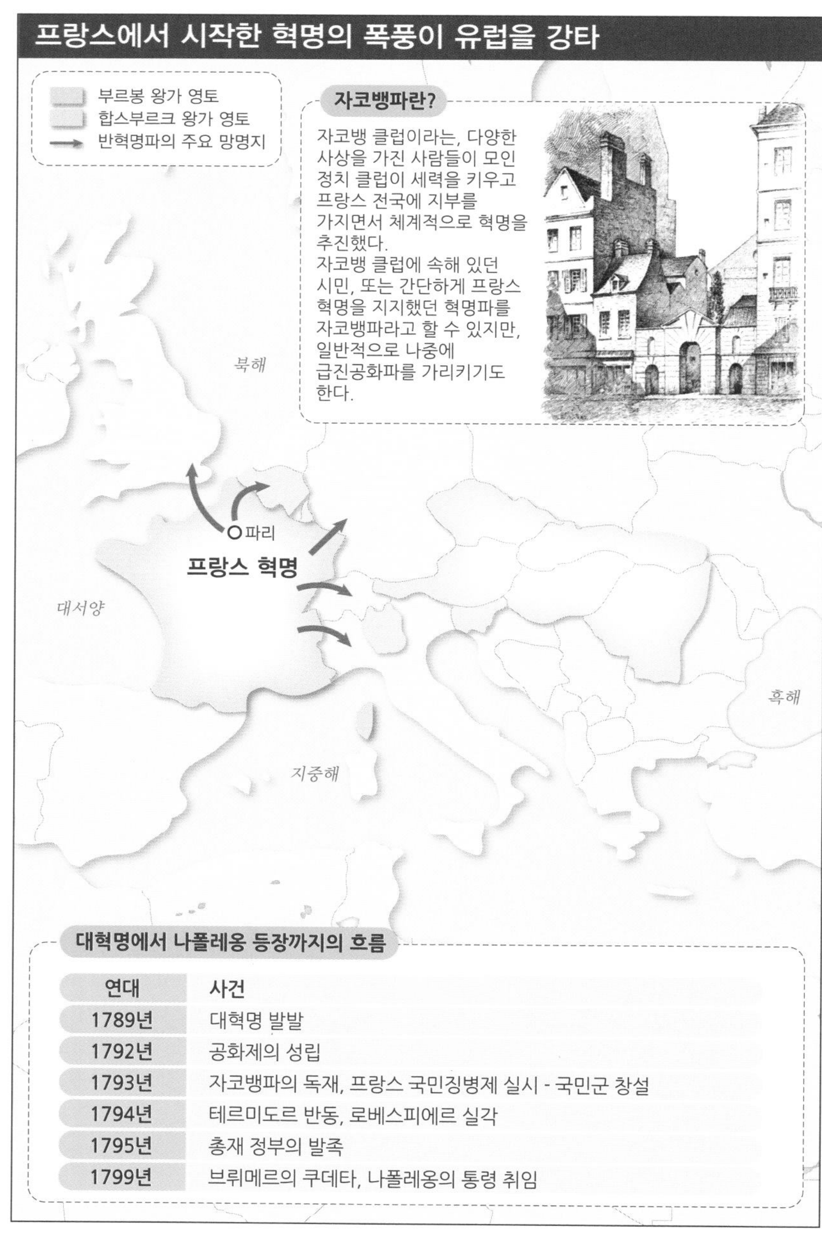
부르봉 왕가 영토
합스부르크 왕가 영토
반혁명파의 주요 망명지
북해
파리
프랑스 혁명
대서양
흑해
지중해

자코뱅파란?

자코뱅 클럽이라는, 다양한 사상을 가진 사람들이 모인 정치 클럽이 세력을 키우고 프랑스 전국에 지부를 가지면서 체계적으로 혁명을 추진했다.
자코뱅 클럽에 속해 있던 시민, 또는 간단하게 프랑스 혁명을 지지했던 혁명파를 자코뱅파라고 할 수 있지만, 일반적으로 나중에 급진공화파를 가리키기도 한다.

대혁명에서 나폴레옹 등장까지의 흐름

연대	사건
1789년	대혁명 발발
1792년	공화제의 성립
1793년	자코뱅파의 독재, 프랑스 국민징병제 실시 - 국민군 창설
1794년	테르미도르 반동, 로베스피에르 실각
1795년	총재 정부의 발족
1799년	브뤼메르의 쿠데타, 나폴레옹의 통령 취임

랑스 동맹은 와해한다. 그러나 영국의 프랑스 포위 전략은 계속되었다. 그러던 중 1798년에 나폴레옹은 영국 본토와 식민지인 인도 간의 통상로를 단절하기 위해 오스만 제국의 지배 아래에 있는 이집트 원정을 단행해 전과를 올린다. 그러나 이듬해인 1799년에는 제2차 대 프랑스 동맹이 결성되어 프랑스는 다시 위기에 빠지고 말았다.

1802년에 나폴레옹은 종신 통령으로 취임, 1804년에는 나폴레옹 1세로 황제에 즉위

위기에 직면한 나폴레옹은 귀국해서 쿠데타를 일으키고 신정권의 통령으로 취임했다. 그는 "혁명은 끝났다"라고 선언하며 무엇보다 정권의 안정을 위해 내치에 몰두했다. 내치로 발판을 다진 후, 나폴레옹 제국의 탄생을 향한 발걸음을 옮기기 시작했다.

나폴레옹은 1800년에 알프스산맥을 넘어 북이탈리아를 침공한다. 6월에는 밀라노를 점령하고 마렝고 전투에서 오스트리아군을 격파한 다음에는, 당시 발달한 신문 매체를 활용해 전승 사실을 대대적으로 보도하게 해서 단숨에 국민의 지지를 손에 넣었다.

1802년에 프랑스는 우세한 입장에서 영국과 화약을 맺는 데 성공한다. 이렇게 해서 같은 해에 나폴레옹은 종신 통령으로 취임하고 독재 체제를 확립한다.

마렝고 전투, 18~19세기경, 루이 프랑수아 르죈, 퐁텐블로성 국립박물관.

나폴레옹은 근대적인 민법전을 편찬하게 하는 한편, 대혁명 이후로 정부와 대립하고 있던 가톨릭교회와 화해하는 등 혁명 체제와 전통 체제를 조정하면서 지배 체제를 확립했다. 또한 중앙집권제와 정보망을 정비하고 중앙은행을 만들어 경제를 안정시켰으며, 국민이 교육을 골고루 받을 수 있도록 공공교육제도를 보급시켰다.

그리고 국민군 제도를 정비해서 평민 출신의 병사라도 승진하면 하급 장교가 될 수 있는 군제를 정착시켰다. 이러한 정책들 덕분에 국민의 절대적인 지지를 얻은 나폴레옹은 1804년에 마침내 황제로 즉위해 나폴레옹 1세라 칭했다. 이때부터 프랑스 제1제정이 시작된다.

나폴레옹의 침략을 두려워한 주변국들이 네 차례나 대 프랑스 동맹을 결성해 대항

한편 나폴레옹 정권의 강화를 두려워한 열강은 1805년에 제3차 대 프랑스 동맹을 결성한다. 나폴레옹은 이에 맞서 먼저 영국 본토를 침공할 계획을 세웠다. 그러나 나폴레옹의 야심에 찬 계획은 영국의 탁월한 지휘관 넬슨 제독에 의해 무참히 꺾여버렸다. 바로 이베리아반도 남쪽 끝의 트라팔가르 해전에서였다.

트라팔가르 해전은 1805년 10월 21일, 영국 해군이 나폴레옹이 이끈 프랑스 · 스페인 연합 함대를 상대로 승리를 거둔 전투이다. 넬슨 제독이 지휘하는 함대 27척은 프랑스 연합 함대 33척을 기습 공격했다. 바다에서 2열 종대로 진을 치고 있던 영국군이 횡대로 진을 친 연합 함대를 측면으로 공격한 것이다.

5시간에 걸친 치열한 전투는 영국 해군의 일방적인 승리로 끝났다. 그러나 트라팔가르 해전을 승리로 이끈 넬슨 제독은 교전 중에 프랑스군의 총탄을 맞아 전사하고 말았다. 트라팔가르 해전으로 영국 정복을 노리던 나폴레옹의 야망은 산산조각이 났고, 병사 15만 명을 대기시켰던 영국 상륙 작전도 포기할 수밖에 없었다.

아우스터리츠 전투, 1810년, 프랑스와 제라르, 베르사유 궁전

그러나 유럽 대륙에서는 오스트리아, 러시아, 프로이센의 군대를 잇달아 격파한다. 아우스터리츠 삼제회전(三帝會戰)에서는 약 7만 5,000명의 프랑스군을 이끌고 약 20만 명의 대 프랑스 동맹군을 상대해 뛰어난 전술을 펼치며 대승을 거두었다. 뒤이어 나폴레옹은 서부 독일 제후국에 압력을 넣어 라인 동맹을 맺게 하고 스페인, 이탈리아를 지배하에 둠으로써 유럽 대륙 대부분을 정복했다.

여기에 더해 1806년에는 영국과의 교역을 중지하는 대륙 봉쇄를 단행한다. 그러나 이미 영국의 경제는 영국이라는 일개 국가를 넘어서 대서양 무역이 떠받치고 있었다. 이 때문에 제해권을 쥐고 있

러시아 원정에 실패하고 모스크바에서 후퇴하는 나폴레옹, 아돌프 노르텐

는 영국의 피해는 크지 않았고, 대륙 봉쇄는 오히려 영국과의 교역을 중시하는 유럽 국가들의 반발을 불러일으키게 되었다.

전쟁에 패한 나폴레옹은 황제에서 퇴위하고, 남대서양의 외딴섬 세인트헬레나로 유배

더욱이 러시아가 영국과의 교역을 재개했기 때문에 1812년 6월에 나폴레옹은 60만 명의 대병력을 투입해 러시아 원정을 단행한다.

나폴레옹 전쟁 – 프랑스 혁명 전파와 유럽 국가의 통일

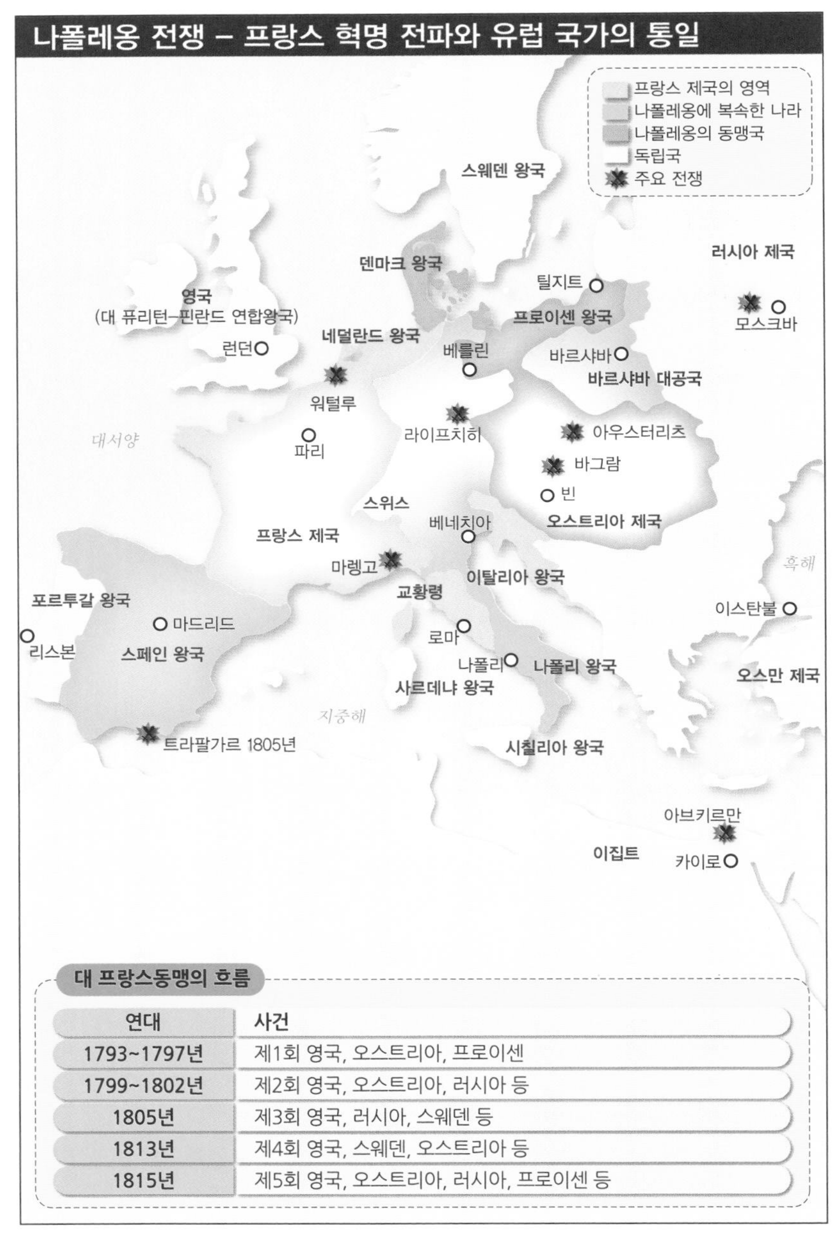
프랑스 제국의 영역
나폴레옹에 복속한 나라
나폴레옹의 동맹국
독립국
주요 전쟁
스웨덴 왕국
러시아 제국
덴마크 왕국
틸지트
영국
(대 퓨리턴-핀란드 연합왕국)
모스크바
프로이센 왕국
네덜란드 왕국
런던
베를린
바르샤바
바르샤바 대공국
워털루
라이프치히
아우스터리츠
대서양
파리
바그람
빈
스위스
베네치아
오스트리아 제국
프랑스 제국
흑해
마렝고
이탈리아 왕국
교황령
포르투갈 왕국
이스탄불
마드리드
로마
리스본
스페인 왕국
나폴리
나폴리 왕국
오스만 제국
사르데냐 왕국
지중해
트라팔가르 1805년
시칠리아 왕국
아브키르만
이집트
카이로

대 프랑스동맹의 흐름

연대	사건
1793~1797년	제1회 영국, 오스트리아, 프로이센
1799~1802년	제2회 영국, 오스트리아, 러시아 등
1805년	제3회 영국, 러시아, 스웨덴 등
1813년	제4회 영국, 스웨덴, 오스트리아 등
1815년	제5회 영국, 오스트리아, 러시아, 프로이센 등

러시아군은 퇴각 전략으로 프랑스군의 병참선을 연장해 병력을 소모시키는 전술을 구사했다. 프랑스군은 러시아의 혹독한 겨울을 견디지 못한 채 철수를 시작했지만, 무리한 공격으로 인한 전력의 손실은 막대했다.

유럽 강국들은 다시 동맹을 맺고 기다렸다는 듯이 반격에 나섰다. 1813년 10월, 라이프치히 전투에서 패한 나폴레옹은 황제 퇴위를 선언하고, 이탈리아 중북부의 엘바섬으로 유배되었다. 하지만 나폴레옹은 대 프랑스 동맹국들이 전후 처리를 위해 소집한 빈회의가 난항을 거듭하고 있는 틈을 타, 1815년 3월에 귀국해서 복위를 선포한다.

1815년 6월 18일, 나폴레옹은 벨기에 남동부 워털루에서 유럽 연합군과 마지막 전투를 치른다. 워털루 전투는 나폴레옹이 이끄는 7만 2,000명의 병력과 영국의 웰링턴 장군이 지휘하는 6만 8,000명의 연합군이 벌인 총력전이었다.

프랑스군은 워털루에 미리 도착해 진을 치고 있던 영국-네덜란드 연합군에 대해 총공격을 개시했다. 전투 초반에는 프랑스군이 우세했지만, 프로이센군이 기습적으로 공격에 가담하면서 전세가 역전되었다. 프랑스군은 결국 연합군의 공세를 견디지 못하고 워털루 전투에서 패배했다.

유럽 연합군에 패한 나폴레옹은 다시 황제의 자리에서 물러나 남대서양의 외딴섬 세인트헬레나로 유배되었다. 나폴레옹은 그곳에서 파란만장한 생을 마감한다.

프랑스의 혁명 사상을 받아들인 유럽 각국은 국민 운동으로 확산하면서 근대국가로 발전

프랑스 혁명 이후 나폴레옹 시대까지 잠시 되돌아보자. 프랑스가 참전했던 일련의 전쟁을 보면, 프랑스 혁명이 무장 시민에 의한 내전이었던 것에 비해 나폴레옹 시대의 전쟁은 국가와 국민이 총력을 쏟은 전시 국가의 전면전이었다.

나폴레옹 이후 세계 곳곳에서 벌어진 전쟁의 기본 형태는 이러한 전시 국가의 전면전 형태로 변해간다. 덧붙이자면 세계군사사(世界軍事史)에서 개인의 이름으로 시대가 구분되는 것은 '나폴레옹 시대' 뿐이다. 대륙 국가의 군인으로서는 천재적인 전략과 전술을 구사해 연전연승을 거두었던 나폴레옹이었지만, 전선을 지나치게 넓힌 데다 해양 전략을 경시해 결국 영국에 발목을 잡히고 말았다. 훗날에 히틀러도 똑같은 실패를 반복하게 된다.

한편 나폴레옹의 완전 실각 후 프랑스에서는 부르봉 왕조가 복위하고, 오스트리아 재상 메테르니히가 주도하는 빈체제에 의해 프랑스뿐만 아니라 다른 국가들 역시 큰 틀에서 보면 1789년의 프랑스 대혁명 이전의 왕정 체제로 되돌아갔다.

그러나 독일, 스페인, 러시아 등 나폴레옹에게 일시 점령당했던 지역에서는 이후 저마다의 내셔널리즘이 발흥하는 계기가 되었다. 프랑스의 혁명 사상을 독자적으로 받아들인 유럽의 각 나라는 고유의 국민 운동으로 발전시켜 나가면서 근대국가의 면모를 갖추기 시작했다.

아무튼, 서유럽을 통일국가로 만들려는 목표는 고대의 로마 제국, 중세의 카를 대제, 나폴레옹, 히틀러에 의해 반복되면서 오늘날의 유럽연합(EU, European Union)으로 실현되기에 이른다.

3장

선발 제국주의와 후발 제국주의

19세기는 제국주의 전쟁의 시대

19세기에 영국과 프랑스 등의 서구 열강은 아시아, 아프리카 등지를 잇달아 침략해 해외 식민지를 넓혀가고 있었다. 이는 영토 획득만이 목적이 아니었다. 자국뿐만 아니라 해외의 광대한 시장 획득이 더 중요한 목적이었다.

18세기부터 19세기에 영국에서 시작해 구미까지 번져나간 산업혁명으로 상품 생산이 비약적으로 증대하자, 구미 열강은 해외시장에 상품을 판매하고 막대한 부를 얻기 위해 식민지 개척에 적극적으로 나섰다. 영국이 청나라를 상대로 일으켰던 아편 전쟁도 이러한 제국주의 침략 전쟁의 전형적인 모습이다.

19세기 전쟁사

서구 열강이 식민지 개척에 나선 19세기는 제국주의 전쟁의 시대

18~19세기 산업혁명에 성공한 서구 열강들, 식민지에 상품 수출로 막대한 부 축적

19세기는 제국주의 전쟁의 시대라고 불린다. 이 시기에 영국과 프랑스, 미국 등의 열강은 아시아, 아프리카, 오세아니아 등지를 잇달아 침략해 해외 식민지를 넓혀가고 있었다. 이는 영토 획득만이 목적이 아니었다. 자국뿐만 아니라 해외의 광대한 시장 획득이 더 중요한 목적이었다.

그 배경에 있었던 것이 18세기부터 19세기에 영국에서 시작해 구미까지 번져나간 산업혁명이다. 산업혁명으로 상품 생산이 비약적으로 증대하자, 구미 열강은 대량 생산된 상품을 넓은 해외시장에 판매하고 막대한 부를 얻기 위해 식민지 개척에 적극적으로 나섰다.

칼뱅주의 등 개신교의 세례를 받은 구미 열강들은 아시아, 아프리카 등의 미개한 지역을 지배해 부를 확대하는 일을 정당한 것으로 생각하고 있었다.

영국이 청나라를 상대로 일으켰던 아편 전쟁은 이러한 제국주의 침략 전쟁의 전형적인 모습이다. 아시아 무역의 확대를 꾀한 해양 국가 영국은 폐쇄적인 대륙 국가인 청나라에 문호 개방을 강요하며 전쟁을 일으켰다.

시장 확대를 위한 제국주의 전쟁이 민족 분쟁으로까지 확대하며 총력전

뒤이어 19세기 중반 무렵에 발발한 크림 전쟁은 오스만 제국 쇠퇴 이후의 발칸반도 지역에서 러시아를 중심으로 한 범슬라브주의의 팽창과, 이에 맞선 독일-오스트리아 중심의 범게르만주의라는 민족공동체 간의 대립으로 발전했다. 시장을 확보하기 위해 벌어진 제국주의 전쟁인 동시에 민족 분쟁으로까지 확대한 것이다.

이 시기에 발발한 전쟁의 유형과 의미를 살펴보는 데 있어 염두에 두어야 할 것은 바로 '전쟁의 총력전화'라는 관점이다. 19세기 후반부터 20세기에는 테크놀로지의 발전으로 전쟁의 피해도 막대한 규모로 늘어났다.

철도를 이용한 병사 운송이나 전신에 의한 통신은 작전의 속도화, 대규모화를 가능하게 만들었다. 또한 대형 화포며 기관총의 출현으로 인해 전투는 대량 살상의 양상을 띠면서 대규모 살육전의 형태로 전개되었다.

19세기 후반에 미국에서 일어난 남북 전쟁은 총력전화의 상징적인 예로 꼽힌다.

아편 전쟁 1840~1842년

제국주의 선봉장에 나선 영국이 청나라에 대한 침략을 본격화

영국은 인도로부터 헐값에 사들인 아편을 청에 수출하고 차를 수입하는 삼각무역

18세기의 영국은 인도를 시작으로 세계 각국에 식민지를 만들며 과거의 스페인을 대신해 새로운 '태양이 지지 않는 나라'의 자리를 굳히고 있었다.

이렇게 세계의 주역이 바뀌는 흐름 속에서, 이미 아시아로 면제품 수출을 확대하고 있던 영국은 중국의 청나라에 대해서도 통상을 요구한다. 그러나 청나라는 광주(廣州) 1개 항구만 외국에 개항하는 쇄국 정책을 취하고 있었기 때문에 영국 측은 차(茶)와 도자기를 수입하는 데 그쳤다. 무제한 자유무역을 요구하던 영국이 이에 만족할 리 없었다.

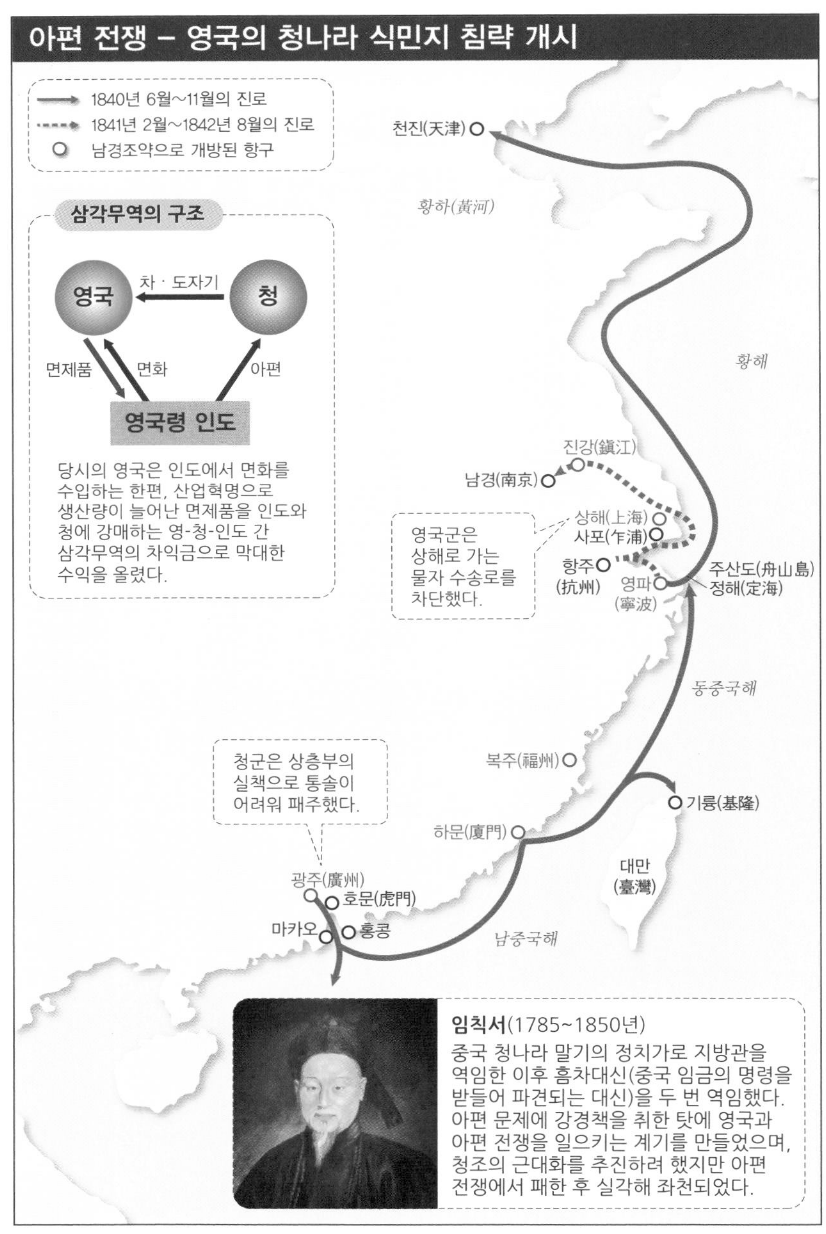

아편 전쟁 – 영국의 청나라 식민지 침략 개시
1840년 6월~11월의 진로
1841년 2월~1842년 8월의 진로
남경조약으로 개방된 항구
삼각무역의 구조
영국
차 · 도자기
청
면제품
면화
아편
영국령 인도
당시의 영국은 인도에서 면화를 수입하는 한편, 산업혁명으로 생산량이 늘어난 면제품을 인도와 청에 강매하는 영-청-인도 간 삼각무역의 차익금으로 막대한 수익을 올렸다.
천진(天津)
황하(黃河)
황해
진강(鎭江)
남경(南京)
상해(上海)
사포(乍浦)
항주(抗州)
영파(寧波)
주산도(舟山島)
정해(定海)
영국군은 상해로 가는 물자 수송로를 차단했다.
동중국해
복주(福州)
기륭(基隆)
하문(廈門)
대만(臺灣)
청군은 상층부의 실책으로 통솔이 어려워 패주했다.
광주(廣州)
호문(虎門)
마카오
홍콩
남중국해
임칙서(1785~1850년)
중국 청나라 말기의 정치가로 지방관을 역임한 이후 흠차대신(중국 임금의 명령을 받들어 파견되는 대신)을 두 번 역임했다. 아편 문제에 강경책을 취한 탓에 영국과 아편 전쟁을 일으키는 계기를 만들었으며, 청조의 근대화를 추진하려 했지만 아편 전쟁에서 패한 후 실각해 좌천되었다.

제1차 아편 전쟁 당시의 해전(중국의 정크선을 불태우고 있는 영국의 네메시스호), 1843년, 에드워드 던컨, W-C

더욱이 19세기에 들어 영국의 시민계급 사이에 차 문화가 인기를 끌면서 청나라로부터 차의 수입이 확대되자, 무역 불균형으로 인해 영국 경제는 외화 부족이라는 상황을 맞이했다. 그러자 영국은 본토의 공산품을 인도에 수출하고, 인도로부터 헐값에 사들인 아편을 청나라에 밀수출하며, 청나라의 차를 본국에 수입하는 삼각무역을 진행했다.

원래 청나라에서는 18세기 이래로 아편 수입이 금지되어 있었다. 그러나 청나라는 영국으로부터 대량으로 밀수입한 아편 때문에 숱한 청나라 국민의 심신이 황폐해지는 사태에 빠지고 만다. 또한 아편 구매를 위해서 대량의 은이 해외로 유출되는 지경에 이르게 되었다. 청나라로서는 그냥 지나칠 수 없는 상황이었다.

이런 배경으로 발생한 아편 전쟁은 청나라뿐만 아니라 아시아 각국의 운명에 많은 영향을 끼치게 된다. 즉, 제국주의 열강의 아시아 침략이 본격화된 것이다.

식민 제국주의 선봉장으로 나선 영국이 청나라를 서구 열강의 먹잇감으로 요리

청나라에서 아편 문제에 대처하기 위해 흠차대신(欽差大臣, 임금의 명령을 받들어 특정한 사건에 임시로 파견되는 대신)으로 임명했던 사람이 바로 임칙서(林則徐)이다. 1839년에 광동성(廣東省)에 부임한 임칙서는 영국 상인이 가지고 있는 아편을 몰수 처분하는 강경 수단을 발동해 영국과의 교역 정지를 선포했다.

같은 해 9월부터 11월에는 영국 배와 청나라 배 사이에 교전이 벌어졌다. 영국 본국은 이 사건을 계기로 청나라의 교역 문호를 무력으로 개방시키기 위해 함대를 파견하기로 결정했다. 해양 국가 영국의 기본 방침은 식민지의 점령 지배가 아니라 교역소를 확보해 이익을 징수하는 것이었다. 이에 따라 영국은 청나라와의 자유로운 교역을 기대하고 있었다.

반면에 청나라는 과거 중화 제국의 외교 정책과 마찬가지로 상대국이 자국에 조공하는 형식 외에는 인정하지 않는 것을 교역의 기

아편을 처분하는 임칙서, 1839년

본 방침으로 삼고 있었다. 여기에서 전형적 해양 국가인 영국과 전형적 대륙 국가인 청나라의 국가 전략에 지정학적 차이가 있음이 여실히 드러난다.

이렇게 해서 1840년 6월에 군함 16척, 수송선 등 32척, 병사 4,000명으로 구성된 영국 함대가 광주(廣州)에 도착하면서 마침내 전투가 시작되었다. 영국군은 소규모 부대로 우선 광주의 해상을 봉쇄하고, 나머지 부대는 장강(長江) 하구의 주산도(舟山島)로 북상했다. 상해(上海) 앞바다에 있는 주산도를 점령한 후 병력 일부를 광주로 돌려보내고, 주력부대는 북경(北京)을 위협하기 위해 천진(天津)으로 진출했다.

1841년 1월, 영국군은 홍콩섬을 점령해서 청나라 주변 바다의 제해권을 확보

이듬해인 1841년 1월에 영국군은 홍콩섬을 점령해서 청나라 주변 바다의 제해권을 확보한다. 청나라의 정규군은 전투력과 사기가 떨어졌지만, 광주의 주민은 영국군에 맞서 게릴라식의 저항을 벌였다. 그러나 근대적인 군비를 갖춘 영국군을 맞아 고전을 거듭하던 청나라는 교섭으로 상황을 타개해 나가기로 방침을 바꾸고 임칙서를 경질해 버린다.

영국과 청나라의 교섭은 실패로 끝나고 전투가 재개되자, 영국군은 5월에 광주를 제압하고 영파(寧波)를 함락시켰다. 이듬해에는 장강(長江) 대운하의 요충지인 진강(鎭江)을 손에 넣었다. 그 결과 북경으로 통하는 청나라의 물자 운송로가 봉쇄되고 만다.

영국은 1842년 6월에 상해를 점령한 후 남경으로 진격하자, 8월에 청나라가 항복하고 승리를 거둔 영국은 남경(南京) 조약을 체결했다. 조약의 주요 내용은 홍콩의 할양(조차 기간은 이후에 1997년까지 연장되었다), 광주, 상해 등 5개 항의 개항과 영사관 설치, 관세율 인하, 배상금 지급 등이다. 이는 전형적인 불평등 조약이라고 할 수 있다. 더욱이 조약에는 전쟁의 빌미가 되었던 아편의 판매에 대해서는 일언반구 언급이 없어 전쟁이 끝난 후에 아편 수입량은 오히려 증가하게 된다.

영국은 청나라에 더 본격적인 개방을 요구하자, 1856년에는 청나라가 영국 국적의 선박 애로호를 해적선의 혐의를 적용해 나포한 것을 계기로 제2차 아편 전쟁이 일어난다. 그때 마침 선교사가 피살된 프랑스와 함께 연합군을 결성, 손쉽게 광주를 점령하고 곧이어 북쪽으로 진격해 천진에 진을 치고 청나라를 압박했다.

제2차 아편 전쟁 때 연합군이 북경을 침략해 황실 정원인 원명원을 파괴하고 보물을 약탈

제2차 아편 전쟁도 청나라의 일방적인 패배로 끝났다. 1858년에 천진 조약을 체결하지만, 청나라 내부에서 불평등 조약이라며 인준을 거부해 영 · 프 연합군이 다시 공격에 나섰다. 이때 연합군이 북경을 침략해 황실 정원인 원명원을 파괴하고 보물을 약탈하는 일까지 일어났다.

1860년 10월, 청나라는 러시아의 중재로 영 · 프 연합군에게 항복하고 북경 조약을 체결한다. 영국, 프랑스, 러시아, 미국 등 4개국 외교사절의 북경 상주와 11개 항구의 추가 개방, 아편 판매의 합법화를 비롯해 재류 외국인의 치외법권까지 인정하는 치욕적인 불평등 조약이었다. 이 조약으로 청나라는 전면적으로 문호를 개방한 채 서구 열강의 먹잇감으로 전락했다.

이후에 청나라는 열강의 상인과 선교사 그리고 군대의 주둔을 받아들인다. 광주로부터 상해는 영국, 남부 연안은 프랑스, 천진-청

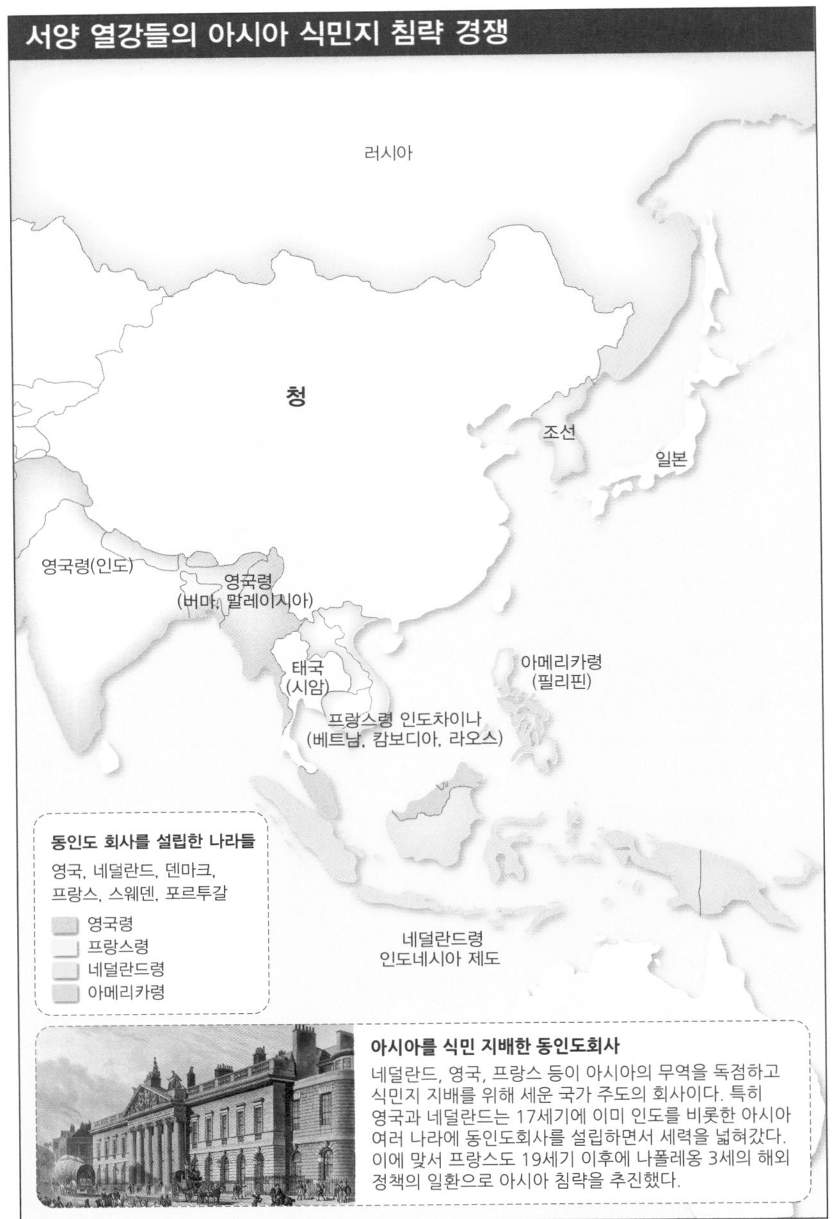
서양 열강들의 아시아 식민지 침략 경쟁
러시아
청
조선
일본
영국령(인도)
영국령
(버마, 말레이시아)
태국
(시암)
아메리카령
(필리핀)
프랑스령 인도차이나
(베트남, 캄보디아, 라오스)
네덜란드령
인도네시아 제도
동인도 회사를 설립한 나라들
영국, 네덜란드, 덴마크,
프랑스, 스웨덴, 포르투갈
영국령
프랑스령
네덜란드령
아메리카령

아시아를 식민 지배한 동인도회사

네덜란드, 영국, 프랑스 등이 아시아의 무역을 독점하고 식민지 지배를 위해 세운 국가 주도의 회사이다. 특히 영국과 네덜란드는 17세기에 이미 인도를 비롯한 아시아 여러 나라에 동인도회사를 설립하면서 세력을 넓혀갔다. 이에 맞서 프랑스도 19세기 이후에 나폴레옹 3세의 해외 정책의 일환으로 아시아 침략을 추진했다.

도(靑島)는 독일, 만주는 러시아의 세력권으로 흡수되었다. 이권 분배에 끼어들 틈이 없었던 미국은 문호 개방과 기회균등을 외교 방침으로 내세울 뿐이었다. 근대화 개혁에 뒤졌던 청나라는 서구 열강의 침략을 받으며 급속히 쇠락했다.

한편 1858년에 인도에서는 세포이 반란이 영국군에게 진압되고, 이후에 인도는 영국령이 되었다. 또한 프랑스는 인도차이나에 출병해 지배 영역을 확대했다. 아편 전쟁은 이처럼 19세기 구미 열강의 본격적인 아시아 침략을 위한 제일보가 되었다고 할 수 있다.

크림 전쟁 1853~1856년

흑해로 진출하려는 러시아를 영국 등 서구 열강이 저지

크림반도의 부동항 확보를 노리는 러시아가 동방정교 보호를 빌미로 오스만 제국 침공

크림 전쟁이란 일 년 내내 해면이 얼지 않는 부동항의 획득을 숙원으로 삼았던 러시아와 이를 저지하려는 서구 열강이 벌인 싸움이다.

18세기 말부터 동지중해 지역에서 오스만 제국의 세력이 점차 쇠퇴하자, 제국의 지배하에 놓여 있던 이집트와 기독교의 정교도가 많은 발칸반도 등지의 주민이 독립에 대한 의지를 드러냈기 때문이다. 물론 러시아는 이를 틈 타 세력 확대를 꾀한다. 러시아가 기존에 보유하던 항구 대부분이 겨울에는 해면이 얼어붙어 사용할 수 없었기 때문에 따뜻한 남방의 항구를 확보하는 것이 오랜 염원이었다.

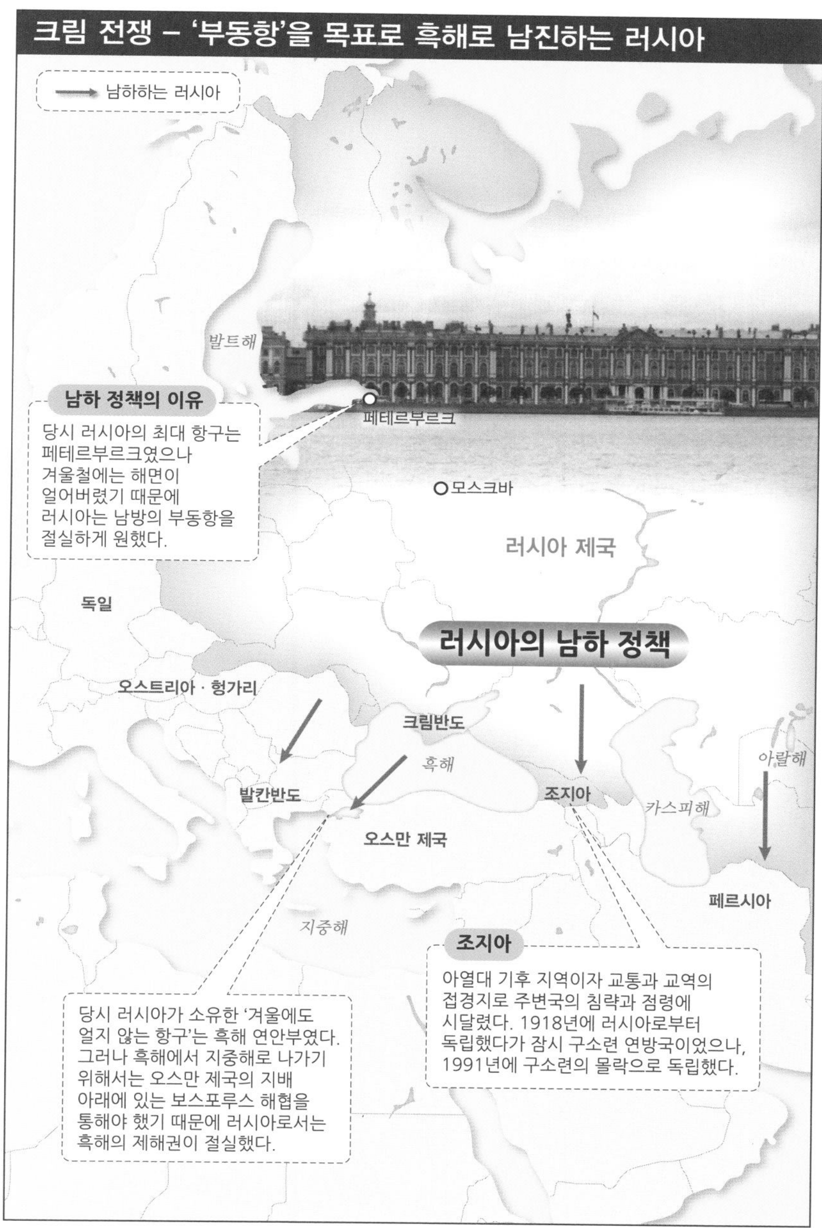
크림 전쟁 – '부동항'을 목표로 흑해로 남진하는 러시아
남하하는 러시아
발트해
남하 정책의 이유
당시 러시아의 최대 항구는 페테르부르크였으나 겨울철에는 해면이 얼어버렸기 때문에 러시아는 남방의 부동항을 절실하게 원했다.
페테르부르크
모스크바
러시아 제국
독일
러시아의 남하 정책
오스트리아 · 헝가리
크림반도
흑해
아랄해
발칸반도
조지아
카스피해
오스만 제국
페르시아
지중해
조지아
아열대 기후 지역이자 교통과 교역의 접경지로 주변국의 침략과 점령에 시달렸다. 1918년에 러시아로부터 독립했다가 잠시 구소련 연방국이었으나, 1991년에 구소련의 몰락으로 독립했다.
당시 러시아가 소유한 '겨울에도 얼지 않는 항구'는 흑해 연안부였다. 그러나 흑해에서 지중해로 나가기 위해서는 오스만 제국의 지배 아래에 있는 보스포루스 해협을 통해야 했기 때문에 러시아로서는 흑해의 제해권이 절실했다.

1853년 7월에 러시아는 오스만 제국의 속국으로 흑해에 면해 있는 몰다비아(현 몰도바)와 왈라키아(현 루마니아 남부)를 점령했다. 정교도를 보호한다는 구실이었는데, 오스만 제국은 이에 맞서 같은 해 10월에 러시아를 상대로 선전포고를 했다.

개전 초기에 러시아는 강하게 밀고 나왔지만, 영국과 프랑스가 전쟁에 개입하자 사태는 급변한다. 전쟁이 확대되자 러시아는 막대한 타격을 받고 말았다. 이 일련의 전쟁은 유라시아 대륙과 지중해가 교차하는 지정학적 요충지 흑해의 크림반도가 주요 무대가 되었기 때문에 크림 전쟁으로 불리게 되었다.

1848년, 프랑스 2월 혁명을 비롯해 독일 등에서 시민혁명이 일어난 후, 러시아에서도 그 영향으로 국내의 자유주의자들이 세력을 키우게 되었다. 그러나 황제 니콜라이 1세는 이를 탄압했을 뿐 아니라 중부 유럽과 발칸 지역에서 러시아의 지배력을 확대하려고 했다. 니콜라이 1세는 기독교 동방정교의 보호를 이러한 정책 추진의 구실로 삼았다.

동지중해에서 러시아의 세력 확대가 해양 국가인 영국과의 충돌로 연결

당시 오스만 제국 영내에 있는 기독교의 성지 예루살렘은 러시아의 영향권 아래에 있었다. 이에 니콜라이 1세는 러시아가 오스만 제국

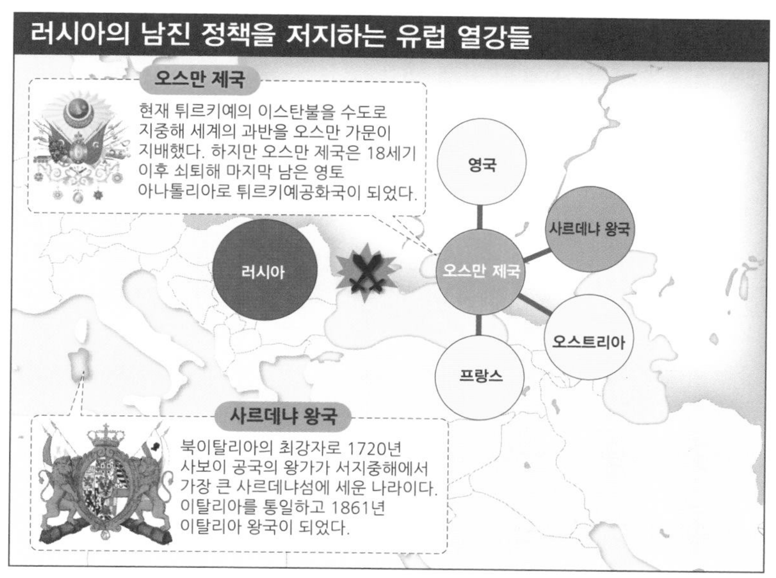

러시아의 남진 정책을 저지하는 유럽 열강들
오스만 제국
현재 튀르키예의 이스탄불을 수도로 지중해 세계의 과반을 오스만 가문이 지배했다. 하지만 오스만 제국은 18세기 이후 쇠퇴해 마지막 남은 영토 아나톨리아로 튀르키예공화국이 되었다.
영국
사르데냐 왕국
러시아
오스만 제국
오스트리아
프랑스
사르데냐 왕국
북이탈리아의 최강자로 1720년 사보이 공국의 왕가가 서지중해에서 가장 큰 사르데냐섬에 세운 나라이다. 이탈리아를 통일하고 1861년 이탈리아 왕국이 되었다.

내의 정교도를 보호할 수 있는 권리를 오스만 측에 요구하지만 거절당하고 말았다. 이 때문에 러시아는 몰다비아와 왈라키아의 점령을 단행한 것이다. 하지만 동지중해에서 러시아의 세력 확대는 곧 해양 국가인 영국과의 충돌을 낳고 말았다. 당시 영국은 여러 국가의 해군력에 맞먹는 대규모의 함정을 보유해 세계 각지의 제해권을 쥐고, 이집트와 인도를 잇는 해상교역로의 확보를 노리고 있었기 때문이다.

따라서 영국은 오스만 제국을 지원했고, 프랑스도 영국을 지지했다. 프랑스의 나폴레옹 3세는 과거 나폴레옹 1세가 영국을 적으로 돌려 실패했던 경험을 되풀이하지 않기 위해서 영국과의 협조를 외교 방침으로 삼았던 것이다.

러시아 해군은 전쟁 초기에 세계 최초로 근대식 유탄이라는 강력한 포탄을 사용해 그 위력을 세상에 드러냈다. 이에 대항해 영국군과 프랑스군은 흑해에 함대를 파견해서 러시아를 견제했다. 애당초 러시아는 오스트리아의 지원을 기대하고 있었지만, 오스트리아는 오스만 제국의 양해 아래 몰다비아와 왈라키아를 점령해 러시아가 챙기려고 했던 권익을 가로채려고 했다.

크림 전쟁에서 발생한 사망자 수는 러시아 측 30만 명, 영국 측 10만 명

1854년 9월부터 크림반도에 위치한 흑해 최대의 군항인 세바스토폴 요새를 둘러싸고 양측의 공방이 격화한다. 연합군이 대규모로 포격을 퍼부었지만, 러시아의 흑해 함대는 사력을 다해 요새를 방어했다. 그런데 연합군이 러시아보다 몇 배나 많은 병력과 우수한 병기를 갖추고도 요새를 공략하는 데 무려 1년이나 넘게 걸렸다.

러시아 측이 시민까지 일체가 되어 철저하게 방어에 매달렸고, 갑작스러운 태풍으로 인해 공격에 차질을 빚었다. 태풍으로 수송선의 운항이 어려워 배에 실어둔 방한용 의복, 식량, 탄약, 의료품 등이 모두 침수되어 연합군은 겨울의 혹한에 대처할 수 없었다. 더구나 티푸스와 콜레라 같은 역병에 시달리면서 전투력도 크게 약화하

크림 전쟁 – 세바스토폴 포위전의 세부 그림, 1853~1856년, 프란츠 루보

였다.

이듬해인 1855년 초에는 아시아 무역 경로 확보를 위해 이탈리아의 사르데냐 왕국도 오스만 제국 측에 가세한다. 이는 이탈리아 통일을 위해 프랑스의 지원을 얻기 위한 전략이었다. 한편 러시아에서는 이 무렵 황제 니콜라이 1세가 급사하고 알렉산드르 2세가 즉위한다.

이런 가운데 9월에 세바스토폴 요새가 함락되면서 러시아군은 요새를 폭파하고 철수했다. 이어서 영 · 프 연합군이 세바스토폴 시가까지 포위하자, 알렉산드르 2세는 화평 교섭에 응했다. 1856년 3월,

플로렌스 나이팅게일, 1860년,
영국 나이팅게일뮤지엄

교섭 끝에 파리 조약이 체결되어 흑해의 중립화, 오스만 제국의 영토 보전, 몰다비아와 왈라키아의 자치권 보장 등이 결정되었다.

한편 간호사 나이팅게일의 활약으로 유명한 크림 전쟁에서는 막대한 수의 전사자와 병사자가 발생했다. 러시아 측의 사망자는 30만 명, 영국과 프랑스 측의 사망자도 10만 명에 달했다. 막상 전투로 인한 사상보다는 전장에서의 영양 결핍이나 전염병이 직접적인 원인이었다. 이런 참담한 비극이 빚어진 것은 양 진영의 전쟁 지도자들이 판단을 그르쳐 의약품이며 식료품 등의 병참을 경시했던 결과라고 한다.

러시아는 크림 전쟁에서 패하면서 자국의 후진성을 인정해, 황제 알렉산드르 2세가 1861년에 농노해방 등의 근대화 개혁을 도입한다. 오스만 제국도 각 종파에 대해 신앙의 자유를 허용하고, 관료기구의 중앙집권화를 강화하는 등 근대화 개혁을 한층 진척시켰다.

유럽의 화약고로 부상한 발칸반도에서 제1차 세계대전의 방아쇠가 당겨졌다

그 후 러시아와 오스만 제국은 1877년에 러시아–튀르크 전쟁으로 다시 충돌한다. 러시아가 주도한 동방정교회 연합군에는 불가리아, 세르비아, 몬테네그로 등 발칸 국가들이 참가했다. 크림 전쟁에서 잃어버린 영토를 되찾기 위해 러시아는 흑해에 기지를 세우고, 오스만 제국으로부터 독립하려는 발칸 국가들을 지원해 전쟁에 나선 것이다. 러시아 연합군이 전쟁에 승리하면서 루마니아, 세르비아, 몬테네그로는 오스만으로부터 완전한 독립을 이루었으며, 발칸 국가들의 슬라브 민족주의도 확산하였다.

이 두 번의 전쟁으로 오스만 제국의 퇴조는 결정적인 것이 되었다. 따라서 발칸반도와 동지중해의 세력 판도는 크게 변하게 되었다. 이는 새로운 분쟁의 불씨로 작용하면서 유럽의 화약고로 불리는 사태를 초래하게 되었다.

한편 산스테파노 조약으로 인해 발칸 지역에서 러시아(슬라브) 세력이 확대하는 것에 영국과 오스트리아가 격렬히 반발했다. 독일의 비스마르크 재상의 중재로 열린 베를린 회의에서 이 조약의 폐기를

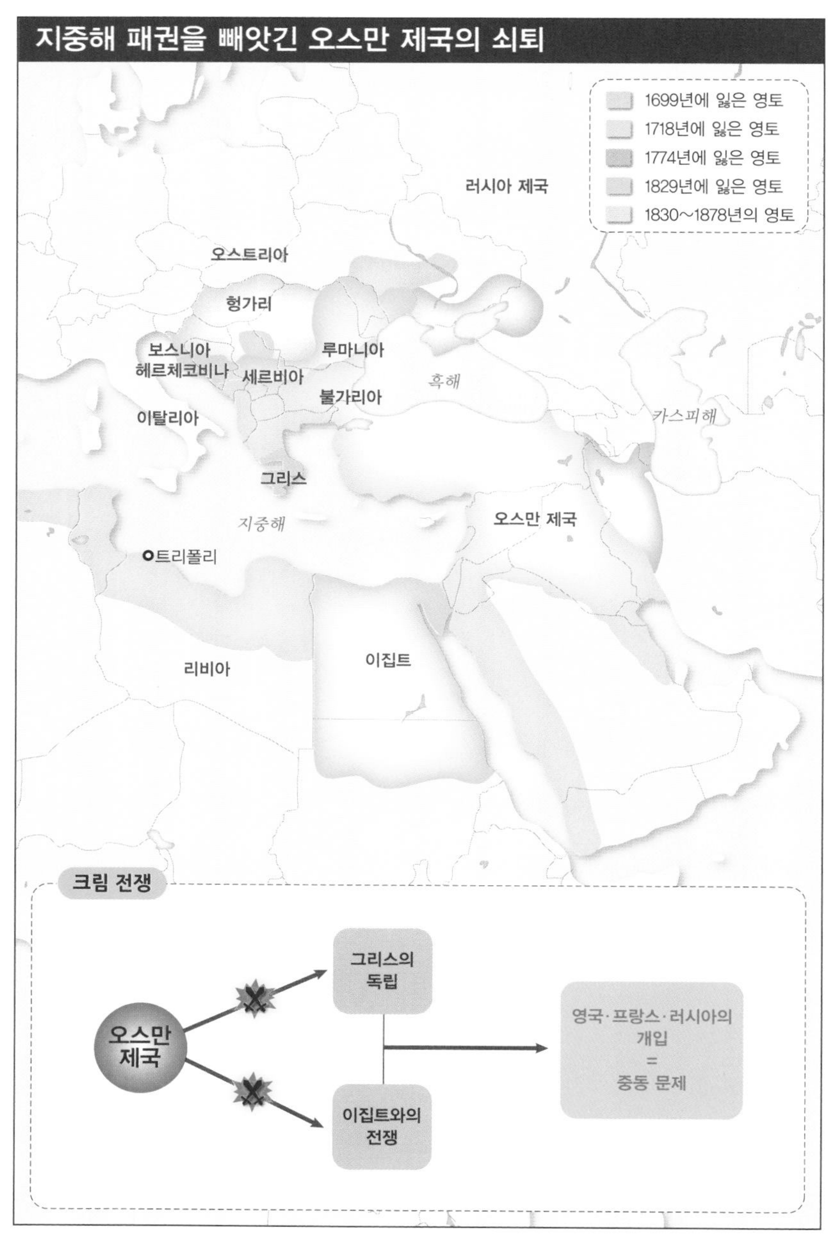
지중해 패권을 빼앗긴 오스만 제국의 쇠퇴
1699년에 잃은 영토
1718년에 잃은 영토
1774년에 잃은 영토
1829년에 잃은 영토
1830~1878년의 영토
러시아 제국
오스트리아
헝가리
보스니아
헤르체코비나
세르비아
루마니아
불가리아
흑해
카스피해
이탈리아
그리스
지중해
오스만 제국
트리폴리
리비아
이집트
크림 전쟁
오스만 제국
그리스의 독립
이집트와의 전쟁
영국·프랑스·러시아의 개입
=
중동 문제

결정함에 따라 러시아의 발칸반도 진출에는 다시 제동이 걸렸다.

아무튼 발칸반도 지역에서 러시아를 중심으로 한 범슬라브주의와 독일-오스트리아를 중심으로 한 범게르만주의, 그리고 키프로스섬을 획득한 영국의 권익 등이 충돌하는 대립 상황은 오래도록 풀리지 않았다.

결국 발칸반도를 둘러싼 서구 열강의 이해관계가 결국 제1차 세계대전의 한 요인으로 작용하게 된다.

프로이센-프랑스 전쟁 1870~1871년

독일의 철혈재상 비스마르크가 프랑스 침략으로 통일을 완성

내셔널리즘이 확산하던 프로이센 왕국이 독일 통일을 위한 주도권을 쥐었다

프로이센-프랑스 전쟁은 스페인 왕위 계승을 놓고 프로이센 왕국과 프랑스 사이에 일어났던 전쟁이다. 이 전쟁에서 프로이센이 승리함으로써 독일에는 처음으로 통일국가가 탄생했다.

원래 독일은 신성로마 제국이 해체된 이래 작은 나라들로 분할한 상태가 계속되고 있었다. 13세기경 독일 기사단이 개척한 프로이센 지역은 15세기에 들어 호엔촐레른 왕가가 신성로마 황제에게 협력한 공으로 브란덴부르크를 가지게 되었다. 17세기 초에는 라인 강변에 영토를 얻고, 30년 전쟁이 끝난 후부터 프로이센 왕국이라는 국가 형태를 갖추게 되었다. 당시 독일 제국은 연방제를 채택했는

독일 통일을 주도한 프로이센 왕국

독일연방 경계
오스트리아
바이에른
프로이센
슐레스비히홀슈타인주
1864년까지 덴마크 땅이었고, 북해와 발트해 사이에 있어 '바다 사이의 땅'으로 불린다. 프로이센과 오스트리아는 덴마크로부터 뺏은 이곳의 영유권을 두고 전쟁을 치렀다.
스당 전투
나폴레옹 3세까지 참전한 프랑스군이 프로이센에 참패한 전투로 프로이센은 이 승리를 기념하는 스당의 날까지 만들었다.
스웨덴 왕국
발트해
덴마크 왕국
러시아 제국
네덜란드 왕국
폴란드 왕국
프로이센 왕국
오스트리아
프랑스 왕국
스위스
오스만 제국
이탈리아
스페인 왕국
지중해
알자스-로렌 지방
프랑스 동북부에 있으며 알퐁스 도데의 《마지막 수업》에 나오는 독일과 프랑스의 분쟁지였다. 1871년 프랑크푸르트 조약에 의해 강제로 독일에 이양되고, 다시 프랑스와 독일이 점하는 우여곡절 끝에 제2차 세계대전 후 프랑스령으로 편입되었다.

데, 프로이센 왕국은 독일의 한 지방이면서도 제국 전체의 2/3를 차지한 막강한 지배자였다.

19세기 후반에 들어서자 독일 통일을 착착 준비해 오고 있던 프로이센 왕국이 마침내 독일 전토의 통일을 위한 주도권을 쥐었다. 여기에는 독일에서 1848년에 일어났던 시민혁명을 계기로 당시 영방(領邦, 신성로마 제국의 제후국)의 틀을 넘어서는 독일 내셔널리즘이 확산하고 있었던 점도 크게 작용했다.

그러나 프로이센의 독일 통일에 있어서 큰 장벽이 되었던 것이 유럽의 명문 합스부르크 왕가의 오스트리아였다. 대독일주의를 내세운 오스트리아 제국과 소독일주의를 내세운 프로이센 왕조 간에 독일 연방 내의 주도권 다툼은 불가피한 것이었다.

"독일 통일은 언론이나 다수결이 아니라 철과 피로써 이뤄진다"라고 비스마르크가 선언

1866년에 프로이센과 오스트리아는 덴마크 영토였던 슐레스비히-홀슈타인 지방의 귀속을 둘러싸고 프로이센-오스트리아 전쟁에 돌입한다. 1866년 6월 7일, 오스트리아 제국이 홀슈타인을 점령한 프로이센 왕국에 선전포고하고, 연방 회원국들이 각자 명분과 이해득실에 따라 양 진영으로 나누어졌다.

당시 프로이센은 베스트팔렌 지방 등 북독일 대부분을 차지했고,

프로이센-오스트리아 전쟁 중에서 쾨니히그레츠 전투, 1869년, 게오르그 블라이프트로우, 독일 역사박물관

라인강을 중심으로 산업혁명 시기에 공업 분야가 급속도로 발전했다. 반면에 도나우강 연안의 오스트리아 제국은 농업 중심이었기 때문에 경제력과 군사력에서 상당히 뒤처진 상태였다.

보헤미아의 쾨니히그레츠에서 격돌한 프로이센-오스트리아 전쟁은 예상을 뒤엎고 프로이센군이 철도를 이용한 병력의 운송, 전신을 활용한 명령 전달, 연속사격 기능이 뛰어난 후장식 신식 총기의 도입 등에 힘입어 대승을 거두었다. 나아가 프로이센은 독일 통일의 장애물을 확실하게 제거하기 위해 이번에는 이웃 나라 프랑스와의 전쟁을 획책한다.

유럽에서 변방으로 취급받았던 프로이센을 이처럼 강국으로 키운 인물이 바로 1862년에 수상으로 취임한 비스마르크이다. 그는 독일의 통일은 "언론이나 다수결에 의해서가 아니라 철과 피로써 이뤄진다"라고 발언해 '철혈재상'으로 불렸다.

비스마르크를 지지했던 독일 내셔널리즘은 일찍이 19세기 초반에 독일이 이웃 나라 프랑스의 나폴레옹에게 유린당했던 것에 대한 저항 의식에서 생겨났다. 따라서 비스마르크 시대의 프로이센은 예전에 나폴레옹이 추진했던 것처럼 징병제에 의한 국민군의 군제와 중앙집권화를 발전시켰다. 그 무렵 프랑스에서는 나폴레옹 3세가 과거 나폴레옹 1세 시절의 영광이 재현되기를 바라는 국민의 기대에 부응하고자 국위 선양을 위한 대외 전쟁을 거듭하고 있었다.

그런데 프로이센-오스트리아 전쟁에 대비해 비스마르크는 프랑스에 라인 강변의 영토를 할양할 것처럼 암시해 프랑스의 중립을 얻어냈다. 하지만 전승 후에 이를 실천하지 않았기 때문에 프로이센과 프랑스의 관계는 악화하였다.

프로이센은 점령한 베르사유 궁전에서 빌헬름 1세의 독일 황제 즉위식을 거행

이런 상황에서 스페인의 왕위 계승 문제는 감정싸움으로 비화하였고, 마침내 1870년 7월에 두 나라는 전쟁에 돌입한다.

애당초 프랑스 측은 프로이센-오스트리아 전쟁에서 오스트리아

스당에서 포로로 잡힌 나폴레옹 3세(좌)와 비스마르크 재상(우), 1870년, Wilhelm Camphausen, W-C

측에 가담했던 바이에른 등의 남독일 영방(독일에서 주권을 행사한 독립 국가)들이 프로이센에 반기 들기를 기대하고 있었다. 그러나 남독일 영방들도 프로이센 측에 붙어서 실질적으로 프랑스와 독일의 영방 연합군 사이의 전쟁이 되어버렸다.

1870년 7월 14일, 프랑스가 먼저 선전포고하자, 일찌감치 전쟁을 준비하고 있던 비스마르크는 방어전임을 강조하며 맞대응에 나섰다. 러시아 등 유럽 강국의 중립을 약속받았고, 남유럽 영방 국가들로부터 군사적인 지원도 뒤따랐다. 그 결과 프로이센군은 병력, 장비, 전술 등에서 전쟁 초기부터 프랑스군을 압도했다.

8월에 알자스-로렌 지방을 침공하고, 9월에는 스당에서 힘들이

베르사유 궁전에서의 독일 제국 선포식, 1885년, 안톤 폰 베르너, 비스마르크뮤지엄

지 않고 나폴레옹 3세와 부대들을 포위해 항복을 받아냈다. 특히 스당 전투에서 나폴레옹 3세의 포로와 참패 소식이 전해지자, 파리에서는 공화주의파인 부유한 시민(부르주아지)들로 이루어진 임시국방 정부가 결성되어 여전히 전쟁은 계속되었다. 그러나 1871년에 접어들어 파리가 포위되고, 2월에는 임시국방 정부와 독일 영방 연합군 사이에 임시 강화조약이 체결되었다.

그 사이에 프로이센은 점령한 베르사유 궁전에서 프로이센 국왕 빌헬름 1세의 독일 황제 즉위식을 거행한다. 결과적으로 비스마르크는 프로이센을 중심으로 한 독일 영방 국가들의 결속을 위해 대프랑스 전쟁을 이용했다고 할 수 있다. 프로이센군의 근대화는 예전에 나폴레옹이 완성했던 징병제에 의한 국민군 제도가 프랑스 이외의 국가에도 완전히 정착했다는 것을 의미한다.

한편 프로이센이 승리를 거둔 배경으로는 프로이센-오스트리아 전쟁과 마찬가지로 철도와 전신 등을 활용한 병참, 정보망의 우위를 꼽을 수 있다.

프로이센-프랑스 전쟁에서 승리한 독일이 제1차 세계대전의 불씨를 남기다

신흥 독일 제국은 전쟁의 승리로 단번에 유럽의 강국으로 부상하고 영국, 프랑스를 뒤따라 아시아, 아프리카 지역의 해외 영토 확보에도 나선다.

그런데 이 프로이센-프랑스 전쟁의 결과야말로 이후 제1차 세계대전의 간접 원인이 되었다. 독일이 알자스-로렌 지방을 점령한 것이 독일과 프랑스 사이에 화근이 되었기 때문이다. 영국 역시 프로이센-오스트리아 전쟁 이후부터 강국으로 급부상하는 독일에 대해 경계를 품게 된다.

또한 범게르만주의를 내걸었던 독일은 발칸반도를 둘러싸고 범슬라브주의의 러시아와 대립해 결과적으로 프랑스와 러시아가 독일을 협공하는 듯한 분위기가 형성되었다. 프로이센-프랑스 전쟁 이후 제1차 세계대전이 발발하기까지 유럽을 무대로 열강들이 벌인

보불 전쟁과 보오 전쟁으로 독일을 통일한 비스마르크
프로이센-프랑스 전쟁
보불 전쟁(普佛戰爭)으로 불리는 이 전쟁은 오스트리아를 패배시킨 비스마르크가 프랑스를 제거하고 독일 통일을 마무리하려고 일으켰다. 프랑스를 이긴 독일은 이 전쟁 후 알자스와 로렌 지방을 획득했고, 많은 전쟁 보상금도 받았다. 그 후 제2차 세계대전 종전 직후까지 두 나라는 전쟁을 되풀이했다.
프로이센-오스트리아 전쟁
보오 전쟁(普墺戰爭)으로도 불리는 이 전쟁은 작은 독일주의로 통일을 추구하던 프로이센과 큰 독일주의를 향해 앞장섰던 오스트리아의 합스부르크 왕조 사이에 벌어졌다. 서로 독일 연방 내의 주도권을 갖기 위해 치열하게 벌인 전쟁으로 프로이센이 승리했다.
대서양
프랑스
오스트리아
흑해
지중해

전쟁은 없었다. 그러나 프로이센-프랑스 전쟁은 결과적으로 독일이 영국, 미국, 러시아와 새롭게 대립하는 지정학적 구도를 형성한 셈이다.

독일 자신도 프로이센-프랑스 전쟁에서 뜻밖에 대승한 기억 때문에 훗날의 제1차 세계대전에서도 단기간에 승리할 수 있을 것으로 판단한 측면이 있다.

강대국끼리 당시의 지정학적인 국제 상황과 전쟁의 성격을 잘못 파악해서 장기전의 수렁에 빠지고 말았다고도 할 수 있다. 이처럼 다양한 측면에서 프로이센-프랑스 전쟁이 후세에 끼친 영향은 큰 것이었다.

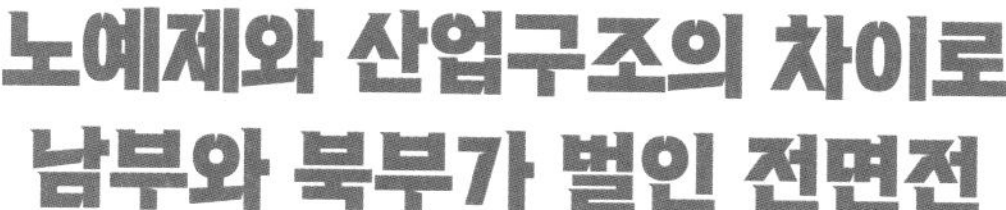

미국 남북 전쟁 1861~1865년

노예제와 산업구조의 차이로 남부와 북부가 벌인 전면전

노예제 폐지를 외치는 링컨 대통령이 취임하자, 남부 주들은 합중국에서 이탈해 전쟁에 돌입

1850년대, 미합중국은 독립 이래 분열의 위기에 직면해 있었다. 서로 판이한 산업구조 때문에 북부와 남부의 대립이 격화되어 전쟁으로 돌입한 것이다.

애초에 독립 후의 미국은 상공업을 중심으로 보호무역 정책을 취한 북부와, 대규모 면화 재배 농장을 중심으로 자유무역 정책을 취한 남부로 나뉘어 발전하고 있었다. 북부는 일찍부터 노예제도를 폐지했지만, 남부의 농장은 흑인 노예의 노동에 여전히 의지하고 있었다. 따라서 노예제에 대한 찬반에는 인도주의 문제 이전에 북부와 남부를 각각 지탱하는 산업의 구조적인 문제가 크게 작

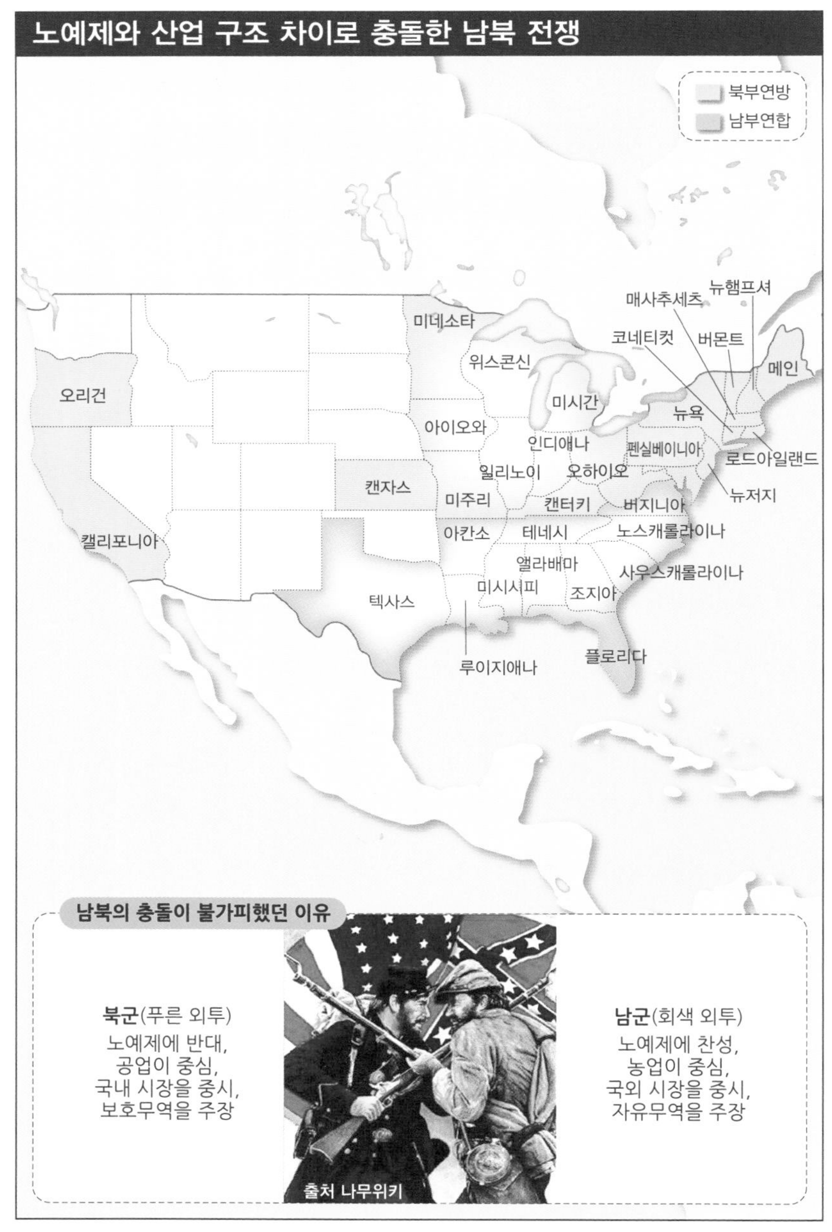
노예제와 산업 구조 차이로 충돌한 남북 전쟁
북부연방
남부연합
뉴햄프셔
매사추세츠
코네티컷
버몬트
메인
미네소타
위스콘신
오리건
미시간
뉴욕
아이오와
인디애나
펜실베이니아
로드아일랜드
일리노이
오하이오
캔자스
미주리
캔터키
버지니아
뉴저지
아칸소
테네시
노스캐롤라이나
캘리포니아
앨라배마
사우스캐롤라이나
미시시피
조지아
텍사스
루이지애나
플로리다
남북의 충돌이 불가피했던 이유
북군(푸른 외투)
노예제에 반대,
공업이 중심,
국내 시장을 중시,
보호무역을 주장
남군(회색 외투)
노예제에 찬성,
농업이 중심,
국외 시장을 중시,
자유무역을 주장
출처 나무위키

용했다.

1850년대에 들어서면서 북부와 남부는 서부의 새로운 주(州), 특히 캔자스와 네브래스카의 노예제 도입을 둘러싸고 대립이 격화되었다. 이런 가운데 1860년에 노예제의 폐지를 부르짖는 공화당의 링컨이 미국 대통령으로 취임하자마자, 이듬해 남부의 주들은 합중국으로부터 이탈했다.

남부의 주들은 미국 연합국(남부연합)을 결성하고, 1840년대의 대멕시코 전쟁에서 활약했던 군인 출신의 제퍼슨 데이비스를 대통령으로 선출한다. 그리고 1861년 4월에 남부의 사우스캐롤라이나주에서 요새의 접수를 둘러싸고 주군(州軍)과 연방 정부군(북군)이 충돌한 것을 계기로 북부연방 정부와 남부연합은 드디어 전면 전쟁으로 돌입했다.

당시 북부 23개 주의 인구가 2,200만 명이었던 것에 비해, 남부 11개 주의 인구는 900만 명(이 가운데 350만 명이 흑인 노예)이었으며, 공업 중심의 산업에서는 북부가 훨씬 우위에 있었다.

그러나 개전 후에 북군은 계속 고전을 면치 못했다. 미합중국의 통일을 유지하기 위해 전쟁을 시작한 링컨 대통령이 초기 단계에서는 노예제 폐지를 명문화하지 않아 미국 독립 전쟁 때와 같은 대의로 단결하지 못했기 때문이었다. 전쟁의 명분과 전투력에서 확실한 우위를 점하지 못한 북군은 링컨이 군사령관의 해임을 반복하면서 사기도 떨어졌다.

북부군의 미드 장군과 남부군의 리 장군은 게티즈버그 요새에서 3일간 치열한 공방전

이에 반해 남부군은 대 멕시코 전쟁의 경험자인 로버트 리 장군, '스톤월'이라는 별명으로 불리는 잭슨 장군 등 남부 지역에 대한 애향심에 불타는 노련한 지휘관 밑에서 선전을 펼치고 있었다. 1862년 봄에 남부군은 리 장군의 지휘 아래 버지니아주의 프레데릭스버그 전투(1862년 12월)와 챈슬러즈빌 전투(1863년 5월)에서 약 6만의 병력으로 12만의 북부군에 연이어 승리를 거두었다.

그러나 리 장군은 자신의 분신과도 같은 잭슨 장군을 아군의 오인 사격으로 잃는 치명적인 손실을 보았다. 그러나 자기의 고향에서 거둔 승리의 여세를 몰아 북부 지역에 대한 공세에 나섰다. 북부와 남부의 격차를 고려할 때 장기전으로 갈수록 불리하다는 판단 아래 결정적인 대승으로 거두어 전세를 일거에 뒤집을 생각이었다.

1863년 7월 1일, 남북 전쟁의 승패를 가르는 게티즈버그 전투가 벌어졌다. 리 장군이 이끄는 남부군이 북부군의 전략적 요충지인 펜실베이니아주 남쪽 게티즈버그에 총공세를 퍼부었다. 게티즈버그는 철도와 도로의 중심지로 부대 이동과 물자 보급에 중요한 역할을 담당하고 있었다.

북부군의 미드 장군과 남부군의 리 장군은 게티즈버그의 요새를 사이에 두고 3일 동안 치열한 공방전을 벌였다. 북부군이 최종적으로 승리했지만, 양측 모두 5만 명의 사상자가 발생한 참혹한 전투

챈슬러즈빌 전투, 1889년, 미국 의회도서관

였다.

한편 북부 해군은 남부 각 주의 연안에 대규모의 해상 봉쇄를 단행해 면화 수출과 유럽으로부터의 공업제품 수입에 큰 타격을 입혔다. 개전 초기에 우세했던 남부연합은 영국, 프랑스 등으로부터 정권의 승인을 얻고자 했다. 그렇게 된다면 남부의 독립이 기정사실로 되기 때문이었다.

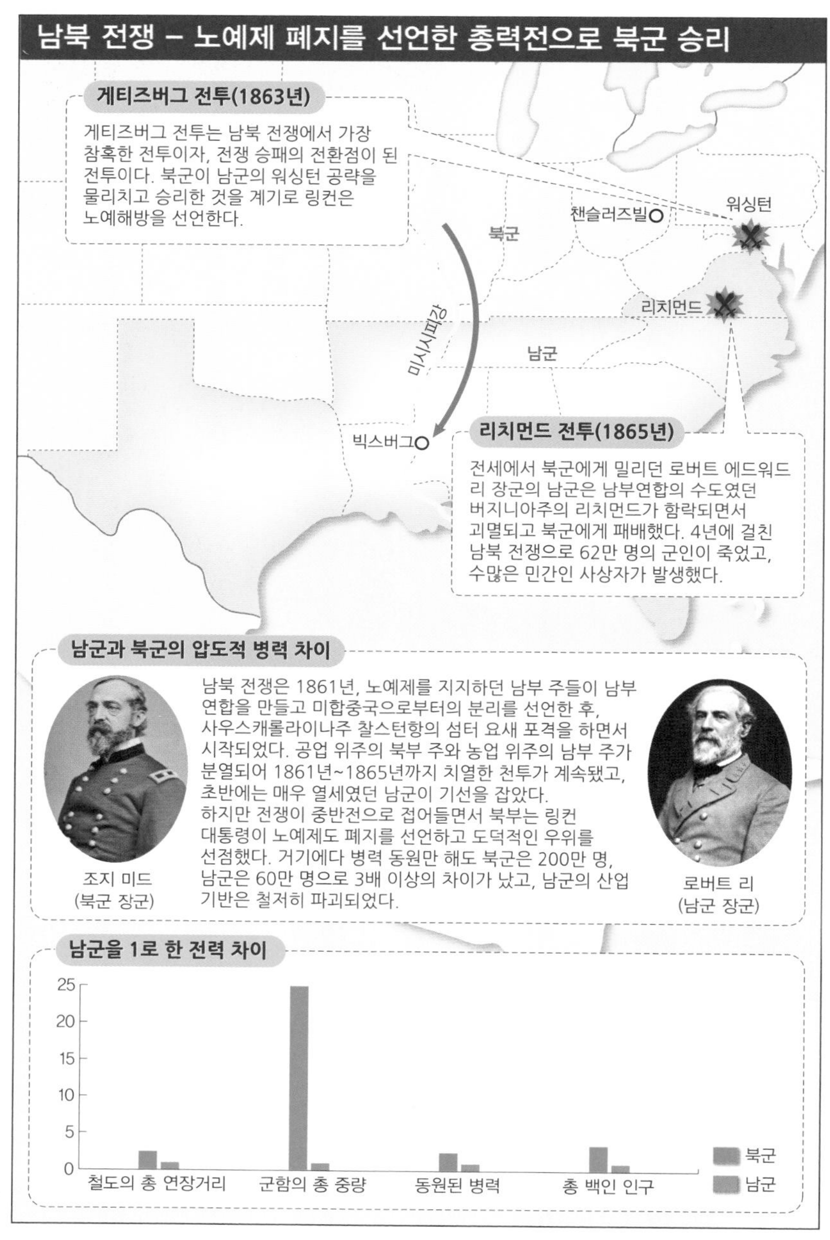
남북 전쟁 – 노예제 폐지를 선언한 총력전으로 북군 승리
게티즈버그 전투(1863년)
게티즈버그 전투는 남북 전쟁에서 가장 참혹한 전투이자, 전쟁 승패의 전환점이 된 전투이다. 북군이 남군의 워싱턴 공략을 물리치고 승리한 것을 계기로 링컨은 노예해방을 선언한다.
챈슬러즈빌
워싱턴
북군
리치먼드
미시시피강
남군
빅스버그
리치먼드 전투(1865년)
전세에서 북군에게 밀리던 로버트 에드워드 리 장군의 남군은 남부연합의 수도였던 버지니아주의 리치먼드가 함락되면서 괴멸되고 북군에게 패배했다. 4년에 걸친 남북 전쟁으로 62만 명의 군인이 죽었고, 수많은 민간인 사상자가 발생했다.
남군과 북군의 압도적 병력 차이
남북 전쟁은 1861년, 노예제를 지지하던 남부 주들이 남부연합을 만들고 미합중국으로부터의 분리를 선언한 후, 사우스캐롤라이나주 찰스턴항의 섬터 요새 포격을 하면서 시작되었다. 공업 위주의 북부 주와 농업 위주의 남부 주가 분열되어 1861년~1865년까지 치열한 전투가 계속됐고, 초반에는 매우 열세였던 남군이 기선을 잡았다.
하지만 전쟁이 중반전으로 접어들면서 북부는 링컨 대통령이 노예제도 폐지를 선언하고 도덕적인 우위를 선점했다. 거기에다 병력 동원만 해도 북군은 200만 명, 남군은 60만 명으로 3배 이상의 차이가 났고, 남군의 산업 기반은 철저히 파괴되었다.
조지 미드
(북군 장군)
로버트 리
(남군 장군)
남군을 1로 한 전력 차이
25
20
15
10
5
0
철도의 총 연장거리
군함의 총 중량
동원된 병력
총 백인 인구
북군
남군

링컨 대통령이 암살당한 후 남부군이 항복, 4년을 끌어온 남북 전쟁은 종결되었다

링컨은 이에 맞서 합중국연방 정부의 대의를 제시하기 위해 1863년 1월에 노예해방 선언을 함으로써 전쟁의 목적을 명확히 한다. 또한 서부 개척민의 토지 소유를 보장하는 홈스테드법(Homestead Act)을 발표해 서부 주민을 자기 진영에 끌어들였다.

한편 1864년에 북부에서는 그랜트 장군이 최고사령관에 취임한다. 이후 링컨의 승인을 얻어 남부가 전쟁을 계속할 수 없도록 만들기 위한 총력전을 전개했다. 이는 전쟁에 임하는 전선의 적뿐만 아니라 남부의 철도망, 공장, 상점, 농지 등 전투를 지원하는 후방의 산업과 생활까지도 철저히 파괴하는 초토화 전략이다. 그 결과 남부의 민간인까지도 북부군의 공격 대상이 되어 엄청난 피해를 낳게 된다.

결국 1865년 4월 9일, 리 장군이 그랜트 장군을 찾아가 버지니아주 에포머톡스에서 항복문서에 서명한다. 그리고 4월 15일, 링컨 대통령이 암살당한 이후 4월 26일에 남군의 조셉 존스턴 장군이 북군 윌리엄 셔먼 장군에게 항복하면서 4년을 끌어온 남북 전쟁은 사실상 종결되었다.

미국 남북 전쟁의 전사자는 양쪽 군대를 합해 62만 명에 달해 제2차 세계대전 당시의 미군 전사자 수(40만 5,000명)를 훨씬 웃돈다. 미합중국이 건국 이래 경험했던 전쟁들 가운데에서는 최대의 희생자를 낳았다.

원래 전쟁에서 군대의 사명은 적군을 격퇴해 승리하는 것이다. 적이라고 하더라도 민간인을 공격하는 것은 전후의 평화적 화해에 걸림돌이 되기 때문에 꺼려져 왔던 일이었다. 그러나 남북 전쟁에서는 아이러니하게도 미국의 '민주주의'를 위해 전선의 적뿐만 아니라 후방의 산업과 생활까지도 철저히 파괴하는 총력전을 펼쳤다. 이러한 전쟁 방식은 미국이 참전한 이후의 전쟁들에서도 되풀이된다.

러일 전쟁 1904~1905년

대륙국 러시아와 해양국 일본이 만주와 한반도 지배권 놓고 충돌

영국과의 크림 전쟁에서 좌절한 러시아가 동북아시아로 침략의 발길을 돌렸다

부동항의 확보를 노린 크림 전쟁에서 패배한 러시아는 바다로의 출구를 찾아서 이번에는 극동의 만주 지역으로 남하했다. 목표는 요동반도(遼東半島)와 한반도의 식민지화였다.

요동반도와 한반도는 일본과는 엎드리면 코 닿을 정도의 거리에 있다. 1870년대부터 급속한 부국강병을 통한 식민지 개척을 추진하고 있던 해양 국가 일본은 대륙 진출을 위해 군사를 일으킨다. 이것이 러일 전쟁의 배경이다.

덧붙여서 말하면, 러일 전쟁의 배경에는 러시아의 해양 진출을 막으려는 영국의 의도와 함께 러시아의 눈을 극동으로 돌리고자 했던 독일의 의도가 복합적으로 작용하고 있었다. 요컨대 러시아가 서양 열강의 압박을 피해 동북아시아로 침략의 발길을 돌렸다는 측면도 부정할 수 없는 것이다.

19세기 말이 되자 유럽 열강들의 아시아, 아프리카의 식민지 분할은 최종 단계로 접어들고 있었다. 근대화에 성공한 일본은 뒤늦게 제국주의 행보에 뛰어들었다. 그리고 크림 전쟁에서 좌절한 러시아는 따뜻한 남방의 항구를 동아시아에서 확보하는 것을 목표로 하고 있었다.

이런 국제 정세 속에서 한반도가 일본과 러시아의 쟁탈 대상이 되었다. 신흥국인 일본으로서는 대국 러시아의 세력을 바다 바로 건너편에서 마주한다는 것은 크나큰 위협이었다. 일본은 러시아를 앞지를 심산으로 한반도에 친일 정권을 수립할 계획을 세웠다. 그리고 1894년에 청나라를 상대로 청일 전쟁을 일으켜 승리한 결과 한반도와 요동반도, 타이완 등을 손에 넣는다.

그러나 러시아는 독일, 프랑스와 더불어 일본에 압력을 가해 요동반도를 포기하도록 했다. 본래 독일은 발칸 지역의 패권을 둘러싸고 러시아와 대립하고 있었지만, 이때만큼은 러시아의 영토 확장의 욕심을 극동으로 향하도록 보조를 맞추었다. 이러한 '3국 간섭'의 결과로 일본에서는 반러 감정이 고조되었다.

이 같은 배경 속에서 일본과 러시아는 전쟁으로 치달았다. 하지만 당시 일본의 연간 세입이 2억 5,000만 엔이었던 것에 비해 러시아는 20억 엔, 그리고 일본의 상비군이 20만 명인 데 비해 러시아는

러시아는 부동항을 찾아 극동으로 진출

크림 전쟁의 패배가 러시아의 눈을 극동으로 돌리게 했다!
자, 만주로!! 부동항의 탈취
러시아
만주
개전
청
블라디보스토크
조선
동해
황해
만주로부터의 철수를 요구!!
일본
부동항 블라디보스토크
아시아 지역의 침탈을 위해 부동항이 필요했던 러시아는 블라디보스토크 항구를 1856년에 발견했다. 블라디보스토크는 동해 연안의 최대 항구도시 겸 군항으로 소련 극동함대의 근거지였다. 또한 북극해와 태평양을 잇는 북빙양(북극을 중심으로 북아메리카, 유라시아 두 대륙에 둘러싸인 해역) 항로의 종점이자 시베리아 철도의 종점이다. 겨울철에는 항구 안이 얼기도 하는데 쇄빙선의 사용으로 1년 내내 항구로 사용한다.
당시의 국제관계
독일
러시아
조선
일본
영국
프랑스
대리전쟁
미국

300만 명으로 국력과 전투력의 차이는 압도적이었다. 일본은 대국 러시아를 상대로 어떻게 이런 차이를 극복해 낸 것일까?

일본은 대국 러시아를 견제하기 위해 영일 동맹을 맺는 등 외교 전략을 구사

러일 간의 긴장이 높아지고 있던 당시의 일본에서는 주전론을 주창하는 야마가타 아리토모(山縣有朋)파와 외교적인 타개책을 모색하는 이토 히로부미(伊藤博文)파의 입장이 대립하고 있었다. 결국 이토파가 시도한 러시아 교섭은 실패하고, 일본은 러시아에 대항하기 위해 영국에 접근하기로 방침을 바꾸었다.

당시 영국은 다른 나라와 동맹을 맺지 않는다는 고립 외교 정책을 기본으로 삼고 있었으나, 러시아를 아시아 대륙에 묶어두기 위해서 일본에 견제 역할을 기대하게 되었다. 1900년에 청나라에서 일어났던 의화단 사건이 계기로 작용했다. 의화단은 영국을 비롯한 8개국 연합군에게 진압되었는데, 일본도 연합군에 가세해 성과를 올렸다.

그러나 사건 후에도 러시아가 만주(현재의 중국 동북부)에 계속 주둔하자, 러시아를 경계한 일본과 영국은 1902년에 영일 동맹을 체결한다. 그리고 일본이 만주에서 철수할 것을 요구했지만, 러시아는 이를 받아들이지 않고 동아시아 지역에서 군비를 확대했다. 마침내 1904년 2월 8일에 일본이 러시아의 조차지인 여순 군항(旅順軍港)에 선제공격을 가함으로써 러일 양국 간에 전쟁이 시작되었다. 다음 날, 일본군은 인천 앞바다에 대기 중인 러시아 군함 2척을 격침했다.

일본은 자금력이나 군사력에서 러시아에 크게 뒤떨어져 있었기 때문에 외교 전략으로 이를 보완하고자 했다. 일본은 외채로 전쟁 비용을 조달하기 위해 영국과 마찬가지로 러시아의 태평양 진출을 경계하던 미국의 시어도어 루스벨트 대통령의 협력을 얻었다. 그런 다음 러시아의 점령하에 있는 폴란드의 독립운동 등 반러시아 민족 운동, 혁명운동을 배후에서 지원해 러시아의 후방을 교란하자는 전략이었다.

러시아의 발트 함대에 승리한 일본은 포츠머스 조약으로 동북아 지배자로 부상

일본군은 1904년 8월에 간신히 동해의 제해권을 확보했다. 사태가 여기에 이르자 러시아는 발트 함대의 파견을 결정한다. 하지만 영일 동맹 때문에 영국 세력 아래에 있던 수에즈 운하를 통과하지 못하고, 아프리카 대륙의 남단인 희망봉을 돌아가는 대항해를 하느라 막대한 물자와 시간을 허비했다.

개전 후 일본은 여순을 공략하는 데 고전했지만, 일본 육군은 한

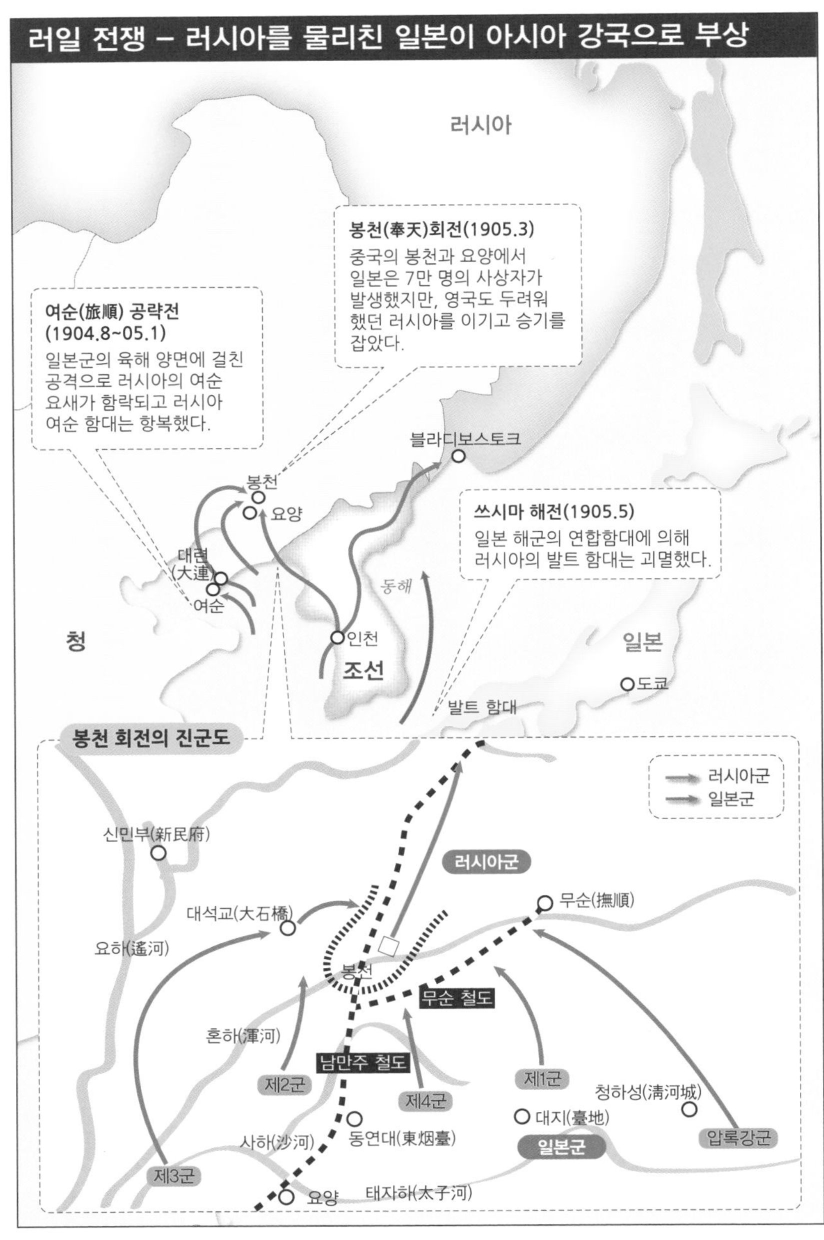
러일 전쟁 – 러시아를 물리친 일본이 아시아 강국으로 부상
러시아
봉천(奉天)회전(1905.3)
중국의 봉천과 요양에서 일본은 7만 명의 사상자가 발생했지만, 영국도 두려워했던 러시아를 이기고 승기를 잡았다.
여순(旅順) 공략전 (1904.8~05.1)
일본군의 육해 양면에 걸친 공격으로 러시아의 여순 요새가 함락되고 러시아 여순 함대는 항복했다.
블라디보스토크
봉천
요양
쓰시마 해전(1905.5)
일본 해군의 연합함대에 의해 러시아의 발트 함대는 괴멸했다.
대련(大連)
여순
동해
청
인천
조선
일본
도쿄
발트 함대
봉천 회전의 진군도
러시아군
일본군
신민부(新民府)
러시아군
무순(撫順)
대석교(大石橋)
요하(遙河)
봉천
무순 철도
혼하(渾河)
남만주 철도
제2군
제4군
제1군
청하성(淸河城)
대지(臺地)
사하(沙河)
동연대(東烟臺)
일본군
압록강군
제3군
요양
태자하(太子河)

반도를 거쳐 압록강을 건너 만주로 북진했다. 다음 해인 1905년 1월에 드디어 일본은 여순 요새를 함락한다. 그리고 3월에는 러시아군 32만 명, 일본군 25만의 병력이 결집한 봉천 회전(奉川會戰)이 벌어졌다. 이는 20세기 초 당시로서는 최대 규모의 병력이 동원된 총력전이었다.

일본군은 러시아의 발트 함대가 도착하기 전에 만주 지역에서 러시아군을 퇴출시키는 압도적인 승리를 거두어야만 했다, 그리고 여순항이 함락된 러시아군도 육로 보급의 요충지인 봉천을 사수해야 발트 함대와 함께 일본군을 협공할 수 있었다. 육지와 바다 양면에서 공격해 만주의 주도권을 지키자는 전략이었다.

그러나 봉천 전투에서는 러시아군의 사상자가 9만 명에 달했고, 대포와 기관총 등 전투 장비까지 대부분 잃었다. 이후 러시아군이 북쪽으로 물러나 새 방어선을 구축했지만. 만주 지역의 지배권은 일본군으로 넘어갔다. 일본군도 전쟁에서 힘겹게 승리하긴 했지만, 무리한 공격에 따른 병력 손실로 입은 타격도 막대했다.

한편 아프리카 최남단 희망봉을 거쳐 겨우 쓰시마 해협에 도착한 발트 함대는 오랜 항해로 전투를 시작하기도 전에 전의를 상실한 상태였다.

1905년 5월 27~28일 이틀 동안 쓰시마 해협에서 치열한 전투 끝에 러시아는 함선 21척이 침몰하고, 러시아 제독이 생포되는 등 전멸 수준으로 참패를 당했다.

한편 러시아는 아직 국내에 병력이 남아 있었지만, 전쟁으로 국민

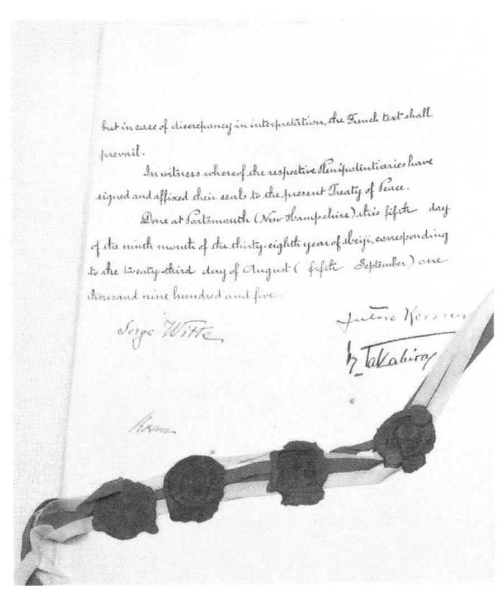
but in case of discrepancy in interpretation, the French text shall prevail.
In witness whereof the respective Plenipotentiaries have signed and affixed their seals to the present Treaty of Peace.
Done at Portsmouth (New Hampshire) this fifth day of the ninth month of the thirty-eighth year of Meiji, corresponding to the twenty-third day of August (fifth September) one thousand nine hundred and five.

1905년 러시아와 일본이 맺은 포츠머스 조약 문서, 일본 외무성 외교문서보관소

의 생활이 압박받는 데 대한 불만으로 혁명운동이 격화되어 전투를 장기화할 수 없었다. 이 시점에서 러 · 일 쌍방은 전쟁을 끝낼 타이밍을 모색하기 시작한다.

이렇게 해서 9월에 미국의 포츠머스에서 강화조약이 체결되었다. 일본은 승전의 결과로 여순, 대련(大連)의 조차권, 한반도 지배권, 장춘(長春) 이남의 동청(東淸)철도와 사할린의 남반부를 획득해 제국주의 국가로써 면모를 갖추게 된다.

한편 러일 전쟁에서는 특히 여순 요새의 공략전 등에서 기관총이 본격적으로 사용되어 전투는 대량 학살의 성격을 띠었다. 일본의 사상자 수는 약 12만 명, 러시아는 11만 5,000명에 달했다.

한반도 등 대륙에 진출한 섬나라 일본이 미국 등 전 세계를 상대로 전쟁에 돌입

러일 전쟁으로 열강의 식민지 쟁탈전은 일단락되고, 이제부터는 열강끼리 대립하는 시대로 이행하게 되었다. 한편 아시아 침략을 저지당한 러시아는 그 창끝을 다시 발칸반도로 되돌렸다. 영국은 아시아에서의 대립이 해소되었기 때문에 러시아에 접근해 영국-프랑스-러시아 삼국 협상을 진행한다. 또한 러일 전쟁의 결과로 국제적인 영향력이 커진 일본과 미국은 일본의 한반도 지배, 미국의 필리

러일 전쟁 중 쓰시마 해전에서의 도고 헤이하치로(東郷 平八郎) 일본 제독, 1906년, 도죠 쇼타로

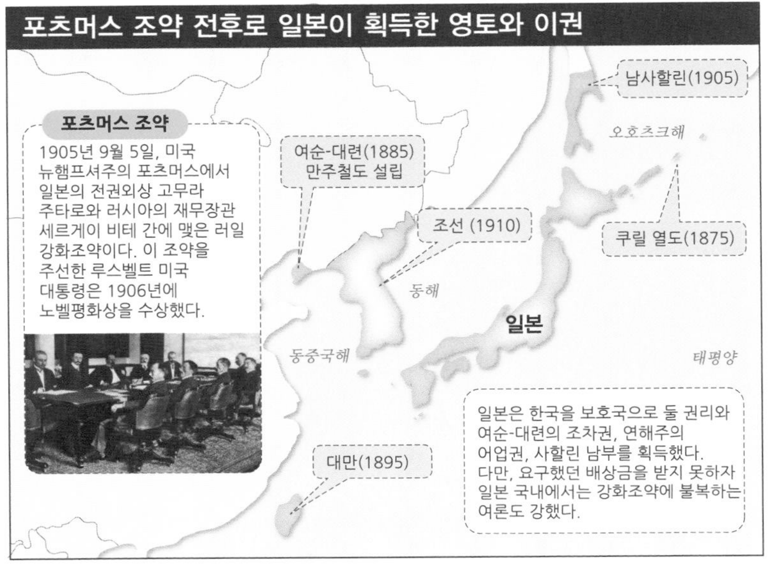
포츠머스 조약 전후로 일본이 획득한 영토와 이권
포츠머스 조약
1905년 9월 5일, 미국 뉴햄프셔주의 포츠머스에서 일본의 전권외상 고무라 주타로와 러시아의 재무장관 세르게이 비테 간에 맺은 러일 강화조약이다. 이 조약을 주선한 루스벨트 미국 대통령은 1906년에 노벨평화상을 수상했다.
여순-대련(1885)
만주철도 설립
남사할린(1905)
오호츠크해
조선 (1910)
쿠릴 열도(1875)
동해
일본
동중국해
태평양
대만(1895)
일본은 한국을 보호국으로 둘 권리와 여순-대련의 조차권, 연해주의 어업권, 사할린 남부를 획득했다. 다만, 요구했던 배상금을 받지 못하자 일본 국내에서는 강화조약에 불복하는 여론도 강했다.

핀 지배를 상호 인정하지만, 이후 미 · 일 간에는 태평양을 둘러싼 패권 다툼이 부상한다.

1910년에 일본은 한국을 병합하고 남만주철도를 설립했다. 그러나 미국의 경영 참가를 거절했기 때문에 양국 관계는 악화하였다. 이것도 나중에 태평양 전쟁의 간접적인 한 원인이 된다.

일본은 바다 건너편에 있는 한반도에 러시아가 진출하는 것을 막기 위해 러일 전쟁을 치렀지만, 결과적으로 한반도 전역을 영유하게 되었기 때문에 대륙과 해양 양쪽으로 이권을 차지한 국가가 되었다. 말하자면 해양 국가와 대륙 국가의 특성을 둘 다 갖춘 국가가 된 것이다.

이는 국가 전략으로서는 오산이었다고도 말할 수 있다. 해양 국가의 전략으로는 국방선(國防線)이 되는 자국의 대안(對岸)에 교역소만을 확보해 두는 것이 원칙이기 때문이다. 하지만 한반도를 영유했기 때문에 해양 국가인 일본은 대륙 국가화했으며 머지않아 온 세계를 적으로 돌리는 전쟁으로 돌진하게 되는 것이다.

4장

제1차 세계대전과 제2차 세계대전

영국과 독일의 충돌이 세계대전으로 발전

제1차 세계대전은 발 빠르게 제국주의에 나섰던 해양 국가 영국과 통일이 늦어져 제국주의 경쟁에서 뒤처졌던 독일의 이권 다툼이 그 배경에 있었다. 이미 많은 식민지를 품고 있던 선발 제국주의와 뒤늦게 제국주의에 뛰어든 후발 제국주의의 이권 싸움이었다.

제1차 세계대전은 양 진영의 애당초 예상을 넘어 장기화하였으며, 전쟁에 참여한 국가들로서는 총력을 기울인 전쟁이 되었다. 대규모 병력이 동원되는 참호 진지전이나 비행기, 전차, 독가스 등 신병기의 투입으로 민간인을 포함한 대량의 희생자를 낳게 되었다.

20세기 전반 전쟁사

제국주의의 충돌로 시작, 제국주의 종언으로 마무리

많은 식민지를 품고 있던 선발 제국주의와 뒤늦게 뛰어든 후발 제국주의의 이권 싸움

20세기 전반, 세계는 두 차례에 걸친 대전으로 인해 크게 분열되었다. 3장에서 본 것처럼 19세기까지 열강은 아시아, 아프리카, 오세아니아 등 세계 각지로 진출해 후진국들을 식민지로 삼았다. 세계대전으로 불릴 만한 전 지구적인 규모의 전쟁이 발발한 것은 더 이상 식민지로 만들 땅이 남아 있지 않자, 열강끼리 직접 충돌하게 되었기 때문이다.

제1차 세계대전은 발 빠르게 제국주의에 나섰던 해양 국가 영국과 통일이 늦어져 제국주의 경쟁에서 뒤처졌던 독일의 이권 다툼이 그 배경에 있었다. 이미 많은 식민지를 품고 있던 선발 제국주의와 뒤늦게 제국주의에 뛰어든 후발 제국주의의 이권 싸움이었다고도 할 수 있는 것이다. 식민지 확보 경쟁에서 대립하던 두 나라가 기득권의 보호와 적대국의 견제를 위해 다수의 다른 나라들과 동맹을 맺고 있었기 때문에 세계적인 전쟁으로 발전했던 것이다.

제1차 세계대전은 양 진영의 애당초 예상을 넘어 장기화하였으며, 전쟁에 참여한 국가들로서는 총력을 기울인 전쟁이 되었다. 대규모 병력이 동원되는 참호 진지전이나 비행기, 전차, 독가스 등 신병기의 투입으로 민간인을 포함한 대량의 희생자를 낳게 되었다.

식민지 분할을 끝낸 제국주의 국가들의 식민지 이권 다툼이 세계대전으로 비화

그때까지 제국주의 전쟁에 몰두해 참혹한 피해와 희생을 경험했던 열강은 이러한 제1차 세계대전에 대한 반성을 토대로 점차 국제 협조와 평화주의를 주창하게 된다.

그러나 전승국은 겉으로는 국제적인 협조와 평화를 주장하면서도 기득권은 그대로 유지하거나 확대하려고 했다. 아시아 등 해외 식민지의 독립을 인정하지 않았으며, 패전국인 독일에는 과대한 배상을 청구했다. 제1차 세계대전의 전후 처리에서 이러한 전승국의 태도는 패전국 독일과 식민지 이권이 적었던 일본이나 이탈리아 등의 반발을 불러일으키게 된다.

이것이 원인이 되어 제2차 세계대전이 일어난다. 제2차 세계대전의 결과로 패전국 독일과 일본은 정권이 해체되지만, 이와 동시에 세계 각지에서 민족자결과 민주주의의 물결이 거세게 몰아치면서 전승국도 식민지 지배를 계속할 수 없게 되었다. 아이러니하게도 제2차 세계대전에 의해서 제1차 세계대전의 전후 처리가 겨우 끝나고, 수백 년에 걸쳐 후진국을 침탈했던 제국주의 시대 또한 종언을 고하게 되었다.

제1차 세계대전 전편 1914~1918년

영국 3C 정책과 독일 3B 정책이 발칸반도의 화약고에서 폭발

독일을 중심으로 하는 범게르만주의가 러시아 중심의 범슬라브주의와 충돌

제1차 세계대전은 과거에 일어난 전쟁들과는 명확하게 성격이 다르다. 왜냐하면 인류 역사상 최초로 전 세계가 휘말려 들어간 전쟁이기 때문이다. 식민지 확보에 열을 올렸던 서구 열강들이 양 진영으로 나뉘어 충돌하는 바람에 서구 열강과 제국주의 식민지 구분 없이 대규모 전쟁의 참화에 휩쓸렸다.

20세기 초반은 열강에 의한 아시아, 아프리카 등 세계 각지의 식민지 분할이 대부분 완료됨에 따라 열강끼리의 직접 충돌을 피할 수 없는 시대가 되어 있었다. 서구 열강의 식민지 쟁탈전으로 인해 다수의 국가가 휘말려 들어간 제1차 세계대전이 발발했다.

영국 3C 정책과 독일 3B 정책의 대립

3B 정책은 독일 제국주의가 내세웠던 근동 정책으로 철도를 부설하고 정치적, 경제적 이권을 확보하려는 목적이었다. 또한 영국의 3C 정책은 제국주의적 식민지 확대 정책이었다. 하지만 독일의 3B 정책은 영국의 3C 정책을 위협하는 결과를 가져왔고, 프랑스의 이권과 대립하는 원인이기도 했다. 3B 정책과 3C 정책은 제1차 세계대전의 빌미가 되었다.

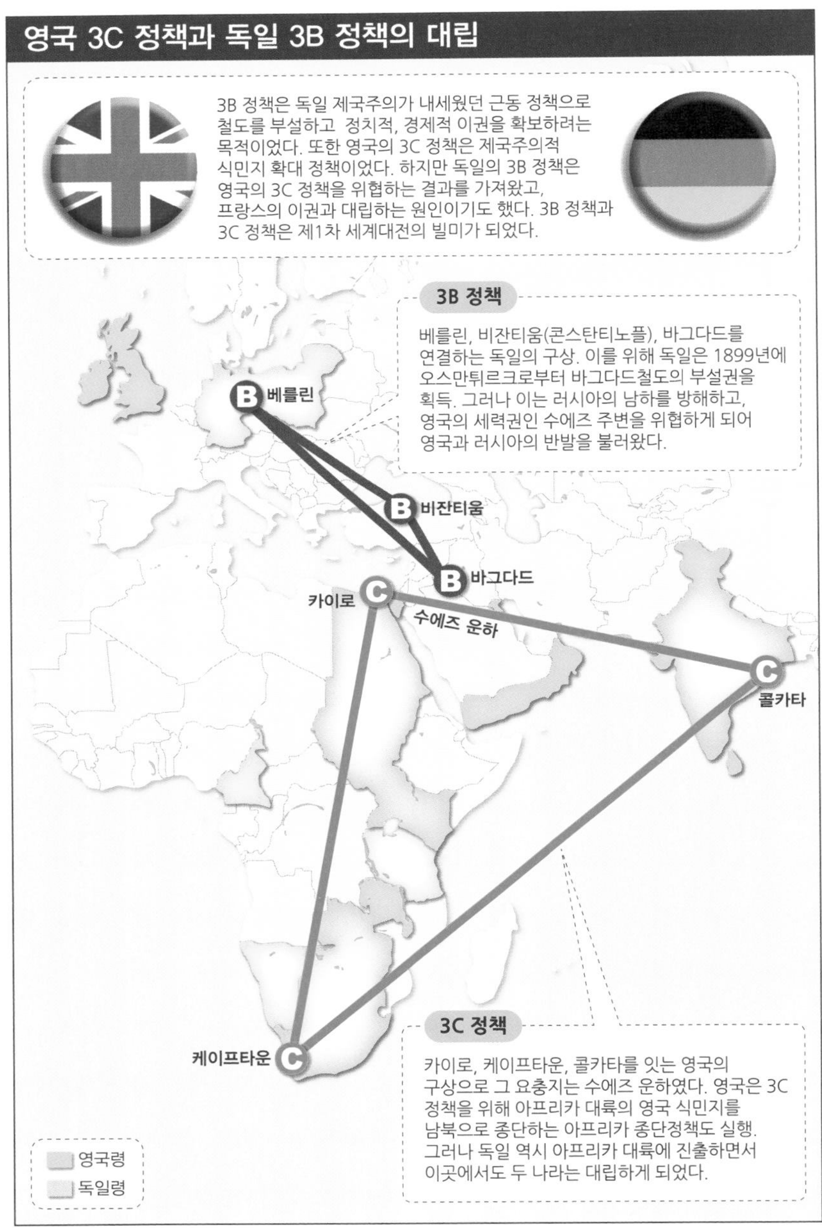

3B 정책
베를린, 비잔티움(콘스탄티노플), 바그다드를 연결하는 독일의 구상. 이를 위해 독일은 1899년에 오스만튀르크로부터 바그다드철도의 부설권을 획득. 그러나 이는 러시아의 남하를 방해하고, 영국의 세력권인 수에즈 주변을 위협하게 되어 영국과 러시아의 반발을 불러왔다.
B 베를린
B 비잔티움
B 바그다드
C 카이로
수에즈 운하
C 콜카타
C 케이프타운
3C 정책
카이로, 케이프타운, 콜카타를 잇는 영국의 구상으로 그 요충지는 수에즈 운하였다. 영국은 3C 정책을 위해 아프리카 대륙의 영국 식민지를 남북으로 종단하는 아프리카 종단정책도 실행. 그러나 독일 역시 아프리카 대륙에 진출하면서 이곳에서도 두 나라는 대립하게 되었다.
영국령
독일령

당시 열강의 필두로 세계의 지배자로 군림했던 해양 국가 영국은 카이로, 케이프타운, 콜카타를 독점적인 해상 교역로로 연결하는 3C 정책을 추진했다. 이에 맞서, 한발 뒤처진 후발 제국주의 국가인 대륙 국가 독일은 베를린, 비잔티움, 바그다드를 묶는 3B 정책을 추진해 곳곳에서 영국과 독일의 대립이 본격화되기 시작했다.

한편 발칸반도에서는 독일, 오스트리아를 중심으로 하는 범게르만주의와 러시아, 세르비아를 중심으로 하는 범슬라브주의의 대립이 격화하고 있었다.

이러한 상황에서 영국과 프랑스는 영국-프랑스 협상을 맺고 상대방의 세력권을 서로 인정하는 것으로 종래의 대립을 해소한다. 그런 다음 여기에 러시아가 가담해 삼국 협상이 결성되었다.

이에 맞서 독일은 오스트리아, 이탈리아와 삼국 동맹을 맺는다. 또한 오스만 제국은 발칸반도에서 세력을 확장하려는 러시아에 대항하기 위해 독일에 접근한다. 협상국 진영과 동맹국 진영의 이러한 대립을 토대로 제1차 세계대전이 발발하게 되는 것이다.

사라예보에서 오스트리아의 황태자를 암살한 민족주의자가 세계대전의 방아쇠를 당기다

1914년 6월 28일, 세르비아의 수도 사라예보에서 민족주의자 청년이 오스트리아-헝가리 제국의 황태자인 페르디난트 대공을 암살

제1차 세계대전 – 전 유럽을 휩쓴 전쟁의 참화

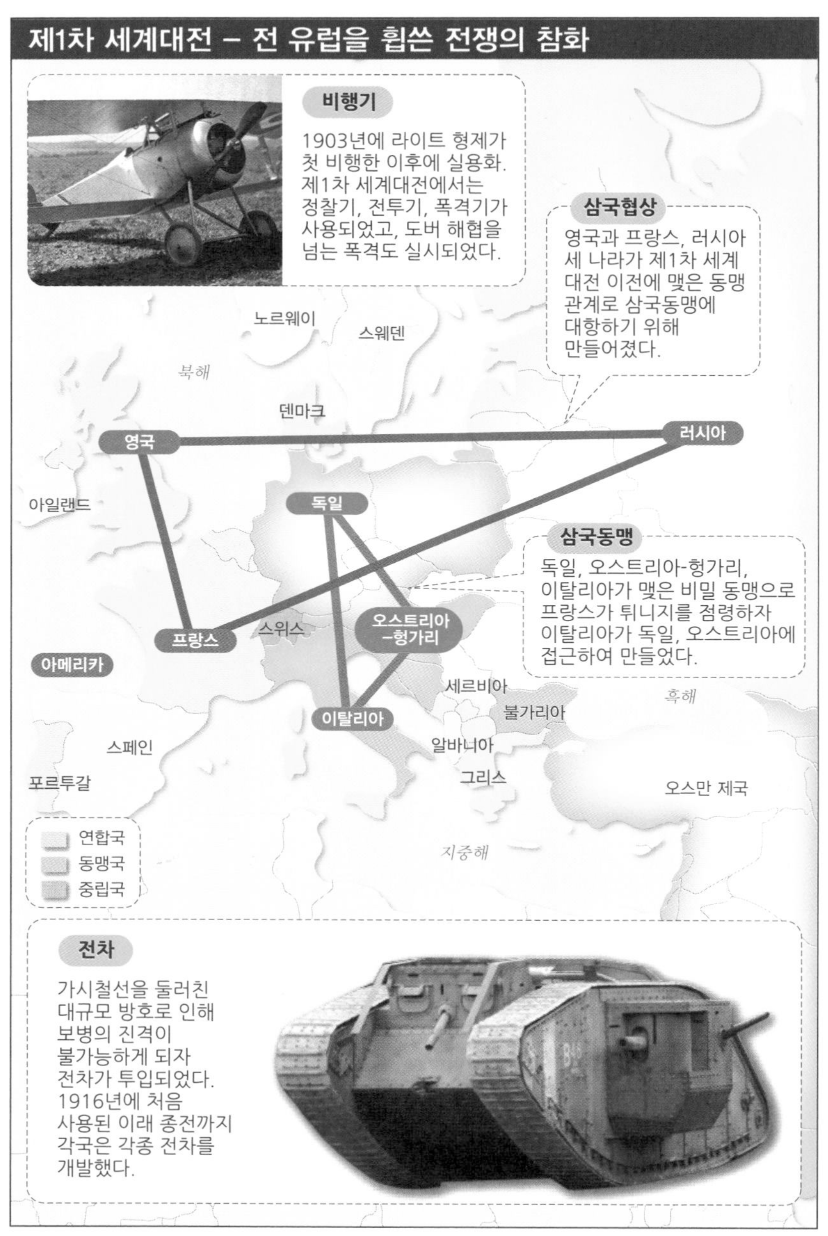

비행기
1903년에 라이트 형제가 첫 비행한 이후에 실용화. 제1차 세계대전에서는 정찰기, 전투기, 폭격기가 사용되었고, 도버 해협을 넘는 폭격도 실시되었다.
삼국협상
영국과 프랑스, 러시아 세 나라가 제1차 세계대전 이전에 맺은 동맹 관계로 삼국동맹에 대항하기 위해 만들어졌다.
노르웨이
스웨덴
북해
덴마크
영국
러시아
아일랜드
독일
삼국동맹
독일, 오스트리아-헝가리, 이탈리아가 맺은 비밀 동맹으로 프랑스가 튀니지를 점령하자 이탈리아가 독일, 오스트리아에 접근하여 만들었다.
스위스
오스트리아 –헝가리
프랑스
아메리카
세르비아
흑해
불가리아
이탈리아
알바니아
스페인
그리스
포르투갈
오스만 제국
연합국
동맹국
중립국
지중해
전차
가시철선을 둘러친 대규모 방호로 인해 보병의 진격이 불가능하게 되자 전차가 투입되었다. 1916년에 처음 사용된 이래 종전까지 각국은 각종 전차를 개발했다.

한다. 이는 독일처럼 범게르만주의의 일원인 오스트리아가 1908년에 슬라브계의 보스니아를 병합한 데 대한 반발에서 일어난 사건이었다.

암살 사건 후 독일과 오스트리아가 세르비아에 선전포고하고, 세르비아와 동맹 관계인 러시아가 독일과 오스트리아에 맞대응하면서 자동으로 양 진영의 동맹국이 가담한 세계대전으로 발전하게 되었다.

7월 28일, 오스트리아-헝가리 제국이 세르비아를 침공하면서 제1차 세계대전이 시작되었다. 독일은 서쪽의 프랑스를 단기간에 제압하고, 동쪽의 러시아로 병력을 돌린다는 슐리펜 작전을 세우고 중립국 벨기에를 거쳐서 프랑스를 침공했다. 중립국을 침범한 독일에 제재를 가하기 위해 영국은 독일에 선전포고했다. 동부에서는 러시아와 대립 관계에 있는 오스만 제국이 동맹 측에 참가했으나, 러시아군의 군대 동원이 예상외로 빨랐기 때문에 독일은 동부전선과 서부전선으로 전력이 분산되는 결과를 맞게 되었다.

전쟁 초기에 발발한 독일과 러시아의 타넨베르크 전투(1914년 8월 26~31일)에서 수많은 사상자를 내면서 독일군이 승리한다. 병력에서 뒤지는 독일이 러시아에 비해 우수한 통신 장비로 러시아군의 통신을 도청한 정보를 전쟁에 활용했다. 러시아군의 두 지휘관(렌넨캄프와 삼소노프)의 경쟁자 의식으로 인한 오랜 불화와, 삼소노프 대장의 부대가 렌넨캄프 대장을 엄호하러 오지 않을 거라는 내용이었다.

결국 타넨베르크 전투에서 러시아군은 약 13만 명의 전사자와

타넨베르크 전투 후 붙잡힌 러시아 포로들과 압수한 총기, 1914년

9만 명이 포로로 잡히는 참혹한 패배를 당했다. 삼소노프 대장은 권총으로 자살했고, 총 23만 명에 이르던 러시아군은 약 2만 명만이 독일군의 포위에서 탈출했다. 독일은 동부전선 타넨베르크 전투에서 승리하지만, 9월에 프랑스를 침공한 서부전선의 마른 전투에서 패배했다. 이로써 서부전선은 완전히 교착상태에 빠지고 말았다.

독일은 본래 영국을 주적으로 규정했지만, 정작 전쟁은 발칸반도에서 시작되었다

또한 영국은 독일의 아프리카 식민지를 점령하고, 중동에서는 현지 아랍인을 아군으로 해서 오스만군으로부터 수에즈 운하를 방어

U155

1918년 독일과의 휴전 당시 영국 런던의 타워브리지 근처에 전시된 U-155(독일 잠수함).

하는 등 전쟁 지역이 전 세계로 번져나갔다. 1914년 11월에는 오스만 제국이 참전하면서 전역이 캅카스, 메소포타미아, 중동 등으로 확대하게 된다. 이탈리아 왕국과 불가리아 왕국은 1915년에 참전했고, 루마니아 왕국은 1916년에 참전했으며, 미국은 1917년에 마지막으로 참전했다.

개전 초에는 참전국 모두 프로이센-프랑스 전쟁의 경험 등에 비추어 단기간에 결말이 날 것으로 생각하고 있었다. 그러나 독일은 영국을 본래의 주적(主敵)으로 규정했지만, 정작 전쟁은 발칸반도에서 시작되었기 때문에 초기부터 전력을 분산해야 하는 치명적인 전술상 약점을 지니고 있었다. 동서 양쪽에서 전면전을 벌이게 된 결과, 병력 운용과 군수물자의 보급 등에 차질이 생기면서 전쟁은 장기화한다.

더욱이 기관총과 철조망, 항공기, 전차 등 새로운 병기가 전장에 투입됨으로써 19세기까지의 전쟁과는 비교할 수 없을 정도로 피해 규모가 확대되었다. 기병과 보병 돌격이 통하지 않게 되고, 적군의 진지를 빼앗고 뺏기는 참호전이 장기간 지속되면서 대규모 인명 살상이 이어지고 전쟁도 쉽사리 끝나지 않았다.

1915년 4월에 독일은 2차 이프르 전투에서 독가스를 처음 사용했다. 1916년 9월에는 서부전선 솜 전투에서 영국군이 처음으로 전차를 사용했다. 1916년 12월에 서부전선의 베르됭 요새를 둘러싼 공방전이 완전히 끝났을 때, 프랑스군의 사상자 수는 약 36만 명, 독일군은 34만 명을 헤아렸다.

병기의 발달로 기계적인 대량 살육이 일어나 이전의 기병과 보병 중심의 근접전은 소멸

제1차 세계대전은 유럽 지역에서 프로이센-프랑스 전쟁 이후로 40년 만에 일어난 대규모 전쟁이다. 병기의 발달로 인해 전쟁에서는 기계적인 대량 살육이 일어나 이전의 기병과 보병 중심의 근접전은 사라졌다. 그리고 왕과 귀족을 중심으로 결속한 신민들끼리 싸우던 소규모 전쟁은 왕정 체제가 무너지면서 모습을 감추어버렸다.

이는 각국에서 국정과 군사를 이끄는 왕정 체제의 지배권력이 전면적으로 해체되는 결과로 이어졌다. 러시아, 독일, 오스트리아 등 전제국가에서는 전쟁이 장기화하여 반전 분위기가 만연하게 되자, 전선에서는 상관에게 불복종하는 사태가 확산하고, 후방에서는 지배 체제를 바꾸려는 혁명의 기운이 강해지기 시작했다.

여러 측면에서 제1차 세계대전의 발발과 진행 그리고 결말은 역사상 과거의 전쟁과는 크게 달랐다. 19세기까지 존속한 제국주의와 봉건 체제의 질서가 무너지기 시작했다는 점은 긍정적으로 평가받아야 할 대목이다.

제1차 세계대전 후편 1914~1918년

볼셰비키 혁명으로 러시아 이탈, 유럽의 쇠락과 미국의 급부상

러시아 2월 혁명으로 로마노프 왕조 붕괴, 10월 혁명을 주도한 레닌이 전선 이탈 선언

고착 상태가 이어지고 있던 제1차 세계대전은 혁명으로 인해 러시아가 이탈하자 상황이 일변한다. 전쟁이 장기화하고 독일군이 보급선을 파괴하면서 러시아의 도시에서는 만성적인 기아 상태가 계속되었다.

이 때문에 정부에 대한 불만이 높아져 곳곳에서 식량 폭동이 일어났다. 1917년 2월에 페트로그라드(지금의 상트페테르부르크)에서 발생한 대규모 폭동이 혁명으로 발전하자, 사회민주당을 중심으로 한 시민계급(부르주아지)으로 구성된 임시정부가 발족했다.

러시아 2월 혁명으로 인해 300년 동안 러시아를 통치한 로마노프

로마노프가의 마지막 황제 니콜라스 2세와 황실 가족(1913년), 1918년 러시아 혁명으로 황실 가족은 볼셰비키들에 의해 몰살당하고 불태워져 시체도 찾을 수 없게 되었다.

왕조(1613~1917년)가 무너졌다. 지속적인 영토 확장으로 발트해와 흑해로부터 태평양 연안까지 유라시아 대륙을 아우르는 대제국을 건설했던 절대 왕정이 근대 시민국가로 일시에 탈바꿈한 것이다.

로마노프 왕조가 무너진 이후 임시정부는 전쟁을 계속했지만, 국민 사이에서는 반전 분위기가 고조되어 갔다. 이런 상황에서 공산당 지도자인 레닌이 망명처인 스위스로부터 귀국해 무병합·무배상·민족자결의 원칙에 의한 즉각 정전을 주장했다.

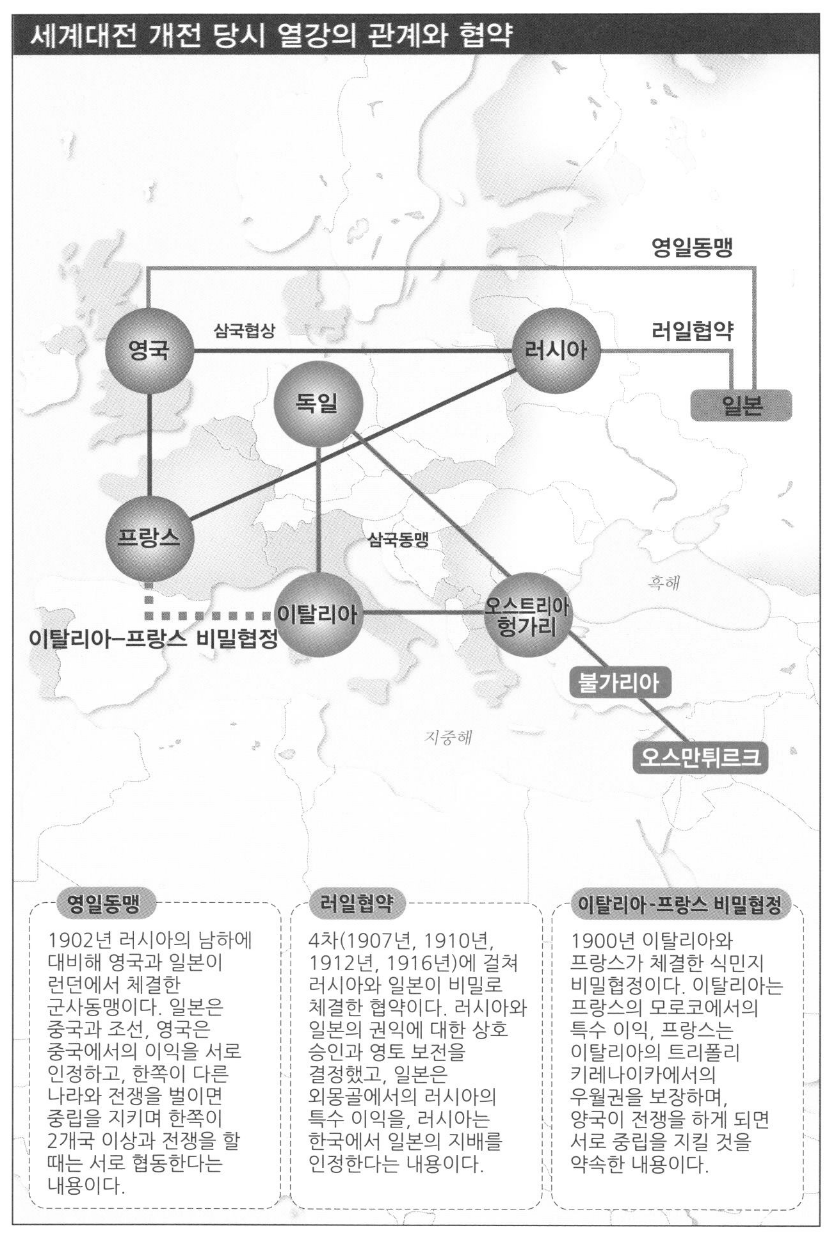
세계대전 개전 당시 열강의 관계와 협약
영일동맹
삼국협상
영국
러시아
러일협약
일본
독일
프랑스
삼국동맹
흑해
이탈리아
오스트리아 헝가리
이탈리아-프랑스 비밀협정
불가리아
지중해
오스만튀르크
영일동맹
1902년 러시아의 남하에 대비해 영국과 일본이 런던에서 체결한 군사동맹이다. 일본은 중국과 조선, 영국은 중국에서의 이익을 서로 인정하고, 한쪽이 다른 나라와 전쟁을 벌이면 중립을 지키며 한쪽이 2개국 이상과 전쟁을 할 때는 서로 협동한다는 내용이다.
러일협약
4차(1907년, 1910년, 1912년, 1916년)에 걸쳐 러시아와 일본이 비밀로 체결한 협약이다. 러시아와 일본의 권익에 대한 상호 승인과 영토 보전을 결정했고, 일본은 외몽골에서의 러시아의 특수 이익을, 러시아는 한국에서 일본의 지배를 인정한다는 내용이다.
이탈리아-프랑스 비밀협정
1900년 이탈리아와 프랑스가 체결한 식민지 비밀협정이다. 이탈리아는 프랑스의 모로코에서의 특수 이익, 프랑스는 이탈리아의 트리폴리 키레나이카에서의 우월권을 보장하며, 양국이 전쟁을 하게 되면 서로 중립을 지킬 것을 약속한 내용이다.

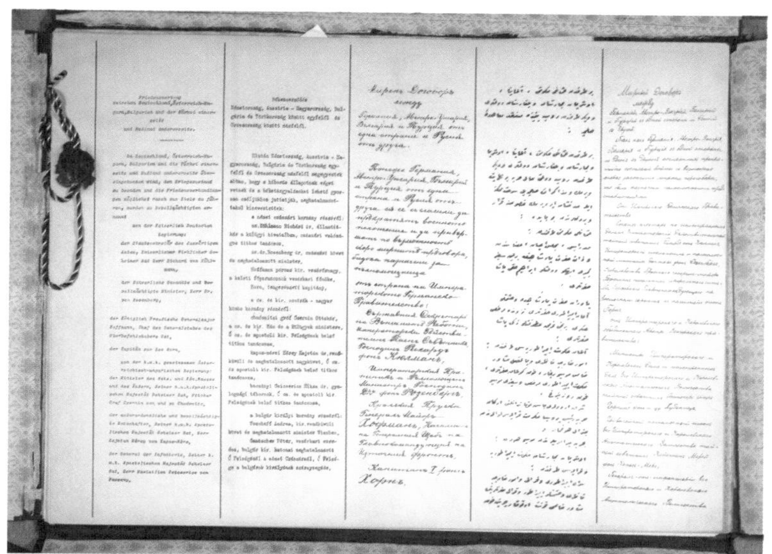

브레스트-리토프스크 조약의 첫 페이지, 1918년, 러시아의 볼셰비키 정권과 동맹국(독일 제국, 오스트리아-헝가리 제국, 불가리아 왕국, 오스만 제국) 사이에 맺은 평화조약

그리고 레닌의 지도 아래 공산당의 볼셰비키파가 10월 혁명으로 정권을 장악하고, 12월에는 휴전을 선언했다. 10월 혁명은 사실상 레닌이 주도한 공산당 쿠데타라고 불러도 될 것이다.

이듬해인 1918년 3월에 브레스트-리토프스크 조약이 체결되어, 공산당 소비에트 정권은 광대한 영토를 동맹 측에 할양하고 전선에서 이탈했다.

"모든 전쟁을 끝내기 위한 전쟁"의 명분 내세운 윌슨 대통령의 참전 선언으로 대전은 종결 수순

한편 미국의 참전도 전황의 급변에 크나큰 영향을 끼쳤다. 미국은 표면상으로는 유럽의 전쟁에는 개입하지 않는다는 먼로주의 정책으로 중립을 지키고 있었지만, 전쟁의 이면에서는 제해권을 쥔 영국과 협상국에 많은 물자를 제공하고 있었다.

이를 간과할 수 없었던 독일은 무제한 잠수함 작전을 단행해 중립국의 상선, 여객선을 가리지 않고 모두 공격하게 된다. 1915년 5월 7일, 영국의 여객선 루스타니아호가 독일 해군의 어뢰에 의해 침몰했고, 승선객 중 100여 명의 미국인이 사망했다. 자국민의 희생자가 대규모로 발생하자, 미국에서는 반독(反獨) 감정이 고조되어 갔다.

결국 1917년 4월, 미국의 윌슨 대통령은 "모든 전쟁을 끝내기 위한 전쟁"이라는 명분을 내세우며, 연합국 측에 가담해 참전하기로 결정을 내리게 된다. 미국의 참전이 단순한 군사적 지원이 아니라 세계 민주주의를 지키고 강화하는 역할에 이바지할 것이라는 의미이다.

한편 러시아가 이탈하면서 독일은 동부전선에서 이송해 온 병력으로 서부전선에서 최후의 대공세를 펼쳤다. 그러나 연합국 진영에 미군이 대대적으로 투입되었기 때문에 독일군은 7월 이후부터 고전하게 되었고, 11월의 스당 전투에서는 연합국 측에 패하고 말았다.

1918년 1월에 미국 대통령 윌슨은 전쟁 종결을 위해 군축, 민족

제1차 세계대전 직후의 유럽 지도

핀란드
스웨덴
에스토니아
라트비아
옛 독일 제국
덴마크
리투아니아
옛 오스트리아 – 헝가리 제국
아일랜드
영국
폴란드
독일
소비에트연방
체코슬로바키아
오스트리아
헝가리
스위스
프랑스
유고슬라비아
루마니아
이탈리아
불가리아
포르투갈
스페인
알바니아
튀르키예공화국
그리스
전승국
패전국
제1차 세계대전 후에 독립한 동유럽국가
1914년의 독일 제국과 오스트리아–헝가리 제국의 국경선

제1차 세계대전 직후의 중동 지도

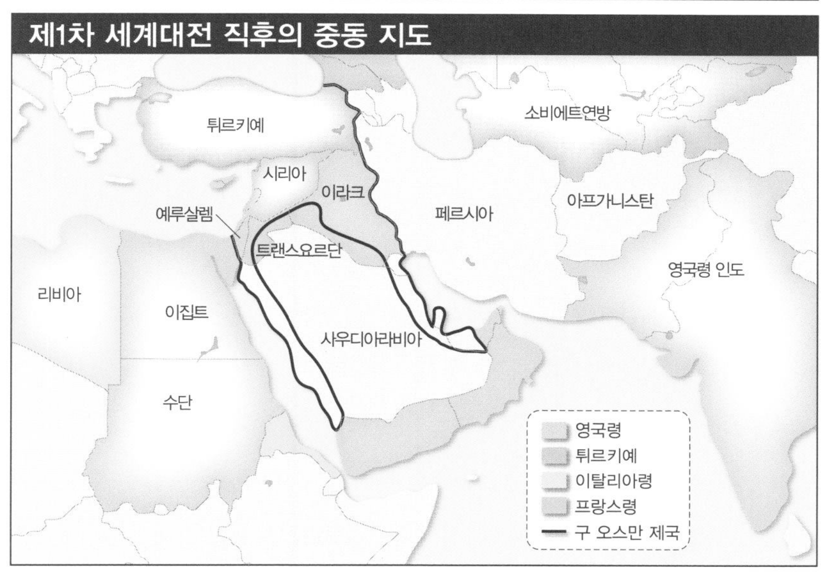

튀르키예
소비에트연방
시리아
이라크
예루살렘
페르시아
아프가니스탄
트랜스요르단
영국령 인도
리비아
이집트
사우디아라비아
수단
영국령
튀르키예
이탈리아령
프랑스령
구 오스만 제국

자결, 식민지 문제의 해결 등을 주창한 '14개 조 평화원칙'을 제시한다. 이로써 제1차 세계대전은 단순히 유럽 제국주의 국가 간에 벌어진 지역 전쟁이 아니라 독일의 국체 변혁을 요구하는 전면 전쟁으로서의 성격을 지니게 되었다.

국제연맹 결성과 베르사유 조약의 체결은 제2차 세계대전과 중동 분쟁의 불씨로 작용

이후 독일은 '14개 조'의 강화조건에 대응하기 위해 자유주의자와 사회민주당을 가담시킨 화평파 내각을 발족시킨다. 그러나 해군이 화평을 유리하게 할 목적으로 최후의 출격을 명한 것에 반발해 수병들이 반란을 일으키고, 이는 곧바로 전국적인 혁명으로 발전했다.

1918년 11월에 독일 황제 빌헬름 2세는 퇴위해서 중립국 네덜란드로 망명길에 오르고, 독일 제국이 무너지고 독일 공화국의 탄생을 선언했다. 결국 독일이 협상국 진영에 항복하면서 1919년 6월에 베르사유 조약이 체결되었다.

제1차 세계대전으로 독일과 오스트리아, 러시아의 제정은 해체되었고, 대규모의 전쟁으로 인해 유럽 국가들은 피폐해졌다. 이와 대조적으로 미국 경제는 크나큰 발전의 계기를 맞았다. 또한 전시 중에는 징용으로 인해 남성 노동력이 부족했기 때문에 여성의 사회 진출이 늘었고, 러시아 혁명의 영향으로 노동자의 노동운동이 확산

베르사유 조약, 1919년, 윌리엄 오펜, 런던 임페리얼 전쟁박물관.

하여 세계 각국에서는 민주적인 개혁이 추진되었다.

군사기술의 면에서도 새롭게 전차와 항공기가 출현하고, 국가 차원에서 신병기의 발명과 효과적인 운용을 위한 연구가 추진되었다. 그러나 각국의 군부 상부에는 여전히 낡은 전술을 고집하는 보수적인 사람도 적지 않았다.

한편 대전의 참화를 입은 열강은 국제연맹을 결성하지만, 세계대전의 후유증과 함께 수많은 불씨가 그대로 남아 있었다. 독일은 베르사유 조약에 의해 1,320억 마르크라는 막대한 배상금을 청구당하는데, 그 과다한 제재에 대한 독일 국민의 반발이 훗날 나치 정권의 탄생으로 이어졌다.

또한 영국은 전쟁 협력에 대한 보상으로 아랍인의 독립을 보증하는 후사인-맥마흔 협정과 팔레스타인에 유대인의 국가 건설을 인정하는 벨푸어 선언이라는 상충하는 외교를 펼치는 등 중동에 새로운 분쟁의 불씨를 심었다.

이것들이 화근이 되어 제2차 세계대전과 이후 중동 지역 분쟁으로 이어진 것이다. 이른바 제2차 세계대전의 맹아는 제1차 세계대전이 종결된 직후부터 이미 겉으로 드러나고 있었다고 할 수 있다.

제2차 세계대전 전편 1939~1945년

다시 식민지 쟁탈전에 뛰어든 민주주의 국가와 파시즘 국가

식민지를 가진 나라와 못 가진 나라는 세계공황으로 경제 격차가 더 벌어졌다

흔히 제2차 세계대전은 민주주의 국가 대 파시즘 국가의 전쟁이라고들 한다. 그러나 더 깊이 따져보면 식민지를 가진 나라와 못 가진 나라 간의 전쟁이었다고도 할 수 있을 것이다.

시계의 바늘을 조금만 되돌려 보자. 제1차 세계대전이 끝나자, 전승국은 평화주의를 주창했다. 그러나 전후 처리의 실상을 보면 중세 이래로 변화한 국제적인 균형을 인정하지 않고 전승국의 기득권을 유지하고자 했다.

이에 따라 패전국인 독일은 식민지를 몰수당한 데 더해 과다한 배상금까지 물게 되었다. 독일의 이런 굴욕이 제2차 세계대전의 간접

제2차 세계대전 당시의 복잡한 국제 정세

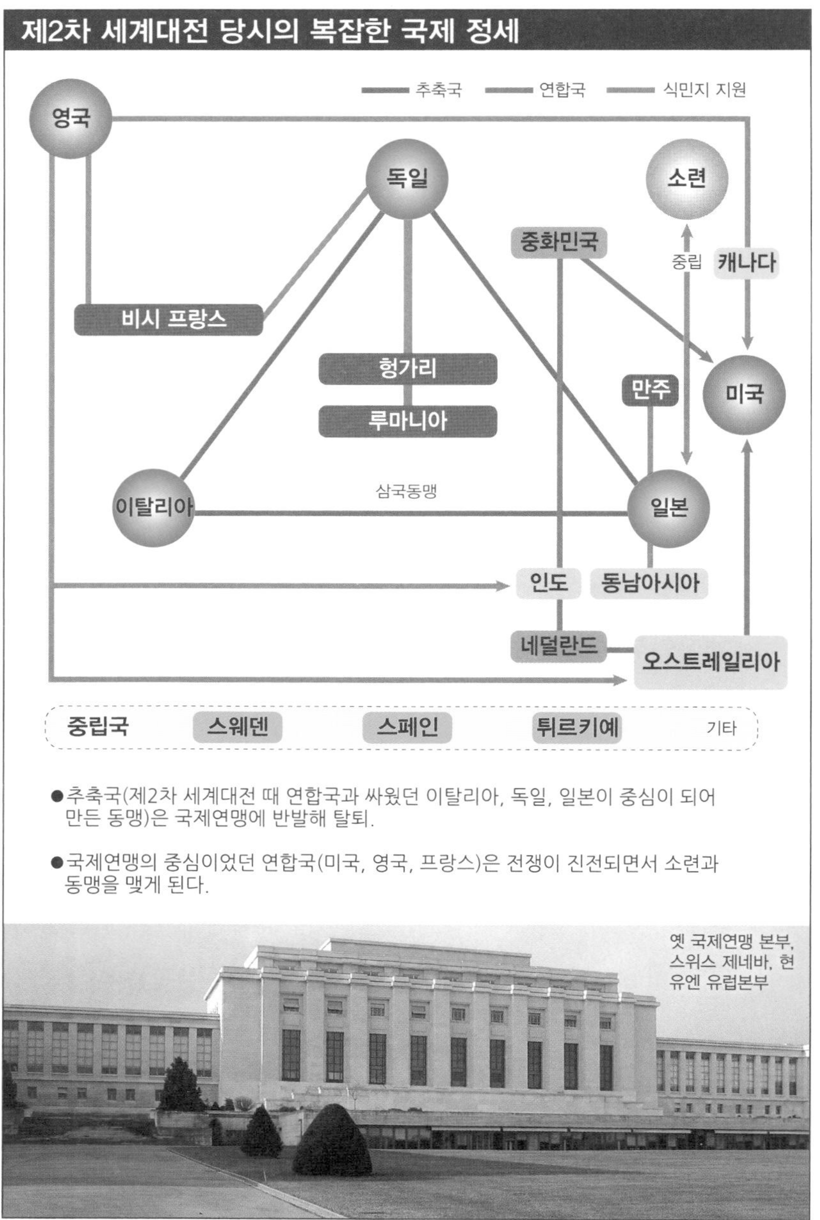
추축국
연합국
식민지 지원
영국
독일
소련
중화민국
중립
캐나다
비시 프랑스
헝가리
루마니아
만주
미국
삼국동맹
이탈리아
일본
인도
동남아시아
네덜란드
오스트레일리아
중립국
스웨덴
스페인
튀르키예
기타

- 추축국(제2차 세계대전 때 연합국과 싸웠던 이탈리아, 독일, 일본이 중심이 되어 만든 동맹)은 국제연맹에 반발해 탈퇴.
- 국제연맹의 중심이었던 연합국(미국, 영국, 프랑스)은 전쟁이 진전되면서 소련과 동맹을 맺게 된다.

옛 국제연맹 본부, 스위스 제네바, 현 유엔 유럽본부

적인 원인이 된다.

그런데 1929년의 세계공황 이후 각국의 경제가 정체하자, 광대한 식민지를 소유한 영국, 프랑스와 식민지가 없는 독일, 이탈리아, 일본의 격차가 확대되었다. 이러한 가운데 독일에서는 1933년에 나치당이 정권을 잡고 재군비를 추진한다.

또한 1935년에 이탈리아는 영국과 프랑스의 비난을 무릅쓰고 식민지 침탈을 위해 에티오피아를 침공했다. 이듬해에 독일과 이탈리아는 베를린-로마 추축(樞軸)을 결성하고, 1937년에는 일본이 합류해서 독-이-일 방공협정(防共協定)이 체결된다. 요컨대, 제2차 세계대전은 식민지를 '못 가진 나라'들이 뭉쳐서 '가진 나라'들을 상대로 벌였던 전쟁인 것이다.

이민족 배격과 민족사회주의를 주장한 나치당의 히틀러를 독일 국민이 전폭 지지

나치 정권 발족 전야의 독일에서는 공산혁명에 대한 위기감, 그리고 러시아와 오스트리아 제국의 해체로 이민족의 대량 유입에 대한 불안감이 커지고 있었다.

이런 가운데 나치당의 총재인 히틀러는 유대인을 비롯한 이민족의 배격과 민족사회주의를 주장해 불안에 빠져 있던 국민의 지지를 얻는다.

1938년에 독일은 오스트리아를 병합하고, 뒤이어 체코슬로바키아로부터 수데텐(20세기 초반 독일 민족이 많이 거주하던 체코슬로바키아 서부로 보헤미아, 모라바, 실레시아 지역) 지방을 할양받는다. 그러나 영국과 프랑스는 독일과의 전쟁을 피하려고 이를 묵인했다.

이에 앞서 이탈리아의 무솔리니는 1922년에 로마 진군을 감행해 파시스트당의 일당독재라는 전체주의 정권의 모델을 만들고 있었다.

히틀러는 영국, 프랑스가 독일의 영토 확대를 묵인하는 상황을 본 후, 제1차 세계대전 때 빼앗긴 자국의 영토 단치히의 할양을 폴란드에 요구했다. 물론 폴란드는 단호하게 거절했다.

1939년 9월 1일, 독일은 선전포고 없이 폴란드 침공을 감행한다. 이 시점에서는 독일, 영국, 프랑스 모두가 세계 전쟁으로 발전하리라고는 예상하지 못했기 때문에 영국과 프랑스는 독일에 전쟁을 선포하고 제2차 세계대전에 돌입했다.

독일군은 최신 항공전력, 기갑전력을 효과적으로 편성한 전격전(電擊戰)으로 단기간에 폴란드를 점령한 반면, 영국과 프랑스는 대응 시기를 완전히 놓치고 말았다. 독일은 제1차 세계대전에서 경험했던 동서 양쪽에 걸친 전면 전쟁을 피하기 위해 개전 전에 소련과 독소 불가침조약을 맺었다. 이로써 소련은 애당초 독일과 함께 폴란드를 분할 점령한 데 더해 발트 3국을 병합하고 이어서 핀란드까지 침공했다.

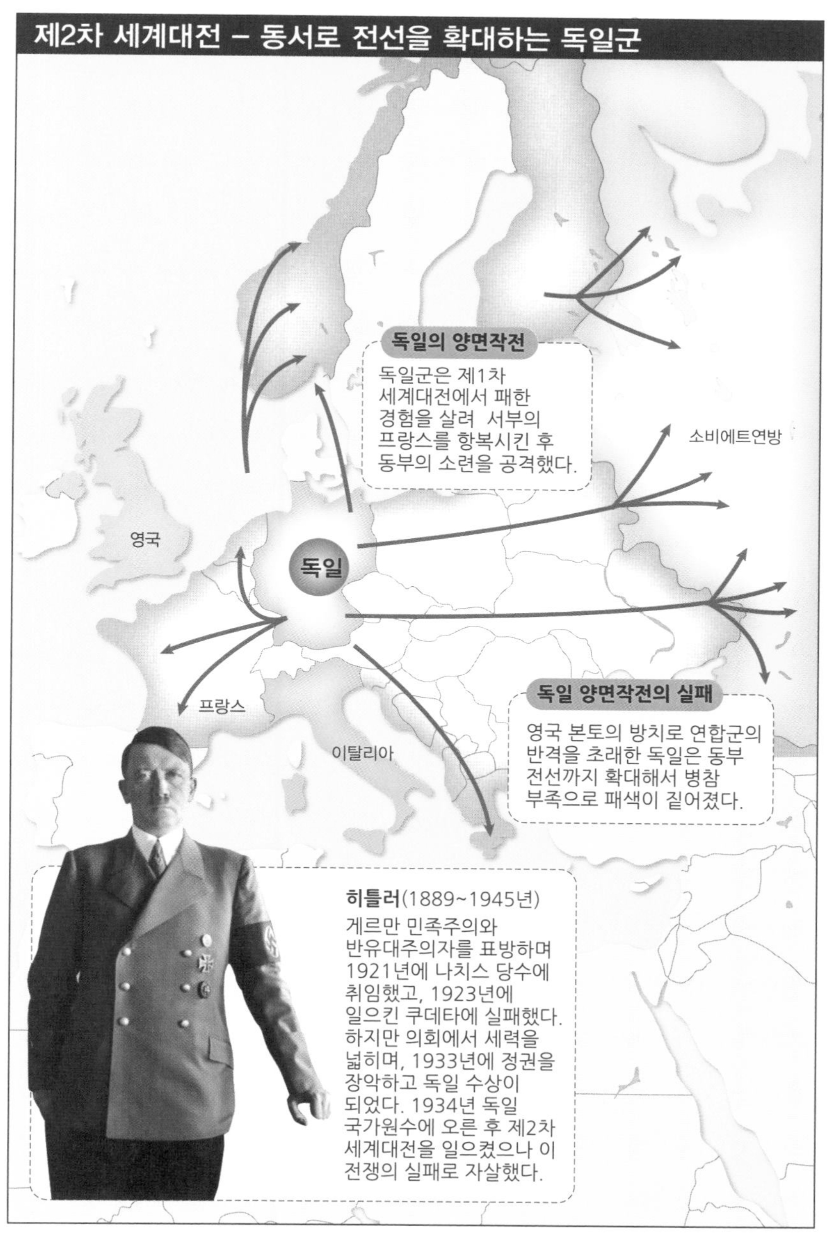
제2차 세계대전 – 동서로 전선을 확대하는 독일군
독일의 양면작전
독일군은 제1차 세계대전에서 패한 경험을 살려 서부의 프랑스를 항복시킨 후 동부의 소련을 공격했다.
소비에트연방
영국
독일
프랑스
이탈리아
독일 양면작전의 실패
영국 본토의 방치로 연합군의 반격을 초래한 독일은 동부 전선까지 확대해서 병참 부족으로 패색이 짙어졌다.
히틀러(1889~1945년)
게르만 민족주의와 반유대주의자를 표방하며 1921년에 나치스 당수에 취임했고, 1923년에 일으킨 쿠데타에 실패했다. 하지만 의회에서 세력을 넓히며, 1933년에 정권을 장악하고 독일 수상이 되었다. 1934년 독일 국가원수에 오른 후 제2차 세계대전을 일으켰으나 이 전쟁의 실패로 자살했다.

1940년에 파리를 점령하고 항복을 받아낸 독일은 프랑스에 친독 비시 정권을 수립

1940년 4월에 독일군은 덴마크, 노르웨이를 침공한 후에 5월에는 중립국인 네덜란드, 벨기에, 룩셈부르크를 거쳐서 프랑스를 침공했다. 프랑스 측은 제1차 세계대전 당시까지의 경험에 따라 진지전을 상정하고 있었다. 그러나 독일군은 기갑부대를 집중적으로 투입해서 방어가 허술한 아르덴 숲을 통해 진격함으로써 프랑스 측 요충지의 마지노선을 어렵지 않게 돌파했다.

이렇게 해서 1940년 6월에 파리를 점령하고, 프랑스의 항복을 받아낸 독일은 프랑스에 친독(親獨) 비시 정권을 수립한다. 사실 프랑스 현대사의 그늘이라고 불리기도 하는 비시 정권은 나치 독일의 괴뢰 정권이나 마찬가지였다. 애초에 비시 정권은 프랑스의 온천도시 비시에 세웠는데, 공산당 탄압을 강화하고 패전 뒤의 혼란을 수습하는 데 애썼다. 또한 프랑스의 유대인들을 독일로 보내기까지 했다.

결국 비시 정권은 의회 기능이 정지된 친독일의 반(半)주권국가, 프랑스 정부를 '나치의 악'으로 이끈 정권, 히틀러의 승리를 위해 물심양면으로 협조한 자들이라는 이유로 손가락질을 받았다. 국민의 지지는커녕 1944년 독일의 패배와 함께 무너지고 역사에서 사라졌다.

사실 개전 당시에는 독일 내에서도 전쟁 준비가 미흡함을 우려하

TRAVAIL
FAMILLE
PATRIE
비시 정권의 국민 혁명 프로그램을 위한 선전 포스터, 1942년

는 목소리가 컸다. 전격전에서의 극적 승리를 위해서는 신병기인 항공전력, 기갑전력의 효과적인 운용으로 국지전에서 연승을 거두어야 하는데, 독일의 항공전력과 기갑전력의 규모 자체가 실제로는 취약했기 때문이었다.

독일의 프랑스 점령 후 영국에서는 대독 강경파인 처칠이 수상에 취임

한편 독일의 프랑스 점령 후 영국에서는 대독 강경파인 처칠이 수상으로 취임한다. 이 무렵 독일의 항공부대는 영국 본토에 공격을 감행했지만, 레이더망을 완비하고 있는 영국의 완강한 저항 때문에 충분한 성과를 거두지 못했다. 결국 영국 본토 상륙이라는 독일의 침공 계획은 실현되지 못하고 끝났다.

1940년 9월에 독일-이탈리아-일본 삼국 군사동맹이 체결되어 태평양 지역의 영국, 프랑스, 네덜란드 식민지에 일본군이 진주했다. 한편 미국은 영국에 대한 물자 지원을 강화했다.

영국의 42대 총리였던 윈스턴 처칠.

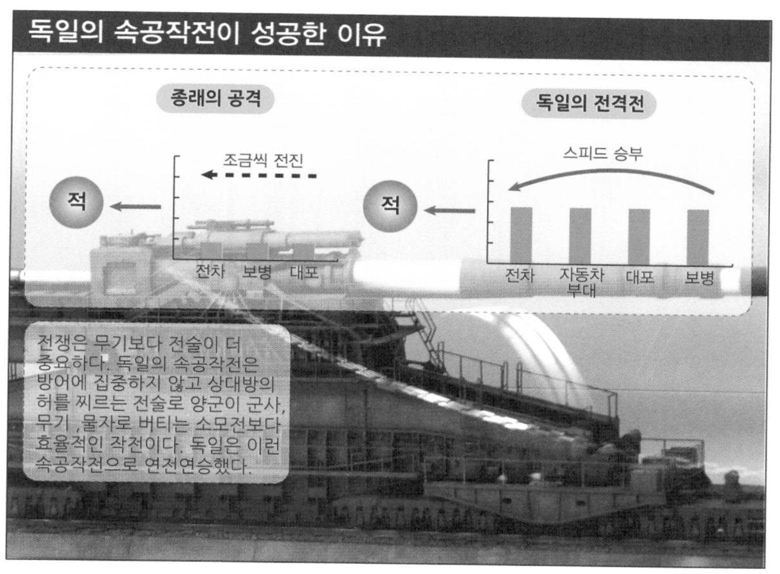
독일의 속공작전이 성공한 이유
종래의 공격
조금씩 전진
적
전차 보병 대포
독일의 전격전
스피드 승부
적
전차 자동차 부대 대포 보병
전쟁은 무기보다 전술이 더 중요하다. 독일의 속공작전은 방어에 집중하지 않고 상대방의 허를 찌르는 전술로 양군이 군사, 무기 ,물자로 버티는 소모전보다 효율적인 작전이다. 독일은 이런 속공작전으로 연전연승했다.

이듬해인 1941년 4월에 다시 동부전선으로 이동한 독일군이 유고슬라비아와 그리스를 점령하자, 그리스군을 지원하고 있던 영국군은 크레타섬으로 철수한다. 나치 정권의 본래 전쟁 목적은 독일 민족의 '생존권'을 동방으로 확대하는 것이었다. 이렇게 해서 독일은 독소 불가침조약을 파기하고 소련을 상대로 전쟁을 시작했다.

1941년 6월, 독일은 300만 대군을 동원해 북부군, 중부군, 남부군으로 나눠 대규모 공세를 펼쳤다. 독일은 개전 일주일 만에 북부군이 러시아군을 물리치며 드비나강에 도착했고, 중부군은 스몰렌스크를 공략했다. 한편 남부군은 소련 국경 부근에서 고전한 끝에 가까스로 키이우 근처까지 전진하는 데 성공했다.

독일군은 모스크바 공략을 목전에 두고 소련의 겨울 추위에 무릎을 꿇고 후퇴

당시 소련은 독소 간의 개전은 아직 멀었다고 생각하고 있었기에 대응이 늦을 수밖에 없었다. 그리고 공산당의 군 간부 숙청으로 군대가 약체화되어 있던 탓도 있어 개전 후에는 열세가 계속되었다. 독일은 슬라브 민족의 전멸이라는 목표를 가지고 서부전선보다 더 치열하게 공격을 전개해 점령지에서는 비전투원이 살해되는 일도 부지기수였다.

독일군은 8월 말부터 한 달간 계속된 키이우 전투에서 승리를 거두었지만, 막대한 전력과 시간을 허비한 상처뿐인 승리였다. 동계전에 임할 준비를 못 한 독일군이 소련군의 저항을 막혀 전선에서 겨울을 맞이하고 말았던 것이다.

독일군은 단기간에 승리할 것을 확신하고 10월에는 모스크바에 육박하지만, 겨울철에 접어든 이후 전선은 교착 상태에 빠진다. 일찍이 나폴레옹을 괴롭혔던 '동장군(冬將軍)'이 이때도 등장했던 것이다. 결국 모스크바 공략을 목전에 두고 군수물자 보급의 차질과 소련의 겨울 추위에 무릎을 꿇고 후퇴할 수밖에 없었다.

제2차 세계대전은 일반적으로 민주주의 국가 진영과 파시즘 국가 진영의 전쟁이라고들 한다. 다른 한편으로는 제2차 세계대전을 인종 전쟁이라고 부르기도 한다. 유럽의 동부전선에서는 독일인이 슬라브인과 유대인의 전멸을 목적으로 하고 있었으며, 미 · 일 개전

독일 의회에서 미국에 대해 선전포고를 발표하는 히틀러(1941년), 독일 연방기록보관소

후의 태평양 전선은 일본 대 미국 · 영국이라는 인종 간의 전쟁이기도 했기 때문이다.

추축국 간에는 이러한 전쟁 목적의 상이함 때문에 연대 의식이 제대로 발휘되지 않았지만, 연합국 측에서는 미국이 참전한 후에 추축국의 국체 변혁을 노리는 총력전의 전면 전쟁이 목적이 되었다. 그 결과 훗날 추축국의 주요 도시에 대한 맹폭격이나 세계대전 말기의 일본에 대한 원폭 투하도 정당화되었다.

제2차 세계대전 후편 1939~1945년

전후 공산주의 세력의 팽창으로
미국과 소련의 냉전 체제 확립

영국과 소련을 동시에 상대한 히틀러, 나폴레옹과 똑같은 실수를 되풀이했다

1941년 12월에 독일과 동맹 관계에 있는 일본이 미국과 개전한다. 이로써 제2차 세계대전은 문자 그대로 세계 규모의 전투가 되었다. 독일, 이탈리아 군대는 중동의 유전과 수에즈 운하의 점령도 노렸기 때문에 전장은 북아프리카까지 확대되었다.

동부전선에서는 1942년 여름 이래로 스탈린그라드(현 볼고그라드) 공방전이 격화되고 있었다. 이는 독일과 소련 쌍방에 막대한 소모전이 되어 시가는 완전히 파괴되었다.

이 무렵부터 히틀러는 나폴레옹과 똑같은 실수를 저지른다. 영국과 소련을 동시에 상대하느라 전선을 지나치게 넓혔기 때문에 병참

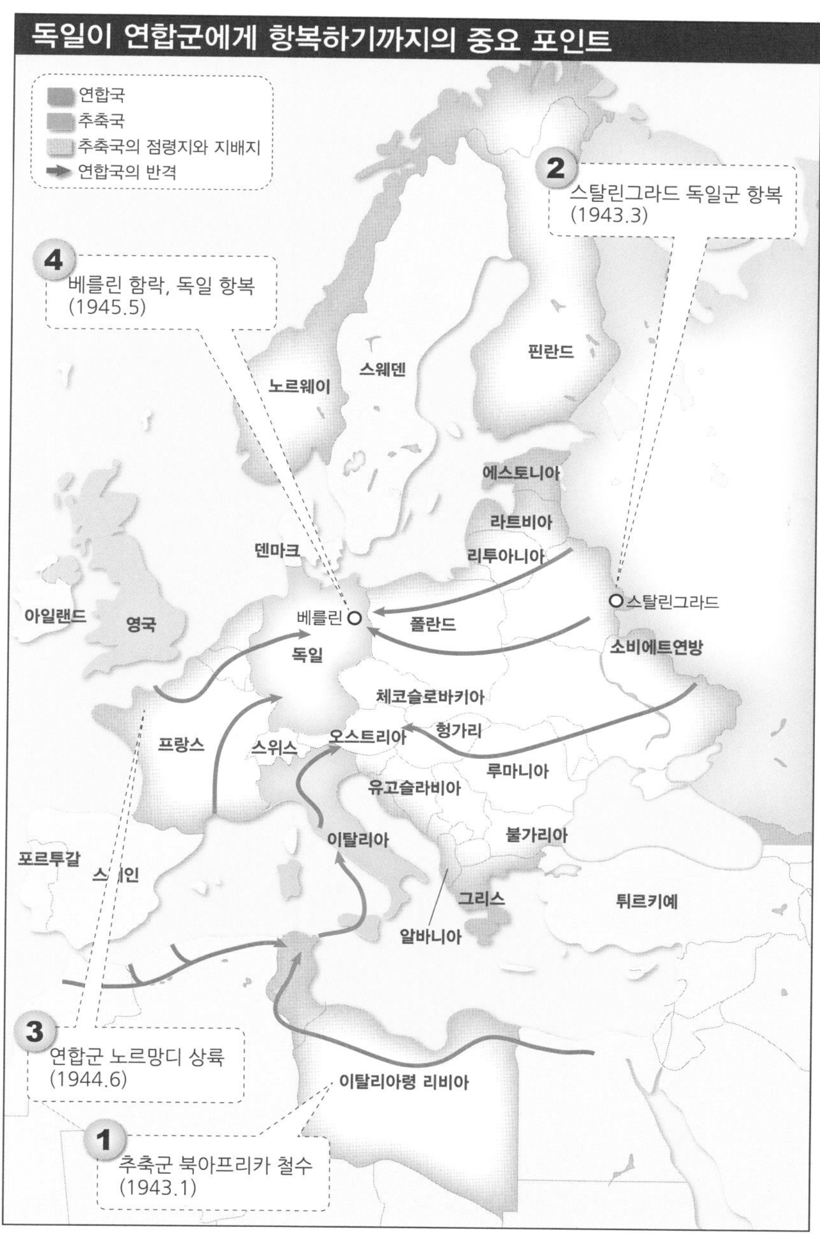
독일이 연합군에게 항복하기까지의 중요 포인트
연합국
추축국
추축국의 점령지와 지배지
연합국의 반격
2
스탈린그라드 독일군 항복
(1943.3)
4
베를린 함락, 독일 항복
(1945.5)
노르웨이
스웨덴
핀란드
에스토니아
라트비아
리투아니아
덴마크
스탈린그라드
베를린
폴란드
아일랜드
영국
독일
소비에트연방
체코슬로바키아
헝가리
프랑스
스위스
오스트리아
루마니아
유고슬라비아
이탈리아
불가리아
포르투갈
스페인
그리스
튀르키예
알바니아
3
연합군 노르망디 상륙
(1944.6)
이탈리아령 리비아
1
추축군 북아프리카 철수
(1943.1)

과 점령지 지배 중 어느 것 하나도 철저히 하지 못했던 것이다.

이렇게 된 데는 추축국과 연합국의 대립이 단순한 영토 전쟁으로는 해결되지 않는, 정체(政體)와 주의(主義)의 대립이 원인으로 작용했기 때문이다. 히틀러가 정치적인 이유로 전쟁 방침에 지나치게 개입했던 것도 한 원인으로 지적되고 있다.

그러나 헝가리, 루마니아, 불가리아는 소련의 공산주의를 두려워해 추축국에 합세한다. 나아가 독일군은 슬로바키아에 친독 정권을 수립해 체코를 지배하게 했으며, 유고슬라비아에서는 크로아티아를 내세워 세르비아를 지배하게 하는 등 반공산주의와 민족주의를 점령 정책에 교묘하게 이용했다.

독일군은 북아프리카 전선에서도 후퇴했고, 동부전선의 쿠르스크 전투에서 막대한 타격

1943년에 들어서자, 미국의 루스벨트, 영국의 처칠, 소련의 스탈린 등 연합국 수뇌의 전쟁 방침이 명확해진다. 같은 해 1월에 영국과 미국 양측 수뇌는 모로코의 카사블랑카에서 회담을 갖고, 추축국의 무조건 항복을 요구한다는 방침을 정했다. 더욱이 소련으로부터는 미국과 영국이 유럽 서부를 반격해 줄 것을 요청받았다.

열세로 돌아선 히틀러는 동부전선으로의 병력 집중을 보고하는 군 간부에게 병력을 분산시켜 스탈린그라드와 캅카스 남부의 유전 지대 2곳을 점령할 것을 강경하게 주장했다. 이외에도 지나치게 정치적으로 전쟁에 개입해 군 간부와의 관계가 악화하였다.

본래 자원이 빈곤한 독일로서는 유전의 점령이 필수였지만, 히틀러는 소련 정권의 체면을 손상시키는 데 연연해 스탈린그라드로부터의 철수를 허락하지 않았다. 그 결과, 1943년 2월에 스탈린그라드의 독일군은 약 30만 명이나 되는 희생자를 내고서야 항복한다. 더욱이 독일군은 북아프리카 전선에서도 후퇴했고, 동부전선의 쿠르스크 전투에서 막대한 타격을 입었다. 쿠르스크 전투는 역사상 최대 규모의 기갑전이었으며, 하루 동안 벌어진 지상전으로 가장 치열했던 전투 중 하나로도 꼽힌다.

1943년 7월, 연합군은 시칠리아섬에 상륙한다. 이탈리아에서는 국왕의 지지 아래 군부 쿠데타가 일어나 무솔리니가 실각하고, 10월에 이탈리아는 연합국 측에 가세한다. 무솔리니는 독일의 지원으로 이탈리아 북부에 가까스로 파시스트 정권을 재건하지만, 이미 대다수 국민의 지지를 잃고 말았다.

1945년 4월 29일에 이탈리아 무솔리니 처형, 하루 뒤인 4월 30일에 독일의 히틀러 자살

1944년 6월 6일 새벽, 미국과 영국을 중심으로 하는 약 18만 명의 연합군이 프랑스의 노르망디에 상륙해 대규모의 반격 작전에 나섰다. 연합군이 독일 본토를 직접 공격할 수 있는 교두보를 마련하기 위함이었다. 미국의 아이젠하워 장군이 총지휘하는 연합군은 함선 6,500척, 비행기 1만 2,000대를 동원해 13~14만 명의 병력을 노르망디 해변에 상륙시켰다.

상륙 작전에 성공한 연합군은 한 달 뒤인 7월에 칸에서 독일군을 몰아내고, 곧바로 벌어진 팔레즈 전투에서도 독일군 포위 작전을 펼쳐 대승을 거두었다. 노르망디 상륙 작전의 성공을 발판으로 연합군은 프랑스 영토 내의 독일군을 궁지로 몰아넣었고, 1944년 8월 25일에 마침내 파리를 탈환하게 된다.

위기에 빠진 독일에서는 7월에 군부가 히틀러 암살과 쿠데타를 시도했으나 실패로 끝난다. 1944년 12월에 독일군은 벌지 전투에서 역습에 나섰지만, 연합군이 최종적으로 승리를 거두었다. 중부 유럽과 동부 유럽의 점령지가 해방되자, 이미 전후 처리를 둘러싸고 미국과 영국 그리고 소련의 세력 대립이 시작되었다. 그리스에서는 친소파와 친영파의 내부 항쟁 끝에 친영파가 주도권을 획득했다.

유고슬라비아에서는 티토가 이끄는 유격대가 소련군과 미 · 영 연합군의 조력을 거의 받지 않고 자력으로 해방을 이뤄내 전후에도 사회주의 연방을 유지하면서도 소련의 지배를 받지 않는 정권이 되었다.

1945년 2월에 미국 · 영국 · 소련의 연합국 수뇌는 얄타 회담을 열고 전후 처리를 논의하는 한편, 일본과는 중립 관계에 있던 소련의 대일 참전을 결정했다. 4월 29일에는 이탈리아에서 무솔리니가 체

1945년 7월 3일, 베를린 공방전으로 폐허가 된 베를린 거리.

포되어 처형당했고, 독일에서는 영토 대부분을 점령당한 끝에 히틀러가 자살했다. 이렇게 해서 독일군은 5월 7일에 항복한다.

유럽의 분할과 아시아 민족해방운동으로 공산주의가 팽창하면서 냉전 체제가 시작

그러나 연합국은 히틀러 정권의 뒤를 이은 독일 정권을 인정하지

제2차 세계대전 종전 후 새판 짜기에 나선 3가지 회담

카사블랑카
지중해
얄타
흑해
카스피해
테헤란
페르시아만
홍해

얄타 회담(1945.2)

제2차 세계대전 종반에 흑해 연안의 얄타에서 영국, 미국, 소련의 수뇌들이 모여 독일의 패전과 그후의 점령 정책, 전후의 국제연합 설립 등의 의견을 나눈 회담.

카사블랑카 회담(1943.1)

모로코의 카사블랑카에서 미국 대통령 D.루스벨트와 영국 수상 W.처칠이 독일에 무조건 항복을 요구할 것과 북아프리카 작전에서의 상호협력을 결정한 회담.

테헤란 회담(1943. 11)

이란의 수도 테헤란에서 영국, 미국, 소련의 정상들이 제2차 세계대전 중에 연합군의 서부전선 상륙 계획과 전후 국제 협조의 방침을 결정한 회담.

루스벨트

(1882~1945)

뉴딜 정책으로 세계공황 후의 미국 경제를 재건하고 제2차 세계대전 때 연합군에 동참하여 전쟁을 승리로 이끈 미국의 대통령이다. 미국인이 가장 존경하는 지도자이며 국제연합의 결성에도 힘을 쏟았다.

처칠

(1874~1965)

영국의 총리를 2번 역임한 정치가로 제2차 세계대전 중에 총리가 되어 연합군을 승리로 이끈 전쟁영웅이다 그 후에는 반공산주의, 반소련을 주창했고 '철의 장막'이라는 말을 처음으로 만들었다.

스탈린

(1879~1953)

10월 혁명 때 레닌을 도왔고, 레닌이 죽은 후 소련공산당 서기장으로 독재 체제를 확립했다. 테헤란 회담, 얄타 회담, 포츠담 회담 등에 참석, 연합국과의 공동전선을 굳혀 독일의 굴복에 일익을 담당했다.

않아 실질적으로 독일은 연합국의 점령지가 되었다. 이것이 전후에 독일의 동서 분할을 낳게 한다. 파시스트 정권이 내부로부터 타도당한 이탈리아에서는 국민 스스로 공화제를 선택했다.

반면에 연합국으로부터 무조건 항복을 요구받은 독일에서는 국가가 해체되었다. 따라서 배상을 청구할 상대가 없어 전쟁 재판에서는 배상 청구가 성립될 수 없었다. 다만 비전투원을 대량 학살한 사실에 대해서는 인도(人道)에 반하는 죄가 인정되었다.

미국과 영국, 소련의 대립은 이미 종전 이전부터 떠오르고 있었지만, 당시의 미국이 전후의 국제 질서와 세력 균형에 대해 명확한 예측과 복안을 가지고 있었는지는 의문이다. 한편 소련은 전후 독일의 산업 시설을 완전히 파괴할 것을 주장했다.

종전 이전부터 시작된 미국과 소련의 대립이 전후에는 세계적인 냉전 체제로 발전했다. 이는 미국을 중심으로 한 연합국이 추축국의 정권을 존속시키지 않은 것도 하나의 원인으로 지적되고 있다. 유럽과 아시아에서 소련과 대치하고 있던 독일과 일본의 정부를 공백 상태로 만든 결과, 미국과 소련이 직접 대치하게 된 것이라는 뜻이다.

소련은 유럽의 동서 분할로부터, 아시아의 민족해방운동에 편승해 공산주의 세력을 확대하는 방향으로 나아갔다. 이에 대해 미국은 압도적인 경제력과 군사력으로 세계 질서를 유지하면서 베트남 전쟁 등에서는 공산주의 방지라는 명분을 내세워 식민주의의 이권을 지키는 태도를 취하게 된다.

제2차 세계대전은 단순한 영토 전쟁이 아니라, 상대국의 완전한 멸망을 목적으로 전면 전쟁을 벌인 총력전이었다. 제2차 세계대전에서 유럽 지역의 전사자 수는 무려 2,000여만 명에 달한다.

군사기술의 면에서는 전쟁의 막바지에 제트전투기, 로켓병기가 투입된 데 이어 원자폭탄, 탄도 계산을 위한 전자계산기(컴퓨터)도 개발되어 전쟁의 형태에 더욱 크나큰 변화가 일어났다.

아시아태평양 전쟁 1939~1945년

미국의 진주만을 공격한 일본은 원폭 2발 투하에 무조건 항복

만주 사변으로 만주를 점령한 일본은 선전포고도 없이 중화민국 남경을 함락

제1차 세계대전이 끝난 직후, 일본에서는 불황과 흉작으로 경제적 곤궁이 계속되었다. 특히 1929년의 세계공황 이후에는 자원과 식민지가 풍족했던 미국과 유럽 국가들에 비해 해외시장의 확보에서 고전하면서 타개책을 고심하기에 이르렀다.

한편 중화민국에서는 국민당과 공산당, 지방 군벌의 내분이 계속되어 만주(현재의 중국 동북부)에는 광대한 토지와 자원이 방치되고 있었다. 이에 일본은 만주를 손에 넣어 국내 빈곤을 타개할 목적으로 1931년 9월에 만주 사변을 일으켜 만주를 점령했다.

그리고 이듬해에는 만주에 청나라의 황제였던 부의(溥儀)를 옹립해

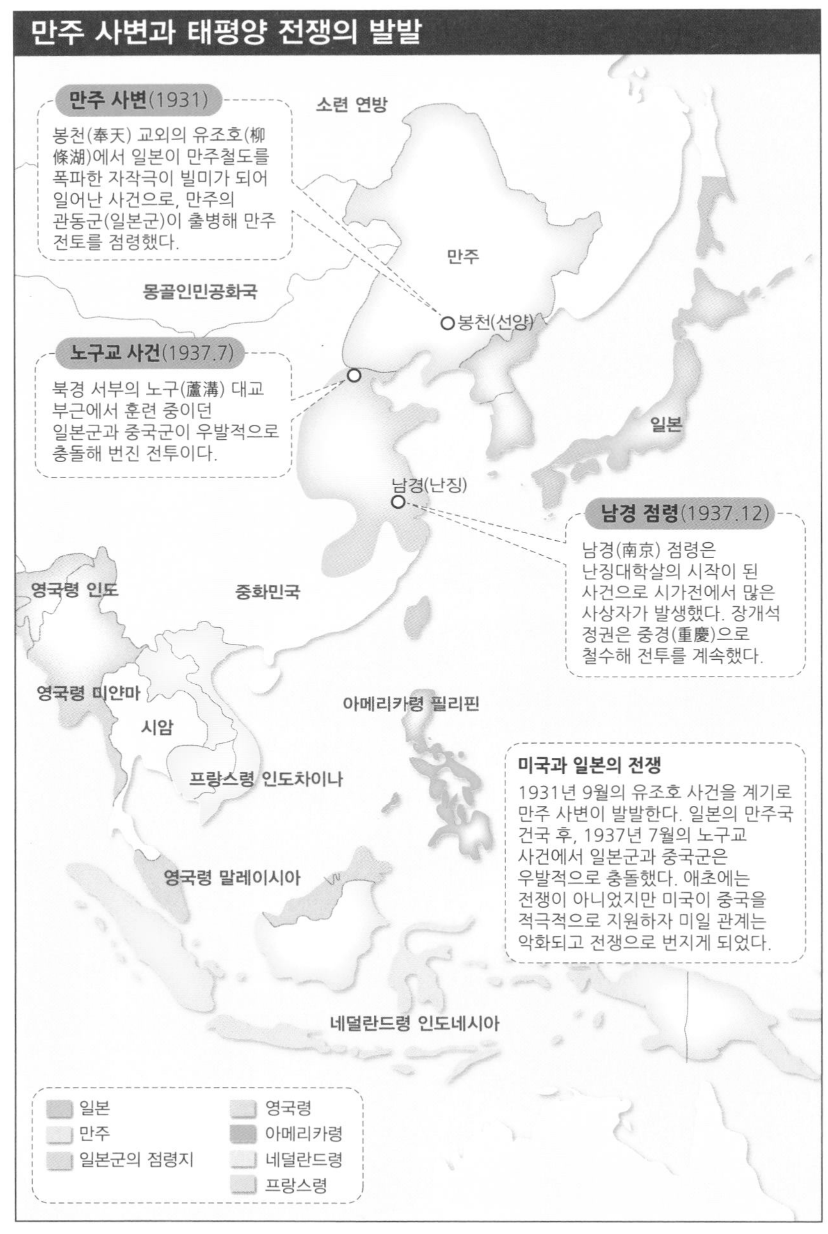
만주 사변과 태평양 전쟁의 발발
만주 사변(1931)
봉천(奉天) 교외의 유조호(柳條湖)에서 일본이 만주철도를 폭파한 자작극이 빌미가 되어 일어난 사건으로, 만주의 관동군(일본군)이 출병해 만주 전토를 점령했다.
소련 연방
만주
몽골인민공화국
봉천(선양)
노구교 사건(1937.7)
북경 서부의 노구(蘆溝) 대교 부근에서 훈련 중이던 일본군과 중국군이 우발적으로 충돌해 번진 전투이다.
일본
남경(난징)
남경 점령(1937.12)
남경(南京) 점령은 난징대학살의 시작이 된 사건으로 시가전에서 많은 사상자가 발생했다. 장개석 정권은 중경(重慶)으로 철수해 전투를 계속했다.
영국령 인도
중화민국
영국령 미얀마
시암
아메리카령 필리핀
프랑스령 인도차이나
미국과 일본의 전쟁
1931년 9월의 유조호 사건을 계기로 만주 사변이 발발한다. 일본의 만주국 건국 후, 1937년 7월의 노구교 사건에서 일본군과 중국군은 우발적으로 충돌했다. 애초에는 전쟁이 아니었지만 미국이 중국을 적극적으로 지원하자 미일 관계는 악화되고 전쟁으로 번지게 되었다.
영국령 말레이시아
네덜란드령 인도네시아
일본
만주
일본군의 점령지
영국령
아메리카령
네덜란드령
프랑스령

친일 정권을 수립했다. 그러나 이러한 조치가 미국을 중심으로 한 국제 여론의 비난을 받게 되자, 일본은 국제연맹을 탈퇴했다.

1937년 7월에 일본은 선전포고도 하지 않은 채로 중화민국과 전쟁을 시작해 격전을 벌인 끝에 12월에 수도인 남경(南京)을 함락시킨다. 장기전을 치를 물자조차 준비하지 않았던 일본은 남경 함락으로 전쟁은 끝날 것으로 생각하고 있었으나, 국민당의 장개석 정권은 이런 예상을 뒤엎고 중경(重慶)으로 철수해 항전했다.

이렇게 된 데는 미국이 중화민국을 지원했던 점도 크게 작용했는데, 미국은 장개석 정권을 통해 대리전쟁을 치르고 있었다고도 할 수 있다.

도조 히데키는 진주만을 기습 공격한 후 동남아시아의 연합군 식민지를 점령

1937년에 일본의 수상으로 취임한 고노에 후미마로(近衛文麿)는 중국 대륙의 전선이 확대되는 것을 막으려고 생각하고 있었다. 그러나 교착 상태에 빠진 전선과 혼란한 국내 정치의 내우외환에 시달리다가 내각은 와해하고 말았다. 이런 가운데 1939년에는 유럽에서 제2차 세계대전이 발발한다.

이듬해에 구성된 제2차 고노에 내각은 독일의 진격에 보조를 맞추어 독일-이탈리아-일본 삼국 군사동맹을 맺는다. 그러나 이에 맞서 미국이 일본에 대한 철과 석유 금수조치를 취하자, 일본은 자원 확보를 위해 프랑스령 인도차이나(프랑스 본국은 독일에 항복)에 진주했다.

일본 국내에서는 미일 관계의 악화와 자원 확보 때문에 소련보다는 미국을 주적(主敵)으로 설정한 남진론이 힘을 얻어 1941년 4월에 소일(蘇日) 중립 조약이 체결되었다. 이러한 상황에서 육군참모총장인 도조 히데키(東條英機)가 고노에를 이어 내각총리대신으로 취임했다. 이 무렵 일본에서는 대미 개전론이 고조되고 있었지만, 해군 등에서는 자원이며 군사 거점의 부족을 염려하는 목소리도 적지 않았다. 이 때문에 히데키 내각은 미국과의 관계 개선을 위해 교섭을 계속해 나갔다.

태평양과 동남아 전선에서 패배한 일본은 왜 무모한 전쟁을 포기하지 않았나?

그러나 이전부터 대일 강경 자세를 취하고 있던 미국의 프랭클린 루스벨트 정권은 일본 측에 대륙으로부터의 완전 철수를 요구하는 **'헐 노트'**(Hull note: 미일 조약을 위한 교섭 당시에 미국의 국무장관 코델 헐이 일본 측에 전달한 최종 협상안 문서로 사실상의 최후통첩)를 전달했다. 1941년 11월 26일, 미국의 일본에 대해 중국 대륙에서 군대 철수와 이권 철회, 인도차이나반도에서 군대 전면 철수, 삼국 동맹의 파기 등을 요구했

일본군의 진주만 공습 때 폭격을 받아 불타는 미국 전함 애리조나호. 이 배는 이틀 동안 불타오르고 함선 일부만 인양되었다.

지만, 일본은 미국의 제안을 받아들이지 않았다.

이렇게 해서 1941년 12월 8일 새벽, 마침내 일본은 하와이 진주만의 미 함대를 선제공격해 미국과 개전한 데 이어서 영국령 말레이시아까지 침공했다.

일본군은 1942년 5월까지 동남아시아의 연합국 식민지를 점령해 나갔다. 영국령 미얀마, 네덜란드령 인도네시아에서는 현지의 독립파를 아군 편에 끌어들이는 데 성공해 손쉽게 손에 넣었다. 그런데 영국령 싱가포르, 미국령 필리핀에서는 현지민들로부터 강한 저항을 받았다. 자원이 부족했던 일본군은 단기간에 우위를 점하고, 강화로 전쟁을 마무리한다는 전략을 수립했다. 전쟁 초기에는 항공모함과 항공부대의 효과적인 운용으로 잇달아 승리를 거두었다. 그러나 얼마 가지 않아 일본의 군용 암호가 미국 측에 해독되는 사태가 일어나고 말았다.

1942년 6월에 일본군은 미 항공모함 함대의 괴멸을 노렸던 미드웨이 해전에서 패퇴하고 주력 항공모함을 잃었다. 이후 일본군은 태평양 지역에 항공전선 기지를 건설하기로 계획한다. 해양 국가의 군사전략으로서 이 같은 해양 상의 거점을 조기에 확보해 두었어야 마땅했지만, 원래 개전 당시의 일본은 명확한 대미 전쟁 계획도 없었기에 미국처럼 태평양 각지에 광범위한 군사기지를 가지고 있지 않았다.

미국의 루스벨트, 영국의 처칠 등 연합국 측은 전체주의 정권의 멸망을 전쟁 목적으로 설정

따라서 전쟁이 장기화하자 거점의 점령, 유지에 의한 제해권 확보가 되지 않은 상태에서 태평양 상의 지나치게 넓은 전역(戰域)을 관할하는 병참 문제로 인해 치명상을 입었다. 1943년 2월에 일본은 2만 명이나 되는 병사자와 아사자를 낸 끝에 솔로몬 제도의 과달카날섬에서 철수했으며, 5월에는 베링해의 애투섬을 방어하던 부대가 전멸했다.

같은 해에 미국의 루스벨트, 영국의 처칠 등 연합국 수뇌는 추축국 측 전체주의 정권의 멸망을 전쟁 목적으로 설정한다. 이는 이후의 일본에 대한 미국의 전략폭격과 원폭 투하를 정당화하는 근거가 되었다.

1944년 3월, 일본군은 연합국의 중화민국 지원 루트를 끊기 위해 인도의 반영(反英) 독립파와 손잡고 미얀마에서 인도로 침공하는 임팔(Imphal) 작전을 개시하지만, 미비한 병참 때문에 6만 명이나 되는 사망자를 낸 끝에야 7월에 철수했다.

또한 사이판, 괌이 연합군에게 점령당하면서 일본 본토에 대한 공습이 격화되었다. 10월 이후에 수세에 몰린 일본군은 반인도적인 특공(特功, 폭탄을 탑재한 군용기나 잠수정 등의 병기를 사용해 자폭하는 특별공격)을 전술로 채택한다. 1945년 4월에 미군은 오키나와에 상륙했고, 6월에는 섬 전체를 점령했다. 일본은 소련을 중개로 해서 화평을 모색하지만, 소련은 이미 대일 참전을 결정한 상태였다. 같은 해 7월에 연합국은 일본에 무조건 항복을 요구하는 포츠담 선언을 제시한다.

이어 8월에는 미군이 히로시마와 나가사키에 2발의 원폭을 투하했고 소련은 대일 전쟁에 뛰어들었다. 사태가 여기에 이르자 일본은 8월 15일에 포츠담 선언을 수락하고 무조건 항복한다.

패전으로 '미국의 속국'이 된 일본은 동서 이데올로기 대립으로 재군비 추진

미일 전쟁은 19세기 이후 태평양을 둘러싼 패권 투쟁의 귀결이라는

히로시마 평화기념관의 원폭돔. 매년 8월 6일에 히로시마 평화기념식이 열린다.

측면과 인종 전쟁이라는 두 가지 얼굴을 하고 있다. 그런 만큼 전쟁은 더없이 참혹했다. 구미 열강들의 지배를 벗어난 아시아 국가들은 독립운동을 벌여 식민지 지배를 벗어나는 방향으로 나아갔다.

종전 후, 일본은 1951년까지 미군의 점령하에 놓인다. 일본군은 무조건 항복을 했지만, 미군은 점령 정책을 순조롭게 펼치기 위해 정치적으로는 천황제를 존속시켰다.

그러나 이것은 단순한 군사 점령은 아니었다. 점령하에서의 실질적인 일본의 속국화라고도 할 수 있는, 헌법 제정 등의 법례의 공포나 많은 인재를 공직에서 추방하는 식민지 정책 등이 실시되었기 때문이다. 1952년에 점령 종료로 독립을 회복한 후에도, 어떤 의

일본의 항복문서 서명 당시, 1945년.

미에서는 일본에서 미국의 속국적인 정책은 계속되었다고 할 수 있다.

한편 중국 대륙에서는 전쟁 중에 국민당을 대신해 항일전에서 세력을 확대한 공산당이 이후 재개된 국공 내전을 거쳐 1949년에 정권을 잡게 된다. 이러한 중국의 공산화와 미소 냉전의 진행으로 인해 일본에 대한 미국의 점령 방침은 크게 변화했고, 또 한국 전쟁이 발발해 1950년 8월 10일에 일본 재무장의 일환으로 경찰예비대를 발족했다. 이후 경찰예비대는 1954년 7월에 준군사조직인 자위대로 개편하였다.

5장

동서 냉전과 민족 분쟁

지정학적 요충지에서 국지전 발발

제2차 세계대전 이후의 세계는 2개의 대립축으로 설명할 수 있다. 그 첫 번째는 미국과 소련의 냉전 구조이며, 두 번째는 민족 분쟁이다. 첫 번째의 미소 냉전 구조란 미국을 중심으로 한 자유주의 국가들과 소련을 중심으로 한 공산주의 국가들 간의 대립을 말한다.

20세기 후반에 발발했던 이란-이라크 전쟁이며, 소련의 붕괴 이후 발칸반도의 옛 유고슬라비아 내전은 지역 단위, 민족 단위의 대립이 분쟁의 배경이다. 이런 흐름을 바탕으로 강대국 미국과 이에 맞선 테러 국가와 테러 조직이라는 새로운 대립축이 생겨났다.

20세기 후반 이후 전쟁사

동서 진영의 미국과 소련이 민족 분쟁과 지역 분쟁에 개입

제2차 세계대전 후 한국 전쟁과 베트남 전쟁이 냉전 시대 동서 진영의 대리전쟁을 대표한다

제2차 세계대전 이후의 세계는 2개의 대립축으로 설명할 수 있다. 그 첫 번째는 미국과 소련의 냉전 구조이며, 두 번째는 민족 분쟁이다. 첫 번째의 미소 냉전 구조란 미국을 중심으로 한 자유주의 국가들과 소련을 중심으로 한 공산주의 국가들 간의 대립을 말한다.

이러한 냉전 시대의 동서 대립의 특징은 강대국들이 직접 전쟁을 치른 적은 거의 없다는 것이다. 이는 제2차 세계대전 말기에 실전 무기로 위력을 발휘했던 핵병기가 대량 학살을 가능하게 함으로써 전쟁 억지력을 발휘했기 때문이다.

다만 강대국이 직접 전쟁하는 대신 몇몇 지정학적 요충지에서 발발한 국지전쟁이 냉전의 대리전쟁으로서 반복해 일어났다. 한국 전쟁과 베트남 전쟁은 이러한 냉전 시대의 대리전쟁을 대표하는 사례이다. 또한 종교적, 민족적인 대립으로 간주하는 중동 전쟁에도, 이스라엘을 지원하는 자유주의 국가들에 대해 아랍 국가들을 지원하는 소련이 맞선 대리전쟁의 측면이 있음을 간과해서는 안 된다.

1991년의 소련의 붕괴로 인해 냉전의 종언 이후, 민족 분쟁, 지역 분쟁의 국제적인 흐름은 지속

20세기 전반의 전쟁은 그 대부분이 냉전 체제하에서의 대리전쟁이라는 의미가 짙다. 그러나 세계 각국의 실상을 보면, 사람들은 근대화 이후에도 이데올로기나 정치적인 체제보다도 고대, 중세로부터 지속된 지역 단위, 민족 단위의 공동체로 결속해 있다. 이러한 공동체끼리의 주도권 다툼이나 이권 대립, 종교 갈등이야말로 전쟁의 배경이 되는 경우가 적지 않다.

아시아나 아프리카에서는 식민지 지배를 벗어난 국가들이 차례차례 독립했지만, 그 과정에서 옛 종주국(식민지 지배를 했던 열강)이나 근린 국가들과의 사이에서 수많은 민족 분쟁과 지역 분쟁, 종교 분쟁이 반복적으로 일어났다.

20세기 종반에 이르러 발발했던 이란–이라크 전쟁이며, 발칸반도의 옛 유고슬라비아 연방 민족들의 내전은 이러한 지역 단위, 민족 단위의 대립이 분쟁의 배경이 되고 있음을 재확인시켜 주었다.

그리고 1991년의 소련의 붕괴로 인해 냉전 구조가 종언을 고한 이후, 이러한 민족 분쟁, 지역 분쟁이라는 국제적인 흐름은 더욱 분명해졌다. 이런 흐름을 바탕으로 강대국 미국과 이에 맞선 테러 국가와 테러 조직이라는 대립축이 생겨난 것이다. 21세기의 첫해에 일어났던 9 · 11 테러는 그 상징적인 예로서 역사에 남을 것이다.

한국 전쟁 1950~1953년

6월 25일, 북한의 기습 남침으로 미국과 소련의 대리전쟁 시작

해방된 아시아의 옛 식민지 국가들은 미국의 세력권과 소련의 세력권으로 분할

한국 전쟁은 냉전 체제에서 벌어진 미국과 소련의 대리전쟁이다. 제2차 세계대전이 끝나면서 세계적으로 미소 냉전 체제가 부상하고 있었다. 해방된 아시아의 옛 식민지 국가들은 미국의 세력권과 소련의 세력권으로 분할되었다.

제2차 세계대전 종전 이후 연합국 측에서는 일본의 식민지였던 한반도를 신탁통치하자는 안이 나왔지만, 결국 북위 38도선 이북을 소련군이, 이남을 미군이 점령하는 것으로 결정되었다.

1948년에 한반도의 남부에서는 대한민국이 건국되고, 일본의 식민지 통치 중 미국에 망명해 있던 항일 독립운동가이며 반공주의자

한국 전쟁 –한반도 분단과 북한의 기습 침략

전쟁 개시 전

북한의 김일성은 소련의 탱크 등 군수물자를 지원받고, 조국을 통일한다는 명목으로 1950년 6월 25일 일요일 새벽에 북위 38도선을 넘어 남한을 침략했다.

중화인민공화국
청진
러시아
조선민주주의
인민공화국
압록강
평양
원산
동해
정전선
판문점
서울
인천
황해
대한민국
대구
부산
일본

1950년 9월

북한군은 무방비였던 남한으로 노도처럼 밀고 내려와 순식간에 한반도 남단의 부산까지 한국군을 몰아붙였으며, 피난민은 부산으로 몰려들었다.

중화인민공화국
청진
러시아
조선민주주의
인민공화국
압록강
평양
원산
동해
정전선
판문점
서울
인천
대한민국
황해
대구
부산
일본
북한군

김일성
(1912~1994)

조선민주주의인민공화국의 주석으로 1950년 한국 전쟁을 일으켰다. 조선인민군 최고사령관으로서 인민군을 지휘했지만, 중국공산당의 개입으로 휴전 후 한반도 북쪽에서 독재 체제를 확립하고 지배했다.

이승만
(1875~1965)

대한민국 임시정부 대통령직을 역임했고, 1950년 한국 전쟁에서 미국을 비롯한 연합군의 도움으로 적화통일을 막았을 뿐 아니라 한미상호방위조약을 체결했다. 하지만 3·15 부정선거 후 망명해 미국 하와이에서 병사했다.

인천으로 상륙하는 유엔군, 1950년, 미국 해군 기록물.

인 이승만이 대통령으로 취임한다. 한반도의 북부에서는 조선민주주의인민공화국이 건국되어, 항일 빨치산 출신으로 소련에서 군사 교육을 받았던 김일성이 내각 수상으로 취임한다.

1950년 6월에 북한은 한국에 통일을 위한 제안을 하지만, 이승만은 교섭을 받아들이지 않았다. 이에 북한은 선전포고도 없이 비밀리에 북위 38도선을 넘어 한국을 침공하게 된다. 6월 25일, 한국과 북한은 끝을 모르는 전쟁을 시작했다.

한국 전쟁의 개전 경위는 오랫동안 명료하지 않은 점이 많았지만, 현재까지 김일성이 이끄는 북한군이 소련과 중공의 지원과 묵인 아래 남한을 침공했다는 사실이 점차 밝혀지고 있다.

북한군은 미군이 철수한 한국을 향해 파죽지세로 진격해, 개전 후 불과 3일 만에 한국의 수도 서울을 점령한다. 북한군은 서울 점령으로 전쟁은 끝난 것으로 생각했지만, 후퇴하는 동안 전열을 가다듬은 한국군의 저항도 만만치 않았다.

이러한 북한의 무력 침공을 미국은 국제법을 위반한 침략으로 규정하고, 국제연합 안전보장이사회에 제소했다. 국제연합은 소련이 참석하지 않은 상황에서 유엔군의 파견을 결정했고, 맥아더 원수가 지휘하는 미군을 중심으로 한 유엔군이 한국군을 지원하기 위해 파병되었다.

북한군은 7월 말에 낙동강 전선까지 육박했지만, 9월에는 유엔군이 인천상륙작전에 성공해 북한군의 병참선을 끊어버리고 반격에 나섰다. 한국군과 유엔군은 서울을 탈환한 후, 도리어 북한의 수도 평양을 점령한 데 이어서 중국과 북한의 국경인 압록강에 도달한다.

중국 본토 침공과 원폭 투하를 주장한 맥아더는 트루먼에 의해 전격적으로 해임

그러나 11월 이후, 이번에는 중화인민공화국의 인민해방군이 북한군을 지원하기 위해 투입된다. 다음 해인 1951년 1월에 인민해방군

한국 전쟁 당시의 인천상륙작전과 휴전협정

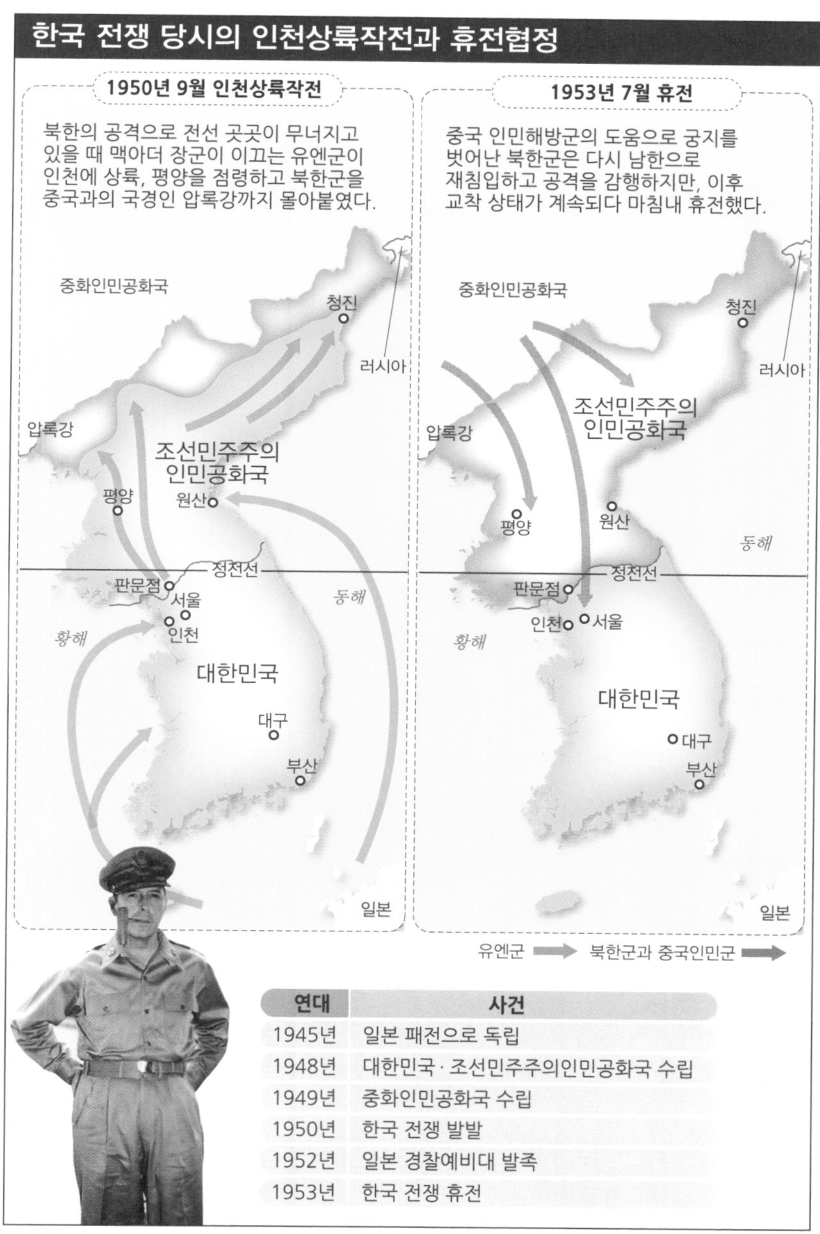

1950년 9월 인천상륙작전
북한의 공격으로 전선 곳곳이 무너지고 있을 때 맥아더 장군이 이끄는 유엔군이 인천에 상륙, 평양을 점령하고 북한군을 중국과의 국경인 압록강까지 몰아붙였다.
중화인민공화국
청진
러시아
압록강
조선민주주의 인민공화국
평양
원산
정천선
판문점
서울
인천
황해
동해
대한민국
대구
부산
일본
1953년 7월 휴전
중국 인민해방군의 도움으로 궁지를 벗어난 북한군은 다시 남한으로 재침입하고 공격을 감행하지만, 이후 교착 상태가 계속되다 마침내 휴전했다.
중화인민공화국
청진
러시아
조선민주주의 인민공화국
압록강
평양
원산
동해
정천선
판문점
인천
서울
황해
대한민국
대구
부산
일본
유엔군
북한군과 중국인민군

연대	사건
1945년	일본 패전으로 독립
1948년	대한민국 · 조선민주주의인민공화국 수립
1949년	중화인민공화국 수립
1950년	한국 전쟁 발발
1952년	일본 경찰예비대 발족
1953년	한국 전쟁 휴전

과 북한군은 다시 서울을 점령하지만, 3월에는 한국군과 유엔군이 재탈환하는 등 일진일퇴의 공방이 계속 이어졌다.

북한군과 중국의 인민해방군은 압록강 이북의 중국 영내에서 전쟁 물자를 지원받아 전쟁을 계속했다. 이에 맥아더는 대만의 중화민국군을 동원해 중국 본토를 침공하고 원폭을 사용할 것을 주장했다. 하지만 맥아더 장군은 중국, 소련과의 전면 전쟁을 두려워했던 트루먼 대통령에 의해 전격적으로 해임되어 전장을 떠나고 말았다.

오늘날에는, 당시 국공내전을 막 끝낸 중국의 인민해방군은 미군의 기습을 받았더라도 더 이상 전투를 지속할 힘이 없었을 것이라는 설이 유력하다. 그러나 트루먼은 압록강 이북에 대한 공격과 포격을 금지했다. 이에 따라 미군은 상대의 진영에 발을 들여놓지 못하게 되어 인민해방군의 병참을 끊지 못했고, 승패의 전망이 오리무중인 채로 전선은 38도선 근처에서 교전을 주고받는 교착 상태에 빠져들었다.

이것은 미국이 시빌리언 컨트롤(Civilian Control, 문민이 군대를 민주적으로 통제한다는 원칙)을 위해 문관 지휘자가 군의 작전에 개입하는 전쟁을 치렀기 때문이라고 할 수 있다. 그 결과, 한국 전쟁은 제2차 세계대전 후의 미국에는 최초의 '승리 없는 전쟁'이 되었다.

1951년 7월 이후에 소련의 제안으로 휴전 교섭이 시작되었지만, 교섭은 난항을 거듭한다. 1953년 3월에 소련의 스탈린 서기장이 사망함으로써 양 진영 사이에 점차 합의 분위기가 조성되고, 같은 해 7월에는 휴전이 성립되었다.

미국은 공산주의에 대항해 군비 확장 추진과 베트남 전쟁 등 세계 각지의 분쟁에 개입

한국 전쟁 중인 1953년 1월에 출범한 미국의 아이젠하워 정권은 공산주의 진영에 대해서 동맹국과 함께 포위해 상대를 고립시키는 종래의 '봉쇄 정책'보다는 군사 정책 등으로 한층 강경하게 개입하는 '롤백(Roll Back, 소극적인 방어에서 적극적인 공세로 전환) 정책'을 취하기로 결정한다. 이러한 흐름 속에서 미국은 군비 확장을 추진하면서 베트남 전쟁을 비롯한 세계 각지의 지역 분쟁에 개입하는 것으로 공산주의 진영에 대항해 나가게 되었다.

한편 한국 전쟁 중에 동아시아 지역의 미군 기지가 되었던 일본은 군수물자 보급을 통해 특수 경기를 맞게 된다. 또한 한반도에 동원된 미군의 빈자리를 메우는 형태로 경찰예비대가 결성되어 이것이 나중에 자위대로 발전했다.

한국 전쟁 후 한국은 몇 차례의 정변과 정권 교체를 거쳐서 모범적인 민주국가로 발전했지만, 국제법상으로는 휴전 상태 중이라서 여전히 징병제가 있다. 반면 북한은 한국 전쟁 후에 일당독재 체제가 강화되어 핵무기 개발 등으로 국제 사회에서는 테러 지원 국가로 지정되어 있다. 요컨대 한국 전쟁은 현재도 끝나지 않고 여전히 진행 중이다.

중동 전쟁 1948~1973년

종교와 민족의 해묵은 분쟁이 중동을 전쟁터로 만들었다

제2차 세계대전 이후 팔레스타인 지역에 이스라엘 건국으로 '중동 화약고'에 점화

중동 전쟁은 한마디로, 유대교와 이슬람교의 대립에서 비롯된 종교 전쟁인 동시에 유대교를 믿는 유대인 국가 이스라엘과 이슬람교를 신봉하는 아랍인 국가 사이의 민족 전쟁이기도 하다.

중동 전쟁의 무대가 되었던 팔레스타인은 예로부터 유대교, 기독교, 이슬람교의 공통적인 성지 예루살렘이 있어 세계 3대 종교의 뿌리를 이루는 곳이다. 또한 이 땅은 유라시아 대륙과 아프리카 대륙, 유럽의 지중해와 중동이 서로 접하고 있는 지역이어서 로마 제국, 페르시아 제국 등 고대로부터 다양한 세력들이 교차하며 주도권을 다투는 쟁탈전을 벌인 전장이 되어왔다.

로마에 의해 중동에서 추방당했던 유대인은 19세기 이후 팔레스타인에 유대 국가를 재건하려는 운동을 추진했다. 제1차 세계대전 후에 팔레스타인은 영국과 프랑스의 식민지가 되었으나, 제2차 세계대전 무렵에는 유럽의 수많은 유대인이 나치의 박해를 피해 망명하면서 팔레스타인 이민이 증가했다.

세계대전 이후에 구 연합국인 영국, 미국, 소련은 전쟁에 협력했던 자국 내 유대인들의 강력한 요청을 받아들여서 아랍 국가들의 합의를 얻지 않은 채로 유대인 국가 건설을 승인한다. 이에 따라 1948년에 영국의 팔레스타인 신탁통치가 종료되자, 이스라엘이 건국을 선언하고 UN이 곧바로 승인했다.

하지만 이집트, 시리아, 요르단 등의 아랍연맹 국가들이 이스라엘의 건국을 반대하며 무력으로 개입함으로써 제1차 중동 전쟁이 발발한다. 이스라엘의 유대인들은 제1차 세계대전 이후부터 유대 국가 재건에 관여했고, 초대 수상이 되었던 다비드 벤구리온의 지도력을 중심으로 결속해 총력전으로 대응한다.

나세르가 수에즈 운하의 국유화를 단행하자, 영국이 이집트를 침공해 제2차 중동 전쟁 발발

전쟁 초기에는 이스라엘군과 팔레스타인 아랍민족해방군 사이의 교전이 벌어졌지만, 팔레스타인의 내부 분열로 주요 도시들이 연이

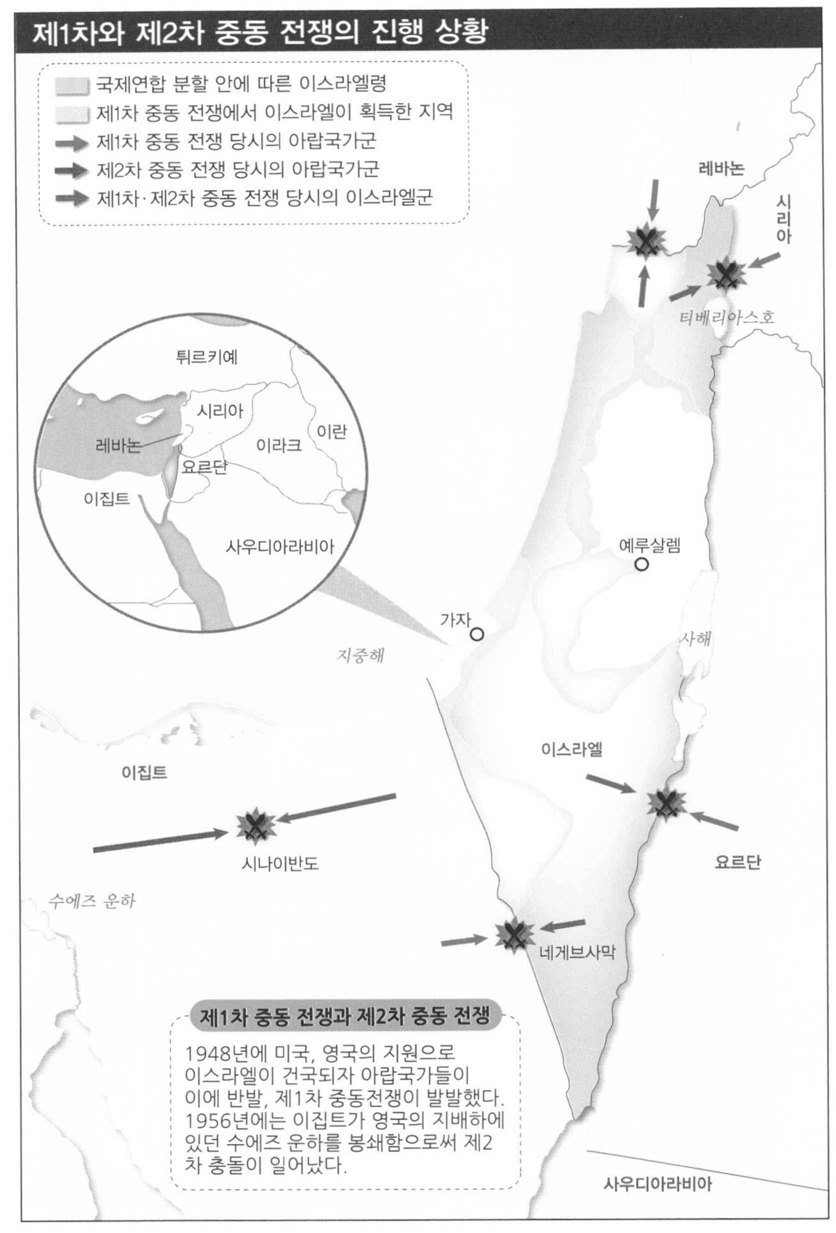
제1차와 제2차 중동 전쟁의 진행 상황
국제연합 분할 안에 따른 이스라엘령
제1차 중동 전쟁에서 이스라엘이 획득한 지역
제1차 중동 전쟁 당시의 아랍국가군
제2차 중동 전쟁 당시의 아랍국가군
제1차·제2차 중동 전쟁 당시의 이스라엘군
레바논
시리아
티베리아스호
튀르키예
시리아
레바논
이라크
이란
요르단
이집트
사우디아라비아
예루살렘
가자
지중해
사해
이스라엘
이집트
시나이반도
요르단
수에즈 운하
네게브사막
사우디아라비아
제1차 중동 전쟁과 제2차 중동 전쟁
1948년에 미국, 영국의 지원으로
이스라엘이 건국되자 아랍국가들이
이에 반발, 제1차 중동전쟁이 발발했다.
1956년에는 이집트가 영국의 지배하에
있던 수에즈 운하를 봉쇄함으로써 제2
차 충돌이 일어났다.

어 함락당했다. 이스라엘군의 공세에 위협을 느낀 아랍연맹이 참전하지만, 각국이 식민지 독립 직후여서 내분이 심각해 실제로 외부 전쟁에 적극적으로 참여할 처지가 아니었다. 그리고 주변 아랍국들이 저마다 참전 목적이 달라 제대로 전투를 치르지 못한 채 각개격파로 무너졌다.

아랍연맹이 군사력의 압도적인 우세에도 불구하고 통합 지휘 체계를 갖추지 못한 채 서로 호흡이 맞지 않아 이스라엘군에게 무너지고, 주력이었던 이집트마저 내부 분열로 패주하는 등 참패했다. 1949년 3월 10일에 이스라엘이 최종 승리를 선언하고, 국제연합의 조정으로 휴전이 성립되었다.

전쟁에서 승리한 이스라엘은 팔레스타인 면적의 78%를 장악했고, 나머지 지역 중 가자 지구는 이집트가, 동예루살렘을 포함한 요르단강 서안 지구는 요르단이 점령하는 등 각자 이스라엘과 휴전을 체결했다.

제1차 중동 전쟁에서 예상과 달리 아랍연맹이 참패당하자, 당시 아랍 국가의 왕제(王制)가 전쟁 패배의 원인으로 지목되면서 이에 대한 비판이 분출하기 시작했다. 1952년에 이집트의 군인 나세르는 쿠데타를 일으키고 공화제를 수립한다. 나세르 정권이 소련에 접근한 것을 이유로 영국이 이집트의 아스완하이댐 건설 지원을 중단하자, 나세르는 이에 맞서 수에즈 운하의 국유화를 단행했다.

1956년 10월, 영국은 이집트에서의 권익 보호를 목적으로 프랑스, 이스라엘과 함께 이집트를 상대로 전쟁을 시작함으로써 제2차

이집트의 2, 3, 4대 대통령이었던
가말 압델 나세르, 1962년.
© 스테반 크라 구제 비치

중동 전쟁이 발발한다. 그러나 영국, 프랑스는 미국의 동의 없이 전쟁을 일으켰기 때문에 미국의 지원을 받지 못했다. 게다가 전쟁에 개입하겠다는 소련의 경고 때문에 영국, 프랑스, 이스라엘군은 일주일 만에 철수했다.

이러한 두 번의 중동 전쟁의 결과, 제2차 세계대전 이후 식민지 독립과 함께 중동 국가들에 대한 유럽 국가들의 영향력은 크게 약화하였다. 한편 아랍 국가들 내에서도 왕족 등 종래 지배계급의 영향력이 떨어져 시리아, 이라크 등지에서는 쿠데타를 거쳐 왕정이 폐지되고 군부가 정권을 잡게 된다.

제1차 중동 전쟁에서 이스라엘군이 팔레스타인 인근 지역을 점령하고부터 이 지역에는 대량의 난민이 발생했다. 1964년 1월에 팔레스타인해방기구(PLO, 팔레스타인의 아랍인들이 독립 국가 건설을 목표로 결성한 비밀 저항조직)가 결성되자, 난민들은 아랍 국가들의 지원을 받으며 반이스라엘 게릴라 투쟁을 펼치게 된다.

제3차 중동 전쟁에서 이스라엘군이 아랍연맹을 불과 6일 만에 패배시켜 '6일 전쟁'으로 명명

1967년 6월 5일, 이스라엘이 이집트의 공군 기지와 북부 국경 지역을 불시에 공격함으로써 제3차 중동 전쟁이 발발한다. 이스라엘은 시리아, 이집트, 요르단, 이라크의 공군 기지를 선제 폭격으로 제압하고, 시나이반도와 요르단강 서안, 골란 고원을 단숨에 점령해 압도적인 승리를 거두었다.

특히 이집트는 이스라엘 공군의 기습 공격으로 불과 3시간 만에 전투기 등 자국 공군력의 90%가 파괴당하는 괴멸적인 피해를 입었다. 당시 제2차 중동 전쟁의 패배에 대한 보복 차원에서 전쟁 준비를 하던 이집트 공군의 주요 기지를 선제적으로 공격해 무력화시킨 것이다.

그리고 이집트군이 공군의 지원을 받지 못하는 사이 속전속결로 수에즈 운하를 기습적으로 장악하면서 시나이반도를 고립시키는 작전도 대성공을 거두었다. 이스라엘군이 아랍연맹을 불과 6일 만에 패배시켰다고 해서 '6일 전쟁'이라고도 불린다. 이 '6일 전쟁' 이후 이집트에서는 나세르 대통령의 권위가 실추하지만, 아랍 국가들의 반이스라엘 감정은 고조된다.

이스라엘이 제3차 중동 전쟁에서 점령한 지역의 반환 요구에 응하지 않자, 이집트와 시리아를 중심으로 뭉친 아랍 국가들이 1973년 10월에 유대교의 안식일을 노려 이스라엘에 대대적으로 기습 공격을 가함으로써 제4차 중동 전쟁이 발발했다.

이스라엘은 전쟁 초기에 계속 타격을 받았음에도 불구하고 반격에 성공해 시리아와 이집트 영내로까지 침공했다. 이때 아랍 국가들은 이스라엘을 지지하는 구미 국가들에 압력을 넣기 위해 원유 가격의 인상을 발표해 세계적인 석유 위기(오일 쇼크)가 발생한다.

매년 300만 명 이상의 관광객이 찾는 골란 고원의 드루즈인(시리아에 살면서 드루즈교를 신봉하는 사람) 공동체, 1978년, © 레이프 크 넛센

1973년 11월에는 미국 · 소련의 개입과 유엔평화유지군의 파견으로 정전이 성립되었다. 이후 이스라엘과 아랍 국가들은 정면충돌을 피하고 교섭으로 해결책을 도모해 1974년 이후에는 PLO가 유엔에 옵서버 자격으로 참가하게 된다.

요르단강 서안과 골란 고원에 면해 있는 갈릴리 호수는 이스라엘의 생존이 달린 수원

그런데 이스라엘이 시리아 등의 반발에도 불구하고 주민의 대부분이 아랍인인 요르단강 서안과 골란 고원의 점령을 고집한 것은 무

갈릴리호(티베리아스호), 2014년, © Zachi Evenor, W-C

엇 때문일까?

한 가지 이유는 이 지역이 이스라엘에 중요한 수원(水源)이라는 사실이다. 요르단강의 하류에 위치한 사해는 염분의 농도가 극히 높기 때문에 담수의 생활 수원은 요르단강 서안과 골란 고원에 면하고 있는 갈릴리 호수(티베리아스호)밖에 없다. 수원 문제는 팔레스타인의 주민으로서도 종교 대립에 견줄 만한 중요한 문제이다.

시리아는 여전히 이스라엘에 대해 강경 일변도로 나아가고, 팔레스타인에서는 PLO가 온건화되어가는 반면, 반이스라엘의 급진파 하마스는 세력을 확대해 나갔다. 여기에도 요르단강 수원의 권익이 이스라엘과 팔레스타인의 아랍인, 양측 모두에게 양보할 수 없는 생존의 문제라는 점이 영향을 미치고 있다.

네 번에 걸친 중동 전쟁은 서두에서도 말했던 것처럼, 원래는 고대로부터 반복되었던 유대교와 이슬람교의 종교적 대립, 유대인과 아랍인의 민족적 대립의 산물이다. 그러나 이와 동시에, 제국주의 시대 이래로 이어온 중동에 대한 지배력을 둘러싼 분쟁이기도 하다. 이스라엘을 통해 중동의 질서를 유지하려 했던 서유럽 국가들과 자주권을 행사하려는 아랍 국가들 사이에 발생하는 대립의 연장선이라는 측면도 무시할 수 없다.

이후 아랍 국가들이 친소 성향으로 기울게 되고, 동서 냉전의 대리전쟁으로 전쟁의 성격이 변하면서, 서유럽의 국가들을 대신해 미국이 중동 분쟁에 개입하는 사태가 초래되었다. 1978년의 캠프 데이비드 합의에 따라 이스라엘은 시나이반도의 점령지를 이집트에 반환하고, 이듬해 이집트와 이스라엘은 국교를 정상화한다. 나아가 1993년에는 오슬로 합의로 이스라엘과 PLO의 평화협정이 체결되었다.

하마스의 이스라엘 테러 공격으로 가자 지구에서 3만 명의 사망과 100만 명이 넘는 난민이 발생

그렇게 팔레스타인 문제는 해결되는 듯했으나 평화 노선 추진파인 이스라엘의 이츠하크 라빈 총리가 1995년 11월 4일, 텔아비브에서 극우 유대인 청년에게 암살당하면서 다시 암초에 부딪혔다. 그런 상황에서도 팔레스타인과 이스라엘은 미국의 중재로 2000년 캠프데이비드협정 등을 통해 평화 협상을 계속했다. 그러나 협상은 최종 결렬되었고, 2014년을 마지막으로 평화 협상은 중단되고 말았다.

평화 합의의 걸림돌 중 하나는 동예루살렘이었다. 팔레스타인이 동예루살렘을 '앞으로 탄생할 독립 국가의 수도'라고 하자, 이스라엘도 '영원한 불가분의 수도'라며 양보하지 않았다.

팔레스타인은 아라파트가 서거한 이후, 온건파 정당 파타(Fatah)와 급진파 정당 하마스(Hamas)로 분열되어 내전 상태가 되는 등 내부적으로도 와해한 상태이다. 현재는 파타가 요르단강 서안을, 하마스가 가자 지구를 지배하고 있다.

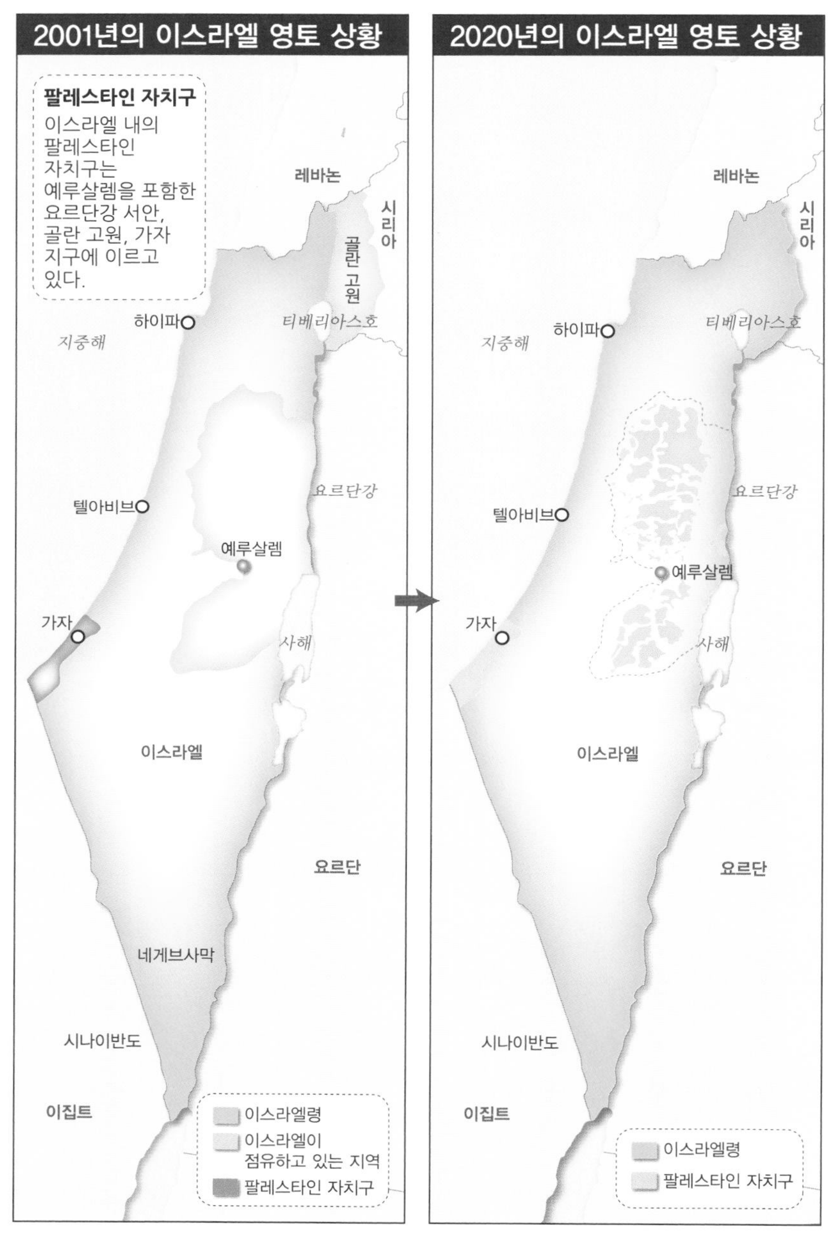
2001년의 이스라엘 영토 상황
팔레스타인 자치구
이스라엘 내의 팔레스타인 자치구는 예루살렘을 포함한 요르단강 서안, 골란 고원, 가자 지구에 이르고 있다.
레바논
시리아
골란 고원
하이파
티베리아스호
지중해
요르단강
텔아비브
예루살렘
가자
사해
이스라엘
요르단
네게브사막
시나이반도
이집트
이스라엘령
이스라엘이 점유하고 있는 지역
팔레스타인 자치구
2020년의 이스라엘 영토 상황
레바논
시리아
하이파
티베리아스호
지중해
요르단강
텔아비브
예루살렘
가자
사해
이스라엘
요르단
시나이반도
이집트
이스라엘령
팔레스타인 자치구

1987년에 아흐메드 야신이 PLO와 대립해 창설한 하마스는 아랍어로 '이슬람저항운동'의 약칭인데, '힘, 열정'이라는 뜻도 가지고 있다. 이들은 팔레스타인 땅에서 이스라엘을 몰아내고 완전한 이슬람 국가를 세우는 것을 목표로 하는 수니파 무장 세력이다.

하마스는 2023년 10월 7일, 가자 지구에서 가까운 이스라엘 남부 키부츠와 군사 기지를 공격해 1,200여 명을 살해하고, 250여 명을 인질로 끌고 가는 등 잔혹한 테러 공격을 감행해 전 세계를 경악시켰다. 이스라엘도 즉각 보복 공격에 나서 가자 지구에서 3만 명에 가까운 팔레스타인인이 사망했고, 100만 명이 넘는 난민이 발생해 중동 전쟁의 불씨를 키우는 중이다.

미국의 지원을 받는 이스라엘은 하마스를 지원했다는 이유를 내세워 시아파의 맹주 이란과 요르단의 헤즈볼라에 대한 무차별 폭격과 지도부 암살을 감행하는 등 중동의 테러 세력에 대한 응징에 나섰다. 미국을 비롯한 국제 사회가 이스라엘과 하마스 양측의 중재에 나서고 있으나 일시 휴전과 교전을 되풀이하면서 희생자만 늘어나고 있다.

이스라엘은 군사 기지이자 수자원 요충지인 골란 고원을 두고 대립하는 시리아에 대한 공세도 멈추지 않았다. 2024년 12월 결국, 2대에 걸쳐 50년 동안 폭압적인 독재 정치로 유명했던 알아사드 정권이 무너지고, 시리아 반군이 새 정권의 주인이 되면서 향후 시리아의 행보에 국제사회의 이목이 집중되고 있다.

미국과 러시아 등 강대국의 개입과 시아파 이란과 수니파 사우디아라비아 대립 속에서도 나름의 질서를 유지해 온 중동 지역이 극심한 혼란 속으로 빠져들고 있다. 수십 년 동안 전쟁과 폭력으로 얼룩진 이스라엘과 팔레스타인 분쟁이 끝나고 중동 지역에 영구적인 평화가 찾아올 날은 언제인가?

베트남 전쟁 1960~1975년

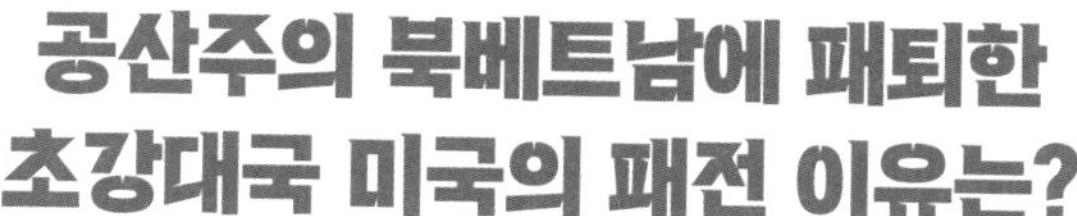

공산주의 북베트남에 패퇴한 초강대국 미국의 패전 이유는?

북베트남과 친미 남베트남이 대립한 베트남 전쟁은 미국과 소련·중국의 대리전쟁

군사적으로나 경제적으로나 초강대국인 미국이 이기지 못했던 전쟁 가운데 하나가 바로 베트남 전쟁이다. 이 전쟁의 패배 이후 미국은 국제적인 리더십에 큰 상처를 입었고, 국내 문제에서도 적지 않은 후유증을 겪게 된다.

제2차 세계대전이 끝나자, 아시아 각지에서는 식민지 해방운동을 주도하는 세력이 공산주의와 밀접하게 얽히며 급격히 확산하였다. 프랑스령 인도차이나반도의 북부에서는 호찌민 등 공산주의자들이 베트남민주공화국의 독립을 선언한다.

이에 맞서 프랑스는 남부에 친프랑스파 정권인 베트남국을 건설

베트남 전쟁 – 미국과 중국·소련의 대리전쟁

중국
하노이
통킹만
해남도
라오스
미군의
북베트남
폭격
타이
17도선
캄보디아
타이만
남중국해
남베트남
사이공
(호찌민)
호찌민 주석
(1890~1969년)
베트남민주공화국의 초대 주석이자 현대 베트남의 국부로 추앙받고 있다. 프랑스와 일본의 식민지 시절 독립운동을 했으며, 미국과의 베트남 전쟁을 주도했다. 1969년 9월 2일, 베트남 통일을 눈앞에 두고 사망했다. 남베트남의 수도 사이공은 호찌민시로 개명했다.
존슨 대통령
(1908~1973년)
케네디 정부의 부통령이었으나 1963년에 케네디의 암살로 제36대 대통령이 되었다. 위대한 사회 건설을 주장했지만 베트남 전쟁이 장기화되면서 대 베트남 정책에 실패했다.
미군은 북베트남을 향해 대규모 폭격을 반복했지만 결정타를 가하지 못했다. 결국 미국은 베트남 전쟁에서 실패하고 베트남은 공산화되었다.

해, 1946년에 북베트남과 남베트남 주둔 프랑스군 사이에 제1차 인도차이나 전쟁이 일어난다. 1954년의 제네바 협정에서는 인도차이나 국가들의 독립이 인정되고, 북위 17도 선에서 남북으로 베트남을 분할해 2년 후에 통일 선거를 치르기로 결정되었다.

그러나 친미파인 남베트남 대통령 응오딘지엠(Ngo Dinh Diem)은 통일 선거를 거부하고 반대 세력을 탄압했다. 이 때문에 1960년부터 북베트남의 지원을 받아 남베트남민족해방전선(베트콩)의 게릴라전이 전개되기 시작했다. 그러자 미국은 남베트남에 군사고문단을 증강하며 베트남 문제에 적극적으로 개입하기 시작했다.

미국의 본격적인 군사 개입으로 시작된 제2차 인도차이나 전쟁은 8년 동안 지속

미국이 베트남에 개입한 것은 베트남 전체가 공산화되면 도미노가 쓰러지듯 이웃 국가들도 잇달아 공산화될 수 있는 위험을 방지하기 위해서였다. 그러나 한편으로 미국의 개입은 식민지의 독립을 억압하는 성격도 지니고 있었다.

미국의 존슨 대통령은 케네디 전 대통령이 암살당하기까지 검토하고 있던 베트남으로부터의 철수 방침을 철회하면서 전쟁은 장기전에 돌입한다. 1963년 11월에 응오딘지엠이 군사 쿠데타로 실각하고 처형당하자, 미국은 남베트남에 친미 군사 정권을 세웠다. 하지

1966년, 남베트남에서 UH 1D(별칭 휴이) 헬리콥터로 전투를 수행 중인 미군.

만 연이어 쿠데타가 일어나면서 남베트남의 정정은 크게 불안한 상태였다.

그런 상황에서 1964년 8월에 통킹만에서 미군 구축함이 북베트남군의 공격을 받았다는, 이른바 '통킹만 사건'의 발표가 있었다. 이후에 미국은 베트남에 대한 군사 개입을 본격화했다. 1965년 2월부터는 북베트남 폭격이 시작되었고 지상군도 파견해 전면전으로 확대했다. 이것이 제2차 인도차이나 전쟁의 시발점이다.

미국이 베트남 전쟁에 관여했던 기간은 통킹만 사건 이후만 보더라도 8년이나 되었다. 이 기간에 미국은 많을 때는 연간 54만 명이나 되는 병력을 투입했다. 하지만 북베트남 정부에 대한 미국의 선전포고는 없었고, 지상전은 남베트남의 영토 내로 제한되는 기묘한

베트남 전쟁 이후의 인도차이나반도 국가들

미중 국교 수립(1972년)
미중 관계가 개선되어 국제 교섭으로 베트남 화평이 진전.

중국-베트남 전쟁(1978년)
중국, 베트남 공산당과 대립으로 국경 분쟁이 발생.

캄보디아 내전(1975~1992년)

캄보디아 내전(1975~1992년)
폴 포트 정권의 독재에 맞서 내란이 발생, 장기화된다.

남베트남 전면 항복(1975년)
미군 철수 후 1975년에 수도 사이공이 함락되자 남베트남 멸망.

냉전 시대를 이끈 미국과 소련의 지도자들

미국

1961년 오스트리아 빈에서 흐루쇼프의 대화노선에 응해 베트남 전쟁의 철수를 지시했다. 하지만 미국을 더욱 위기에 빠뜨렸고 임기 중 암살당했다.

케네디

닉슨

베트남 전쟁에서 미군을 철수하고 8년간 끌어온 전쟁을 종결했다. 중국과 국교 정상화의 길을 열었지만, 훗날 워터게이트 사건으로 실각한다.

1940 1950 1960 1970 1980 1990

소련

스탈린주의를 비판했고 미국 등 자유주의 진영과의 대화 노선을 열었다. 하지만 반스탈린주의의 정책은 공산주의 국가의 큰 반발을 초래했다.

흐루쇼프

고르바초프

소련의 최연소 지도자로, 페레스트로이카(개방정책)를 추진했다. 자유주의 진영과의 대화 노선을 펼치는 동안, 소련의 붕괴와 함께 냉전도 끝났다.

붕괴

형태의 전쟁이 장기간에 걸쳐 계속되었다.

이것은 한국 전쟁 때와 마찬가지로 미국 정부의 지도자들이 중국과 소련의 개입을 염려해 군의 지휘에 정치적으로 간섭했기 때문이다. 이러한 '제한 전쟁'을 초래했던 정치적인 전쟁 지휘는 군사전문가들로부터 "외상환자를 내과에서 치료하고 있다"라는 혹독한 비판을 받게 되었다.

베트남 전쟁에서 미군의 열세가 알려지면서 미국 여론과 국제 사회에서 반전 이슈 부각

미군은 베트콩 게릴라의 은신처가 된 남베트남 내의 정글 지대를 깡그리 태워버린 데 이어, 고엽제까지 살포하면서 베트콩에 대한 소탕 작전을 시행했다. 그러나 한국 전쟁 당시 압록강 이북의 침공을 제한했던 것과 마찬가지로 미국은 정치적 이유를 들어 베트남의 인접 국가인 라오스, 캄보디아의 내정에 개입하는 것은 억제한다.

그 결과, 북베트남군은 라오스와 캄보디아 내에 구축한 '호찌민 루트'를 경유해 베트콩을 지원하게 되고, 미군은 베트콩의 병참 루트를 끊을 수 없는 상황에 빠지고 말았다.

1968년 1월, 북베트남군은 음력 정월을 기해 남베트남의 수도 사이공에 대공세를 감행했다. 베트콩 측의 피해도 막대했지만, 국제 사회에서는 미군의 열세가 주요 이슈로 떠오르면서 미국의 국내 여

OSAWATOMIE
SUMMER 1975 NO. 2
WEATHER UNDERGROUND ORGANIZATION
OUR MOUNTAINS WILL ALWAYS BE, OUR RIVERS WILL ALWAYS BE, OUR PEOPLE WILL ALWAYS BE;
THE AMERICAN INVADERS DEFEATED, WE WILL REBUILD OUR LAND TEN TIMES MORE BEAUTIFUL.
--HO CHI MINH
IN THIS ISSUE WOMEN WORKERS

미국의 좌파 단체에서 발행한 호외. 베트남의 혁명가 호찌민의 유언시가 영어로 번역되어 적혀 있다.

론과 서방 국가들 사이에서는 반전의 목소리가 높아졌다.

이에 따라 같은 해 5월부터 파리평화회의가 시작되었다. 이후 미국은 직접적인 군사 개입보다는 인도차이나반도의 반공산주의 세력을 강화하는 것으로 개입 정책을 전환한다. 그러나 남베트남군만으로 베트콩과 북베트남군에 대항하기에는 역부족이었다. 미국은 라오스와 캄보디아의 쿠데타를 지원해 친미 정권의 수립을 기도하지만, 이러한 외세 개입은 국민의 지지를 얻지 못한 채 실패로 끝난다.

베트남 전쟁은 동서 진영의 대리전쟁인 동시에 서구 제국주의에 맞선 식민지 해방전쟁이다

1972년 2월에 미국의 닉슨 대통령은 중국을 방문했다. 당시 공산주의 진영 내에서도 중국과 소련의 대립 관계는 계속되고 있었다. 북베트남에 강한 영향력을 행사하는 소련에 대한 견제로서 미국과 중국의 접근은 양국의 이해가 일치했던 결과였다.

같은 해 12월에 미군은 북베트남의 하노이에 대대적인 폭격을 가하지만, 전황은 크게 변하지 않았다. 그러나 1972년 여름부터 미국과 북베트남 사이에 정전 협상이 비밀리에 진행 중이었다. 그러다가 1973년 1월 27일에 파리에서 평화협정이 성립되면서 미군은 마침내 철수했고, 미국과 북베트남 사이에 포로 교환도 이루어졌다.

미군의 철수 후에도 남북 베트남은 여러 가지 이유로 다시 무력 충돌이 재개된다. 결국 1975년 4월에 북베트남군이 대공세를 벌여, 4월 30일에 남베트남의 사이공이 함락된다. 1976년 7월 2일, 남북 베트남은 하나로 통합해 베트남사회주의공화국 정권을 수립하면서 통일국가를 출범시켰다.

베트남 전쟁은 미소 냉전 체제 아래에서 양 진영의 대리전쟁이라는 측면과, 서구 제국주의 국가들에 맞선 구 식민지의 해방전쟁이라는 측면을 동시에 가지고 있었다.

미국이 패배한 데는 당시 냉전 시대를 반영해 반공주의를 내세우는 한편, 동남아 지역의 식민지 이권을 유지하기 위해 남베트남에

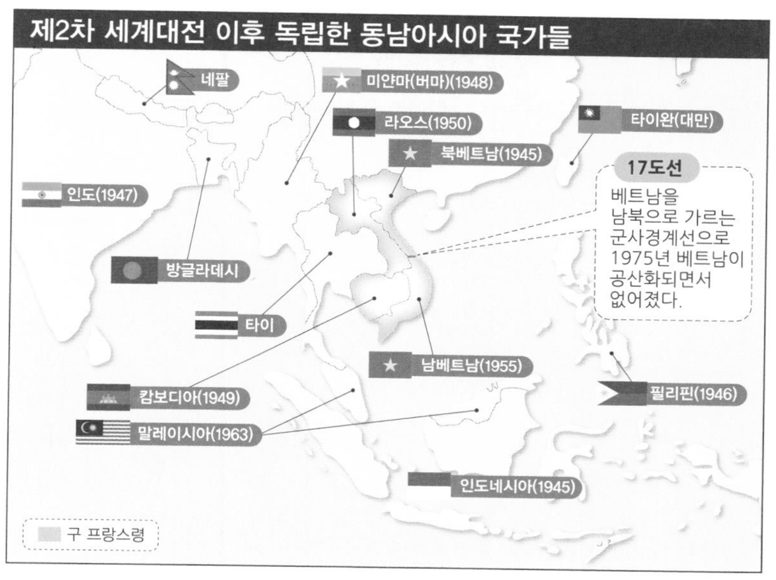
제2차 세계대전 이후 독립한 동남아시아 국가들
네팔
미얀마(버마)(1948)
라오스(1950)
타이완(대만)
북베트남(1945)
17도선
베트남을 남북으로 가르는 군사경계선으로 1975년 베트남이 공산화되면서 없어졌다.
인도(1947)
방글라데시
타이
남베트남(1955)
캄보디아(1949)
필리핀(1946)
말레이시아(1963)
인도네시아(1945)
구 프랑스령

민주정권이 아닌 군사독재 정권을 지원해 민심의 이반을 초래했던 점도 크게 작용했다. 베트남뿐만 아니라 아시아나 아프리카 등 옛 식민지의 대부분 민중에게는 공산주의가 내건 제국주의로부터 '해방과 독립'이라는 메시지가 훨씬 매력적인 구호였던 셈이다.

미국은 자유나 민주주의를 내세웠지만, 2차대전 전후 제국주의로부터 독립한 구 식민지의 민중을 내 편으로 끌어들이는 데 실패했다. 당시 독립한 신생국들이 저마다 정치 체제 수립과 주도권 다툼으로 큰 혼란을 겪는 상황도 하나의 원인으로 작용했다. 실제로 냉전 시기 한국이나 동남아, 중남미 등에서 정권을 장악한 친미 정권의 대다수도 군사 정권이었다.

베트남은 개혁·개방 정책인 '도이머이'를 실행, 사회주의 체제를 개편해 경제 발전에 집중

30여 년에 걸친 제국주의와의 전쟁과 남북 베트남 사이의 내란을 겪고 통일한 베트남은 전후에 국내외 문제로 극심한 혼란에 빠졌다. 정치 보복이 두려워 남베트남을 떠나는 난민이 대량으로 발생했고, 전쟁으로 인한 국토의 황폐화와 미국과 유럽의 고립 정책도 전후의 경제적 복구에 큰 걸림돌로 작용했다.

1977년부터 시작한 캄보디아와의 국경 분쟁은 중공의 참전으로 중국-베트남 전쟁(일명 중월 전쟁)으로 확전되었다. 1979년 2월 17일~3월 6일 사이 한 달을 못 채운 단기간 전쟁이었지만, 수많은 사상자를 낸 채 전쟁은 종결되었다. 베트남의 통일 후 화교 추방과 함께 발발한 전쟁은 베트남 내에서 동맹국 중국에 대한 반감을 키우는 결과를 가져왔다.

베트남 정부는 국내외의 난관을 극복하기 위해 개혁 · 개방 정책인 '도이머이'를 적극적으로 실행해 경제 발전에 집중했고, 사회주의 정치 체제를 개편해 시장 경제 도입을 지원했다. 정치와 시장이 안정되고, 경제 교류 등 외국과의 관계도 개선되면서 경제 발전도 가속도가 붙었다.

베트남 전쟁으로 적대국 관계였던 한국(1992년 12월), 미국(1995년 8월)과 순차적으로 국교를 정상화하면서 오랜 전쟁의 상흔을 털어냈다. 이렇게 경제 성장의 발판을 다진 베트남은 마침 미 · 중 대립의 구

베트남과 중국의 전통적인 국경선이었던 우의관(베트남에서는 남관이라고 부름) 2018년.
© TSVC1190, W-C

도 속에서 중국의 외국계 공장들이 대거 베트남으로 이전하는 수혜를 입고 있다. 게다가 미국의 인도태평양 전략에서 거점 국가로 거듭나는 베트남이 동남아의 중심국으로 부상하는 것도 눈여겨볼 만하다.

이란-이라크 전쟁 1980~1988년

페르시아계 이란을 침공한 아랍계 이라크의 민족 분쟁

종교 지도자 호메이니가 이란 혁명에 성공, 중동에서 '이슬람 원리주의' 세력이 급부상

1980년대에 미소 냉전 체제가 계속되는 중에 중동에서 '이슬람 원리주의'라는 새로운 세력이 급부상했다. 시아파의 본산인 이란이 이슬람 원리주의의 중심 세력으로 떠오른 것이다. 이란은 1960년대 이후 친미 노선을 취한 팔레비 2세 국왕이 석유 수출을 재원으로 삼아 근대화 개혁을 추진했다. 그러나 일부 계층에게만 그 혜택이 돌아가 빈부 차가 커지면서 대다수의 국민 사이에서는 반발이 확산하였다.

1979년 1월, 군부와 종교 세력을 중심으로 이란 혁명이 발발한다. 혁명 이후 민주파와 이슬람 복고파 사이에 내분이 일어나지만, 최

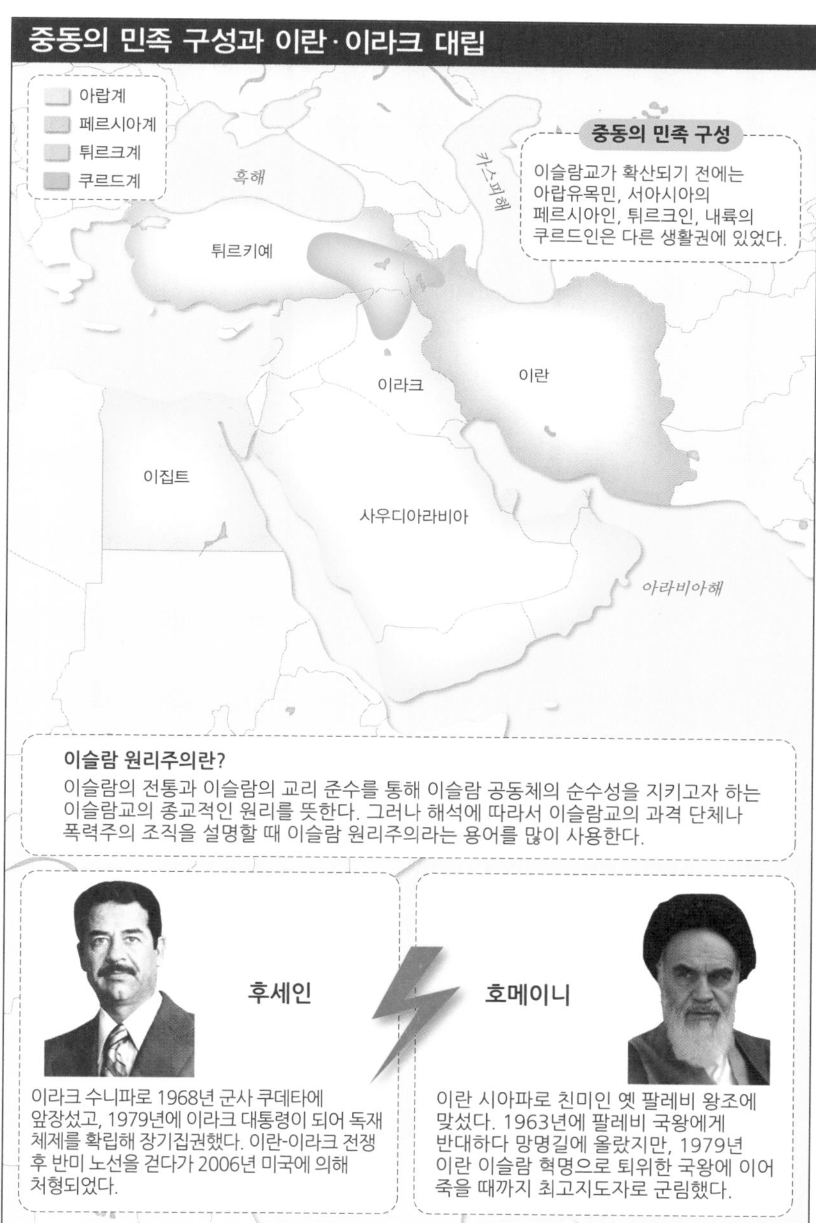

중동의 민족 구성과 이란·이라크 대립
아랍계
페르시아계
튀르크계
쿠르드계
흑해
카스피해
튀르키예
이라크
이란
이집트
사우디아라비아
아라비아해
중동의 민족 구성
이슬람교가 확산되기 전에는 아랍유목민, 서아시아의 페르시아인, 튀르크인, 내륙의 쿠르드인은 다른 생활권에 있었다.
이슬람 원리주의란?
이슬람의 전통과 이슬람의 교리 준수를 통해 이슬람 공동체의 순수성을 지키고자 하는 이슬람교의 종교적인 원리를 뜻한다. 그러나 해석에 따라서 이슬람교의 과격 단체나 폭력주의 조직을 설명할 때 이슬람 원리주의라는 용어를 많이 사용한다.
후세인
이라크 수니파로 1968년 군사 쿠데타에 앞장섰고, 1979년에 이라크 대통령이 되어 독재 체제를 확립해 장기집권했다. 이란-이라크 전쟁 후 반미 노선을 걷다가 2006년 미국에 의해 처형되었다.
호메이니
이란 시아파로 친미인 옛 팔레비 왕조에 맞섰다. 1963년에 팔레비 국왕에게 반대하다 망명길에 올랐지만, 1979년 이란 이슬람 혁명으로 퇴위한 국왕에 이어 죽을 때까지 최고지도자로 군림했다.

이란의 골레스탄 전쟁 영웅 묘지, 2007년, © 데이비드 홀트.

종적으로 이슬람교 시아파의 종교 지도자 호메이니가 국가 최고지도자로 취임했다. 이 정변은 제2차 석유 위기를 초래한 데다, 이란과 이웃 나라 이라크 사이의 대립 관계를 더욱 자극하게 되었다.

이란의 호메이니는 혁명 후에 미소 양 대국을 적으로 돌렸다. 미국의 내정 간섭을 비판했을 뿐 아니라 소련의 아프가니스탄 침공도 엄중히 비판했던 것이다. 호메이니의 뜻을 지지하는 이란의 혁명파는 망명한 국왕과 그 재산의 양도를 요구하며 미국대사관을 점거하는 사건을 일으켰다.

한편 이란의 이웃 이라크는 인구의 약 60%가 이슬람교 시아파에 속해 있기 때문에 수니파의 후세인 정권은 호메이니의 이란 혁명이 자국으로 파급되는 것을 경계했다. 또한 페르시아만으로 흘러 들어가는 샤트알아랍(Shatt al-Arab)강을 사이에 두고 이란과 이라크 양국은 분쟁을 겪고 있었다. 본래 이란은 국민의 대부분이 페르시아인이지만, 이라크는 아랍인 국가이기 때문에 역사적으로도 민족 간의 충돌이 반복되고 있었던 것이다.

중근동의 국가들은 같은 이슬람교를 신봉하고 있어도 실제로는 종교공동체보다도 민족공동체로서의 결속력이 더 강하기 때문에 종교 분쟁의 이면에는 대개 민족 분쟁이 도사리고 있다. 아랍인의 민족주의에 사로잡혀 있던 사담 후세인은 이란인(페르시아인)에 대한 반감이 만만치 않았다.

중동 수니파의 주도권 노린 이라크 후세인이 이슬람 혁명으로 혼란스러운 이란을 침공

아랍 민족주의와 사회주의를 추구하는 바트당의 이끄는 야심가 후세인은 1979년 7월에 대통령으로 취임했다. 그리고 1980년에는 이슬람 혁명으로 혼란스러운 이란을 침공해 중동 수니파 세력의 주도권을 확보하려고 했다. 여기에다 이란 혁명의 영향으로 이슬람 근본주의 세력들의 주도하에 왕정이 붕괴할 것을 우려하던 사우디아라비아, 쿠웨이트, 카타르, 바레인, 요르단 등 수니파 아랍 왕정국

이란이 이라크의 침공에 맞서 끝까지 사수한 수산게르드 유전 지대를 탱크가 지키고 있다.

가들의 지원이 더해졌다.

마침 이란에서 미국대사관 인질 사건(1979년 11월~1981년 1월)으로 국제적인 비난이 쏟아지던 시기라 국내외 환경이 이라크에 유리한 상황이었다. 이러한 배경 아래 샤트알아랍강을 두고 이란과 대립 중이던 이라크가 1980년 9월에 이란에 기습폭격을 가함으로써 두 나라는 전쟁에 돌입한다.

개전 초기에 이란 측은 혁명 후의 통치 체제가 아직 안정되지 못한 탓에 군사적 대응이 늦어졌다. 반면에 이라크군은 전쟁 초기에 이란의 항공 기지와 샤트알아랍강 하구의 군함을 파괴하면서 기선을 제압하는 데 성공했고, 이란을 침공해 카스르이시린(Qasr-i shirin)

이란-이라크 전쟁 중 참호에 있던 이란의 알리 하메네이(오른쪽)는 이란의 3대 대통령을 역임하고 최고 지도자의 자리에 올랐다.

유전 지대를 점령했다. 그러나 이란군은 시체로 산을 이루면서도 교통의 요충지이자 유전 지대인 수산게르드(Susangard)를 사수해 냈다. 세계의 군사전문가는 이것을 보고 이란-이라크 전쟁의 장기화를 예상했다.

1982년 5월부터 이란은 반격으로 전환해 이라크군을 점령 지대로부터 격퇴한 다음에 오히려 이라크 영내까지 침공했다. 이라크가 반격에 나서면서 전선은 교착 상태에 빠진다.

이후 이란은 국제적으로 고립되고 군사력으로도 열세에 놓였지만, 미국 등 이라크 지원국의 민간 선박에 대한 특공대의 테러를 반복했다. 이슬람교 신자들을 동원해 자폭 테러를 전쟁의 수단으로 이용한 것은 이란에서 전사자를 순교의 영웅으로 여겼기 때문이다. 한편 이라크도 국지전에서 독가스를 사용하면서 이란과의 전쟁을

페르시아계 이란과 아랍계 이라크의 전쟁

튀르키예
시리아
요르단
유프라테스강
바그다드
이라크
티그리스강
이란
샤트알아랍강 하구
쿠웨이트
사우디아라비아
페르시아만
이라크
이란
1980년 9월 22일, 이라크의 사담 후세인이 아무런 선전포고도 없이 이란을 침공하면서 시작된 전쟁이 이란-이라크 전쟁이다.
이라크군이 샤트알아랍강 연안 공격에 성공하지만, 이란군의 치열한 반격으로 격퇴당하며,결국 이 전쟁은 8년이나 지속되었다. 양국은 100만 명 이상의 사상자를 냈고, 3,000억 달러의 전비를 소모했다. 승자도 패자도 없이 끝난 이 전쟁 후 양국은 서로 다른 길을 걷게 된다.
이라크군
이란군
전쟁 당시의 세력 관계
소련
미국
이라크
친미 중동국가
사우디아라비아
아랍에미리트 등
이란
반미 아랍국가
시리아
리비아

틈타 이란, 이라크, 튀르키예 등지에 거주하고 있는 쿠르드인 등 국내 소수 민족을 탄압한다.

이란 혁명과 뒤이은 이란-이라크 전쟁으로 이슬람 원리주의와 테러 세력이 확산

두 나라가 8년이라는 장기간에 걸쳐 총력전을 펼치면서 사상자만 해도 100~200만 명에 이를 정도로 참혹한 살육전이 계속되었다. 전쟁이 장기화하면서 국제적인 비판 여론이 고조되자, 1987년 7월에 유엔 안전보장이사회는 이란과 이라크에 즉시 정전을 호소했다. 승기를 확보한 것으로 판단한 이란의 호메이니 정권은 이를 거부했지만, 이라크군의 미사일 개발과 화학병기 사용 등으로 열세에 처하게 되자, 1988년 8월에 정전 협정을 받아들였다.

1989년에 호메이니가 서거하고, 1990년에는 샤트알아랍강 수로의 중앙선을 경계로 하는 알제 협정을 다시 맺으면서 국교를 회복했다. 이렇게 승자 없이 원래의 상태로 되돌아간 이란-이라크 전쟁은 양국에 깊은 상흔을 남겼다.

이란과 이라크의 대립 자체는 과거부터 되풀이해 온 페르시아와 아랍의 민족 대립이 배경이었다고도 할 수 있다. 그러나 이란 혁명과 뒤이은 이란-이라크 전쟁은 국제적으로 이슬람 원리주의가 확산하는 계기가 되었다. 이후 이슬람 원리주의를 신봉하는 테러리스트 특공대의 자폭 공격이 잇달아 발생했다. 이런 배경 아래 미국은 중동 정세에 전면적으로 개입하게 된다.

이란-이라크 전쟁은 21세기 현재에도 여전히 영향을 미치고 있다. 이란 혁명은 정치 체제로 보면 왕제에서 공화제로 이행한 것이지만, 사상적으로는 오히려 종교 원리주의로 회귀한 것으로 프랑스 대혁명 이후 근대 시민사회로 발전한 서구 혁명과는 전혀 의미가 다르다.

유고슬라비아 전쟁 1991~1999년

사회주의 유고 연방의 해체 후, 발칸반도의 민족 문제가 대폭발

1980년에 티토 대통령의 사망 이후부터 유고슬라비아 내부의 민족·종교 갈등이 분출

1980년대 말에 일어났던 냉전 체제의 붕괴는 유럽에 새로운 문제를 안겨주었다. 그때까지 공산 정권의 독재 체제에 억눌려 있던 케케묵은 민족 문제가 수면 위로 다시 떠오른 것이다. 유고슬라비아라는 국명이 '남슬라브족의 땅'이라 뜻이다.

유고슬라비아사회주의연방공화국은 세르비아, 크로아티아, 슬로베니아, 보스니아-헤르체고비나, 몬테네그로, 마케도니아라는 6개의 공화국으로 구성된 데다, 지역에 따라서는 가톨릭, 그리스정교, 이슬람교 등 여러 신앙으로 나뉘어 있었다.

먼 옛날부터 발칸반도 지역은 가톨릭국가로 게르만계인 합스부

구 유고 연방 국가들의 4개 언어 분포도

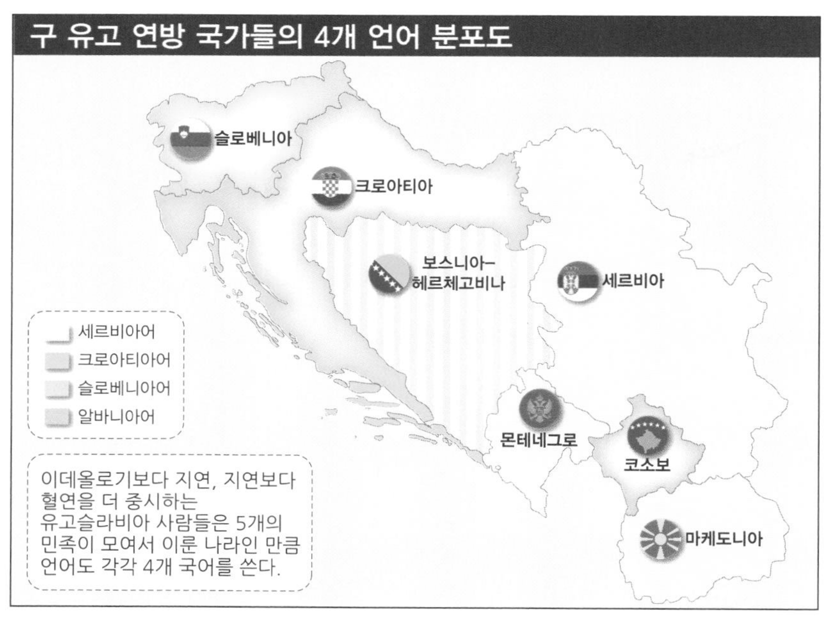
슬로베니아
크로아티아
보스니아-헤르체고비나
세르비아
몬테네그로
코소보
마케도니아
세르비아어
크로아티아어
슬로베니아어
알바니아어
이데올로기보다 지연, 지연보다 혈연을 더 중시하는 유고슬라비아 사람들은 5개의 민족이 모여서 이룬 나라인 만큼 언어도 각각 4개 국어를 쓴다.

구 유고 연방 국가들의 3개 종교 분포도

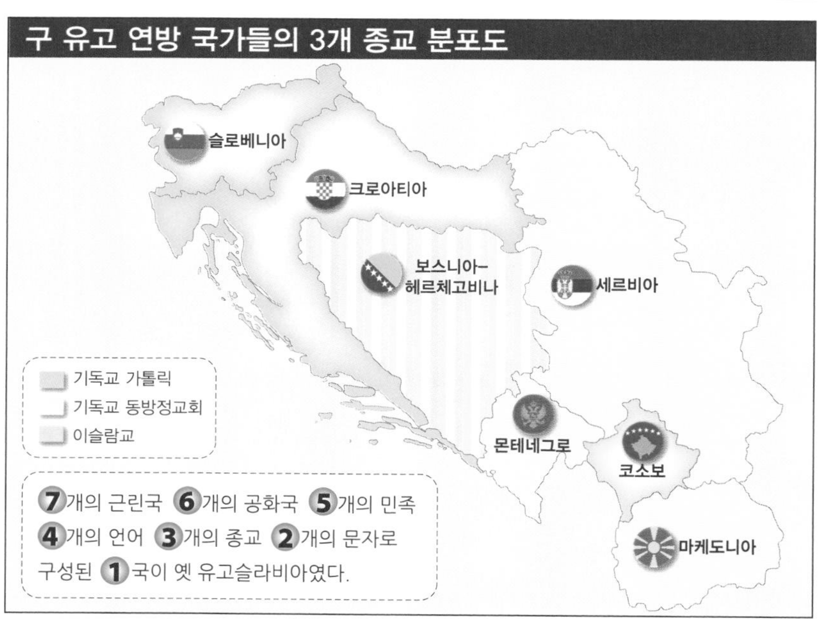
슬로베니아
크로아티아
보스니아-헤르체고비나
세르비아
몬테네그로
코소보
마케도니아
기독교 가톨릭
기독교 동방정교회
이슬람교
7개의 근린국 6개의 공화국 5개의 민족
4개의 언어 3개의 종교 2개의 문자로
구성된 1국이 옛 유고슬라비아였다.

르크-오스트리아 제국, 동방정교 국가로 슬라브계인 러시아, 이슬람교 국가인 오스만 제국의 사이에서 몇 차례나 지배권이 바뀌면서 식민지 통치를 받았다. 그런데 1980년대 말, 유고슬라비아에서 공산당의 일당 지배 체제가 붕괴하자, 각 지역은 오랜 염원이었던 독립에 대한 의지를 보다 굳히게 된다.

유고슬라비아의 내부 분열은 1980년에 티토 전 대통령이 서거한 이후부터 이미 진행되고 있었다. 강한 지도력을 지니고 있었던 티토는 제2차 세계대전 중에 자력으로 독일의 점령으로부터 해방을 이뤄냈으며, 전후에는 공산주의 체제를 취한 소련에 대해서도 독자 노선으로 일관하는 대외 정책을 구사하면서 국내의 결속을 유지해 왔다. 그러다 티토가 사망한 후에 세르비아와 다른 지역의 대립이 표면으로 부상한다.

세르비아 민족주의자였던 밀로셰비치가 '인종청소'라고 불리는 학살과 폭력을 주도

1989년에 세르비아 대통령으로 취임한 슬로보단 밀로셰비치(Slobodan Milosevic)는 세르비아 민족주의를 주창하며, 특히 이슬람에 대한 적개심을 공개적으로 표출했다. 그리고 크로아티아인에 대한 탄압에 주도함으로써 다른 민족 집단들도 경계심을 가지고 대립하는 요인으로 작용했다.

USRAŠE

세르비아인이 낙서를 해놓은 크로아티아인의 부서진 집. © 모드작

1991년 6월에는 공업 지대인 북부의 슬로베니아가 세르비아를 중심으로 한 연방정부가 이익을 가로채는 것에 반발해 독립을 선언한다. 이어서 9월에는 크로아티아가 독립을 선언했다. 세르비아의 밀로셰비치 대통령은 이에 반대했지만, 유엔과 EC(EU의 전신인 European Community, 유럽공동체)가 중재에 나선 결과, 슬로베니아와 크로아티아의 독립은 승인되었다. 1992년에는 보스니아-헤르체고비나가 독립을 선언하지만, 결국 심각한 내전으로 발전하게 된다.

보스니아에서 내전이 일어난 이유는, 이슬람교도가 인구의 약 40%, 세르비아인이 약 30%, 크로아티아인이 약 20%를 차지하는 복

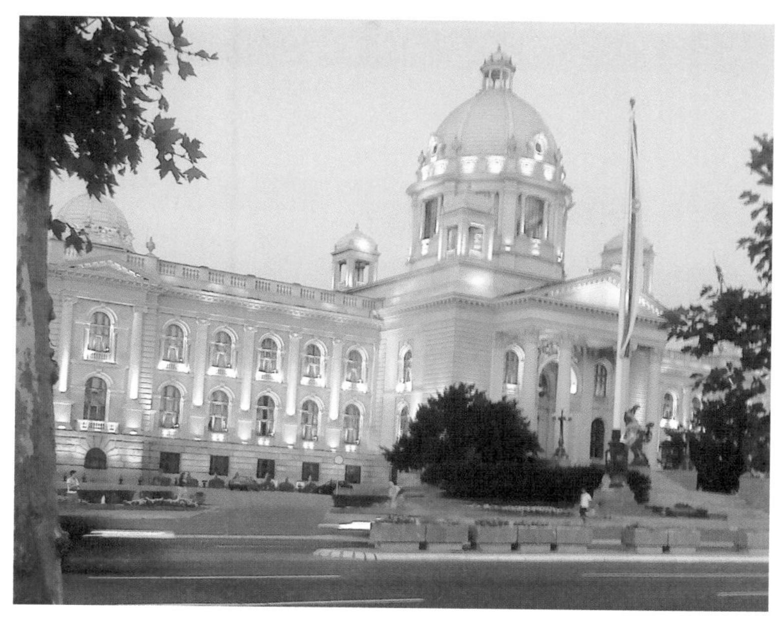

세르비아 베오그라드의 국회의사당. ⓒ 슬라 디아나 졸리치

잡한 이 지역의 주민 구성 때문이었다. 이슬람교도와 크로아티아인 주민은 독립을 지지했지만, 세르비아인 주민은 독립에 반대하면서 내전으로 이어졌다. 이에 따라 서로 민족이 다르다는 이유로 '인종 청소'라고 불리는 학살과 폭력이 반복되어 총 20여만 명의 사망자와 250만 명이나 되는 난민이 발생했다.

강경한 세르비아 민족주의자였던 밀로셰비치가 보스니아의 세르비아계 주민을 지원하자, 친EU(유럽연합) 노선의 크로아티아는 유엔과 EU에 세르비아계 주민이 저지른 잔혹 행위를 강력하게 고발해 국제 사회로부터 세르비아를 향한 비난 여론이 쏟아졌다.

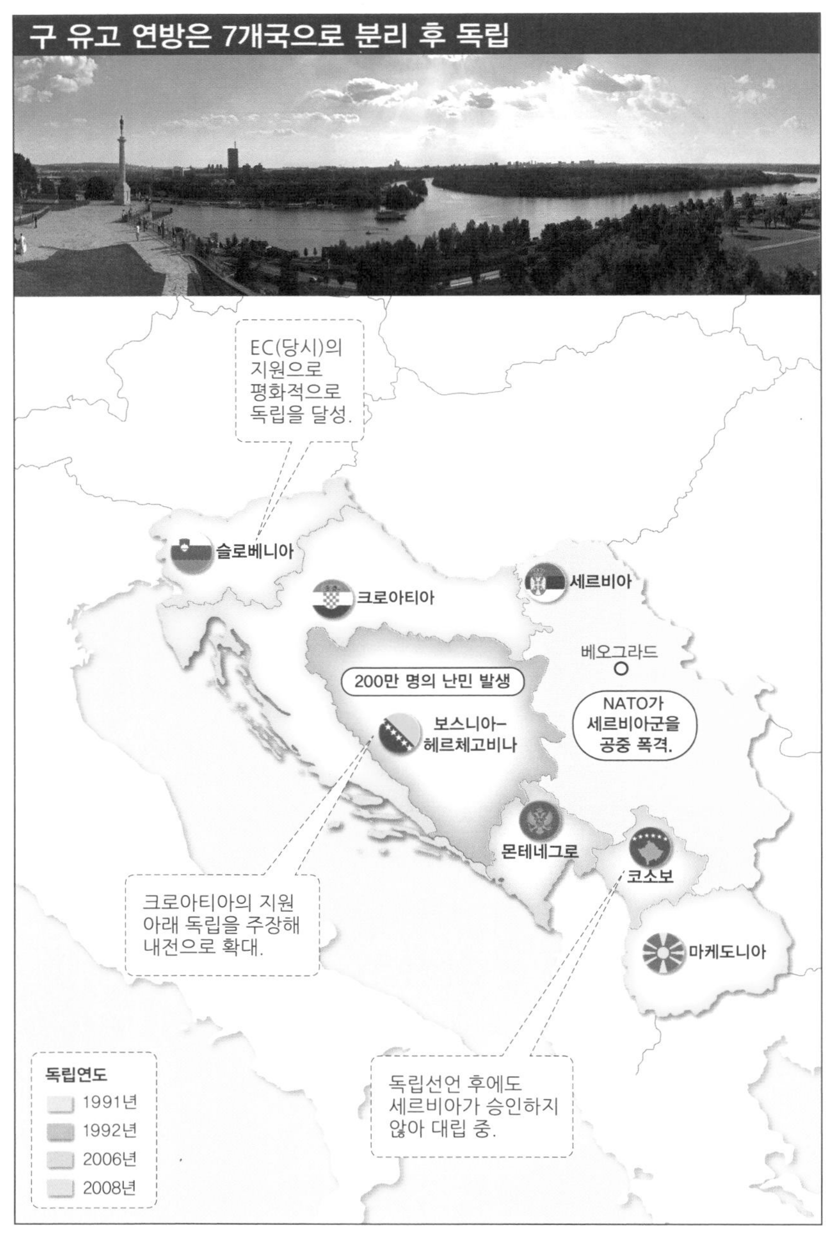
구 유고 연방은 7개국으로 분리 후 독립
EC(당시)의 지원으로 평화적으로 독립을 달성.
슬로베니아
크로아티아
세르비아
베오그라드
200만 명의 난민 발생
보스니아-헤르체고비나
NATO가 세르비아군을 공중 폭격.
몬테네그로
코소보
마케도니아
크로아티아의 지원 아래 독립을 주장해 내전으로 확대.
독립선언 후에도 세르비아가 승인하지 않아 대립 중.
독립연도
1991년
1992년
2006년
2008년

이렇게 해서 1995년 8월 이후, 나토(NATO, 북대서양조약기구)군은 세르비아인 무장 세력에 대규모 공습을 감행했다. 같은 해 11월에는 그때까지 유고슬라비아 문제에 깊게 개입하지 않고 있던 미국의 주도로 정전 협정이 성립되었다(미국 오하이오주 데이턴에서 협정 체결). 그 결과, 보스니아-헤르체고비나는 이슬람교도-크로아티아인 지역과 세르비아인 지역으로 구성된 연방제 형태로 독립했다.

유고슬라비아 내전의 복잡한 민족 분쟁은 이데올로기보다 민족 우선의 역사법칙 증명

1998년 이후, 이번에는 1980년대부터 세르비아 내에서 독립을 주장해 온 남부의 코소보 자치주와 세르비아군과의 충돌이 격화한다.

코소보는 이웃 나라 알바니아처럼 주민의 다수가 이슬람교도였지만, 알바니아에 귀속되기를 원하는 주민은 세르비아로부터 가혹한 탄압의 대상이 되었다. 1999년 3월에 미국을 중심으로 한 나토군은 세르비아에 제재를 가하기 위해 유엔안보리의 결의를 얻지 않은 채로 수도인 베오그라드에 공중폭격을 감행했다.

공습은 도리어 세르비아의 강한 반발을 부르며 분규가 발생했지만, 러시아를 포함한 당시 G8 국가(미국, 일본, 영국, 프랑스, 독일, 이탈리아, 캐나다, 러시아의 8개 경제 대국, 현재는 러시아가 빠지고 G7 국가로 운영함)의 평화안에 세르비아가 합의함으로써 6월에 겨우 정전이 성립된다.

일련의 전쟁으로 인해 옛 유고슬라비아의 각 지역은 완전히 전쟁터처럼 폐허로 변했다. 유고 연방 해체 이후에 발생한 사태를 해결하기 위해 나토는 총 1만 회나 출격해 공습을 가했지만, 실제로 세르비아군은 거의 피해를 입지 않았고, 파괴된 것은 취약한 민간 시설들뿐이었다고 한다.

유고슬라비아 전쟁은 냉전 체제의 붕괴 후에 세계 각지에서 발생한, 과거의 민족 분쟁의 재연을 상징하는 사례가 되고 있다. 사회주의 공동체를 형성했던 각 지역의 주민이 이데올로기보다 지연, 지연보다 혈연을 단위로 결속하고 있다는 역사적 법칙을 재확인시켜 주었다. 또한 아이러니하게도 냉전 체제의 산물이었던 나토군이 본격적으로 군사행동을 취했던 최초의 사례가 되기도 했다.

2008년 2월 17일, 코소보는 독립을 선언해 실질적인 독립국으로 미국과 EU에 의해 승인되었다. 다만 UN 상임이사국인 중국과 러시아가 반대하고, 회원국 절반 이상이 독립국 미승인 상태라 UN 가입은 이루어지지 않았다. EU와 나토 가입을 적극적으로 추진하지만, 여전히 성사는 불투명하다.

코소보는 인구 약 200만 명의 국가로 주민의 95%가 이슬람교도인데, 이슬람 원리주의와는 거리가 먼 세속주의 국가이다. 발칸반도의 내륙국이며, 동북쪽에는 세르비아, 동남쪽에는 북마케도니아, 서남쪽에는 알바니아, 서북쪽에는 몬테네그로로 둘러싸여 있다. 현재도 세르비아는 코소보의 분리 독립을 반대하고 있다.

9 · 11 테러 전쟁 2001년

미국의 심장부를 공격한 테러와 이슬람의 보이지 않는 적들

9·11 테러를 지휘한 오사마 빈 라덴은 미국과 소련이 키운 이슬람 테러리스트

걸프 전쟁 후 1990년대의 미국은 중동 문제에 더 깊숙이 개입하게 되면서 이슬람 원리주의의 테러라는 새로운 적에 직면하게 된다. 반미 테러 세력은 중동뿐만 아니라 세계 각지로 확산하면서 미국 본토도 표적이 되었다.

2001년 9월 11일, 뉴욕의 세계무역센터 빌딩에 여객기 2대가 잇달아 충돌해 대폭발을 일으키고 건물이 붕괴하였다. 이어서 같은 날 펜타곤에도 여객기가 충돌해 건물은 약간의 피해만 입었지만, 기체가 폭발함으로써 승무원과 승객들 전원이 사망했다.

펜실베이니아주 피츠버그시의 근교에도 여객기가 추락하면서 폭

9·11 테러 전쟁 – 미국의 심장부를 테러한 오사마 빈 라덴

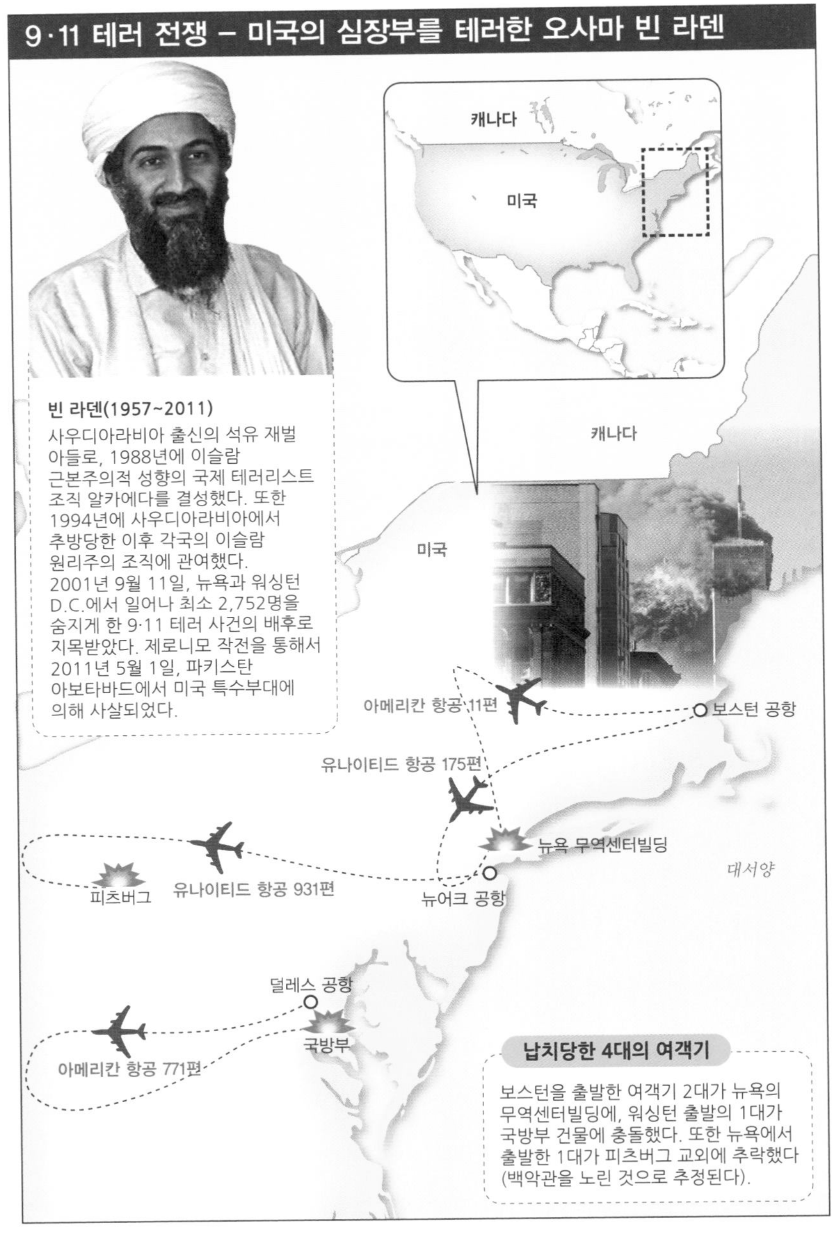
캐나다
미국
캐나다
미국
아메리칸 항공 11편
보스턴 공항
유나이티드 항공 175편
뉴욕 무역센터빌딩
대서양
피츠버그
유나이티드 항공 931편
뉴어크 공항
덜레스 공항
국방부
아메리칸 항공 771편

빈 라덴(1957~2011)

사우디아라비아 출신의 석유 재벌 아들로, 1988년에 이슬람 근본주의적 성향의 국제 테러리스트 조직 알카에다를 결성했다. 또한 1994년에 사우디아라비아에서 추방당한 이후 각국의 이슬람 원리주의 조직에 관여했다. 2001년 9월 11일, 뉴욕과 워싱턴 D.C.에서 일어나 최소 2,752명을 숨지게 한 9·11 테러 사건의 배후로 지목받았다. 제로니모 작전을 통해서 2011년 5월 1일, 파키스탄 아보타바드에서 미국 특수부대에 의해 사살되었다.

납치당한 4대의 여객기

보스턴을 출발한 여객기 2대가 뉴욕의 무역센터빌딩에, 워싱턴 출발의 1대가 국방부 건물에 충돌했다. 또한 뉴욕에서 출발한 1대가 피츠버그 교외에 추락했다 (백악관을 노린 것으로 추정된다).

보잉 767기의 공격을 받고 연기에 휩싸인 세계무역센터, 2001년, © 마이클 포랜

발해 워싱턴D.C.의 백악관을 노렸을 가능성이 지적되었다. 이는 반미 테러 조직 알카에다의 조직원이 여객기를 납치해서 자폭 공격을 실행했던 사건들이었다.

일련의 사건으로부터 9일 후, 미국의 부시 대통령은 9 · 11 테러는 알카에다에 의한 것이며, 주범 용의자는 우두머리인 오사마 빈 라덴이라고 발표했다. 오사마는 사우디아라비아 출신으로 1980년대에는 옛 소련의 아프가니스탄 침공 때 미국의 지원으로 의용병부대를 이끌고 소련군과 싸웠던 경력이 있다.

하지만 옛 소련이 아프가니스탄으로부터 철수한 후 오사마와 동지들은 반미 성향을 굳건히 하고 알카에다를 결성해 걸프 전쟁 후에 여러 건의 테러 사건을 일으켰다. 뉴욕의 세계무역센터 빌딩에서는 1993년에도 폭탄 테러 사건이 일어났는데, 여기에도 오사마 빈 라덴이 관여했다는 설이 있었다.

오사마의 출신 국가인 사우디아라비아는 현재도 이슬람법에 기초를 둔 왕정 국가이다. 그러나 왕실을 중심으로 하는 소수의 지배계급은 미국의 석유 메이저기업과 밀접한 관계에 있으며 친미 정책을 취하고 있다. 반면 빈곤층이나 지배계급의 주류에서 소외된 사람들은 이에 반발하고 있으며, 이런 사람들이 테러단체에 참가하는 사회적인 문제를 안고 있다.

미국이 오사마 빈 라덴을 사살한 후에도 대규모 살상을 감행하는 전쟁과 테러는 계속

미국은 오사마 빈 라덴을 보호하고 있는 아프가니스탄의 이슬람 원리주의 세력인 탈레반 정권에 오사마의 신병을 넘겨달라고 요구했다. 그러나 탈레반이 이를 거부하자 10월에 아프가니스탄 공격을 단행한다.

미군은 영국군과 합동작전으로 아프가니스탄 전역에 걸쳐 탈레반 정권의 거점으로 여겨지는 지역마다 대규모 폭격을 시행했다. 나아

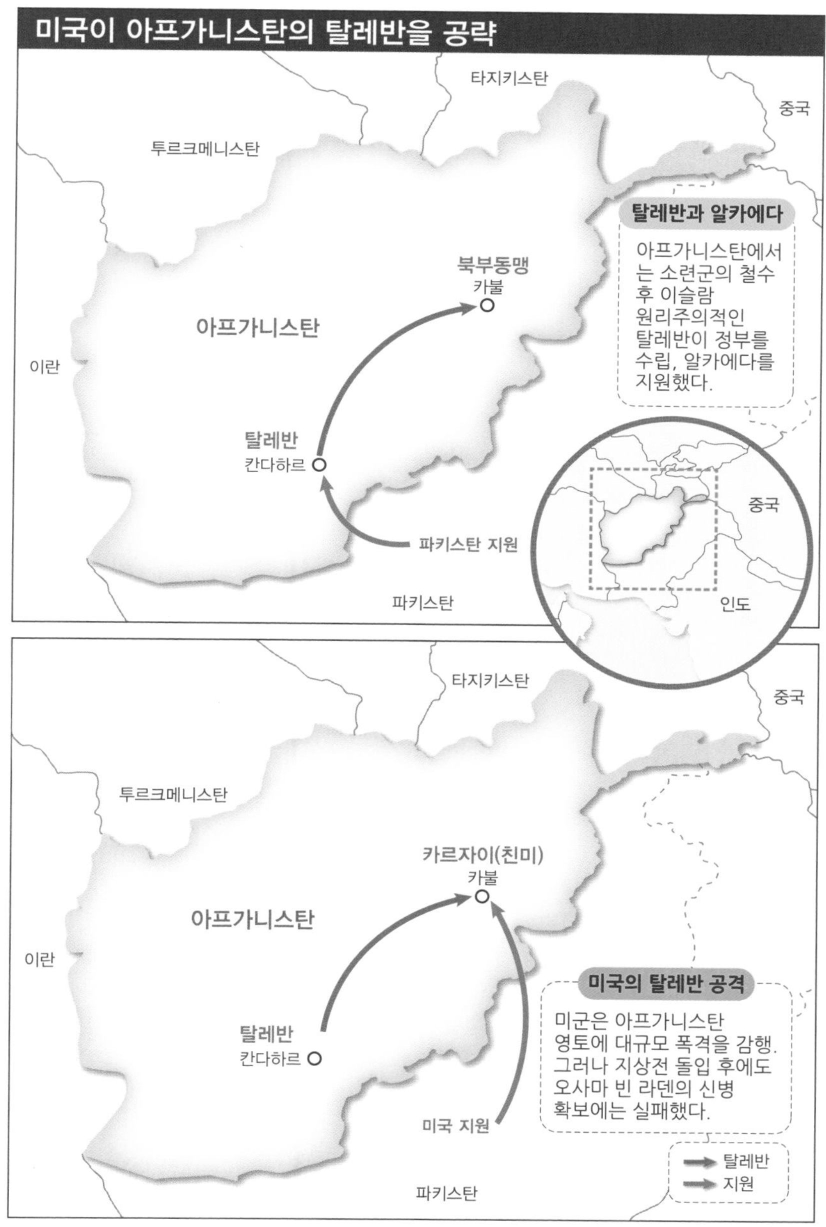
미국이 아프가니스탄의 탈레반을 공략
타지키스탄
중국
투르크메니스탄
탈레반과 알카에다
아프가니스탄에서는 소련군의 철수 후 이슬람 원리주의적인 탈레반이 정부를 수립, 알카에다를 지원했다.
북부동맹
카불
아프가니스탄
이란
탈레반
칸다하르
파키스탄 지원
중국
파키스탄
인도
타지키스탄
중국
투르크메니스탄
카르자이(친미)
카불
아프가니스탄
이란
미국의 탈레반 공격
미군은 아프가니스탄 영토에 대규모 폭격을 감행. 그러나 지상전 돌입 후에도 오사마 빈 라덴의 신병 확보에는 실패했다.
탈레반
칸다하르
미국 지원
탈레반
지원
파키스탄

가 아프가니스탄 내의 반 탈레반 세력인 북부동맹을 지원해서 수도 카불을 점령하고, 11월에는 탈레반 정권을 와해시켰다.

전투 종결 후, 아프가니스탄에서는 유엔의 감시 아래 북부동맹을 중심으로 한 신정권이 발족한다. 그러나 정권은 안정되지 않은 채, 탈레반 잔존 세력은 여전히 각 지역에 잠복해 있으면서 전투를 계속해 나갔다.

탈레반은 아프가니스탄 전쟁 후 국경 지대 파슈툰으로 도망쳤고, 아프가니스탄에서 영향력을 넓히던 파키스탄의 도움을 받아 정부군과 미군을 계속해 공격했다. 지역 부족의 영향력이 강한 국경 지대는 중앙 정부의 통제력이 미치지 않았다.

탈레반은 마약 원료인 양귀비를 밀매해 얻은 돈으로 군사 조직을 유지하고, 또 무기 구매가 가능해 산악 지대는 더없이 좋은 '은신처'가 되었다.

9·11 테러 후에도 세계적인 테러 사건이 근절되지 않았고, 2002년 10월에는 인도네시아의 발리섬에서 알카에다와 관련된 반미 이슬람 원리주의자에 의한 무차별 폭탄 테러 사건이 발생했다. 2004년 3월에는 스페인의 마드리드에서, 2005년 7월에는 영국의 런던에서도 대규모의 폭탄 테러가 있었다.

9·11 테러 이후, 미군은 계속해서 아프가니스탄과 파키스탄 인근에서 대규모 수색을 펼쳤지만, 오사마의 신병을 확보할 수 없었다. 오사마 빈 라덴은 결국 2011년 5월에 파키스탄의 은신처에서 미군 특수부대의 공격을 받고 사망했다.

특정 국가에 속하지 않은 테러리스트는 국경을 초월하는 네트워크로 근절이 불가능

미합중국 본토가 본격적인 공격을 당한 것은 건국 이래 초유의 일이었다. 일련의 동시다발 테러는 국가 간의 전쟁이 아니라, 국가에 속하지 않은 세력과의 전쟁이었기 때문에 부시 대통령은 "이것은 새로운 전쟁이다!"라고 부르짖었다.

그러나 예로부터 이슬람권에서는 11세기 말에 발생한 니자르파 교단이 국가에 속하지 않으면서 광범위한 지역에서 순교적인 자폭 공격도 불사하며 테러 활동을 한 집단으로 알려져 있다.

유럽에서도 중세 말기의 종교 전쟁이나 나폴레옹 전쟁 당시 스페인의 게릴라 저항 등, 국가에 속하지 않은 세력과의 전쟁은 과거에도 그 예를 많이 찾아볼 수 있다.

미국은 아프가니스탄이나 이라크의 군사 점령과 자유민주주의의 수출로 테러 세력에 대항하고자 했지만, 현재로서는 이것이 성공적이라고 말하기는 어렵다. 원래 국가에 속하지 않은 테러리스트는 명확한 지휘 계통도 없는 채로 국경을 초월해 특정 이념을 토대로 하는 네트워크를 지니고 있어 이를 근절하기가 쉽지 않기 때문이다.

2020년 2월, 미국의 트럼프 정권과 탈레반 사이에 평화 합의가 이루어지면서 아프가니스탄에서 미군 철수가 결정되었다. 갑작스러운 미국의 철군 결정은 아프가니스탄 국내에 큰 혼란을 초래했다. 2021년 4월에는 새로 출범한 바이든 정부가 '9월 철군'을 발표하자마자, 아프가니스탄 전체가 곧바로 탈레반의 지배 아래로 들어갔다.

탈레반 정권은 집권 초기부터 공포 정치를 부활해 국민을 두려움에 떨게 했고, 이슬람 근본주의를 주장하면서 여성에 대한 인권 탄압을 감행해 세계를 경악시키고 있다. 이에 따라 국제 사회는 경제적 · 외교적으로 고립된 아프가니스탄이 다시 이슬람 극단주의에 의한 테러 활동의 온상이 될 가능성을 우려하고 있다.

이라크 전쟁 2003년

'악의 축' 이라크 공격한 미국이 IS 등 테러 단체 등장을 촉발?

알카에다를 지원한 후세인을 제거한 이라크 전쟁의 원인은 10년 전 걸프 전쟁?

앞에서 언급했던 것처럼, 2001년 9·11 테러를 당한 미국은 대 테러 전쟁을 선언하고, 불량국가의 내정과 분쟁에 적극적으로 개입하게 되었다. 이 중에서도 이란, 이라크, 북한의 3개국을 대량 살상 병기(핵무기, 생화학무기 등)를 보유하고 있다고 해서 '악의 축'이라 부르며 비난했다.

특히 이라크에 대해서는 9·11 테러를 일으켰던 테러 조직 알카에다와 접촉하고 있을 가능성이 높은 만큼 대량 살상 병기가 이라크를 통해서 테러 조직에 유출될 위험이 있다고 판단하고, 이라크의 후세인 정권을 쓰러뜨릴 준비를 진척시켰다.

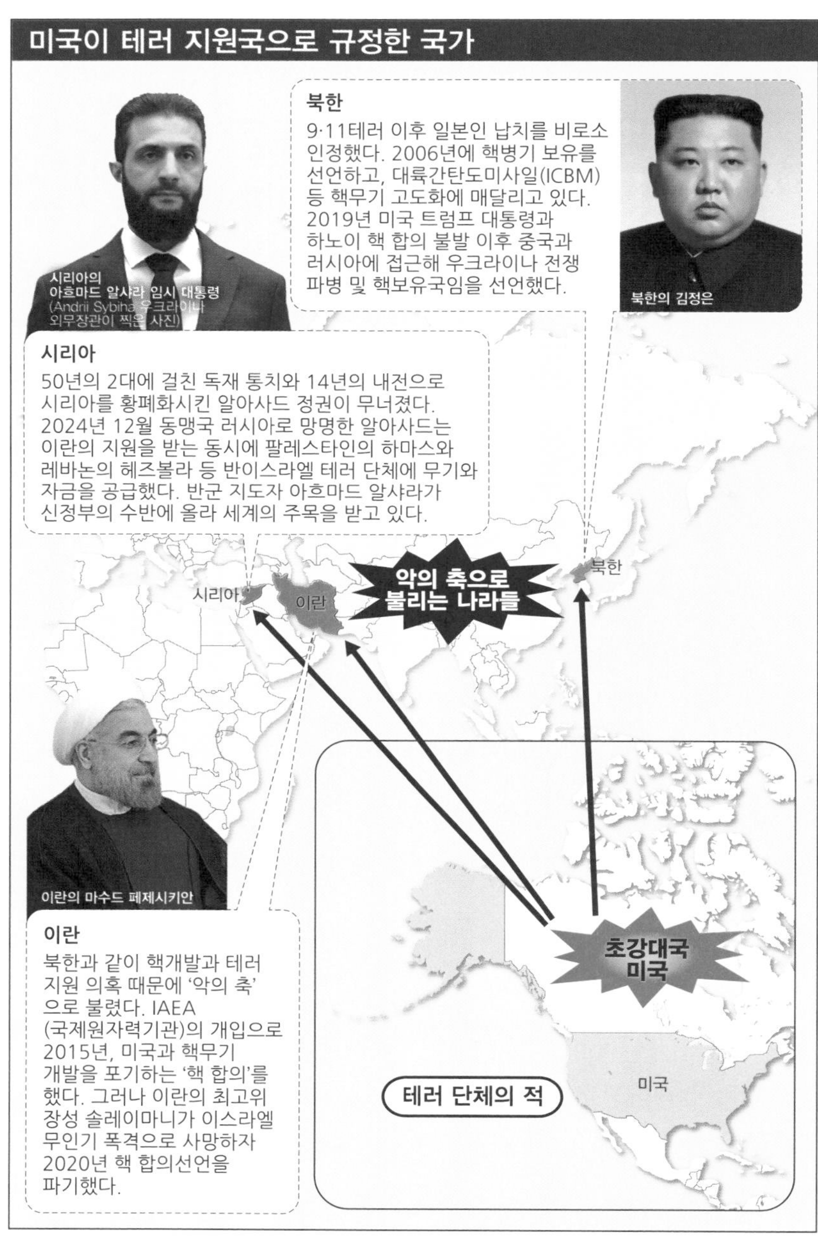
미국이 테러 지원국으로 규정한 국가
북한
9·11테러 이후 일본인 납치를 비로소 인정했다. 2006년에 핵병기 보유를 선언하고, 대륙간탄도미사일(ICBM) 등 핵무기 고도화에 매달리고 있다. 2019년 미국 트럼프 대통령과 하노이 핵 합의 불발 이후 중국과 러시아에 접근해 우크라이나 전쟁 파병 및 핵보유국임을 선언했다.
북한의 김정은
시리아의
아흐마드 알샤라 임시 대통령
(Andrii Sybiha 우크라이나 외무장관이 찍은 사진)
시리아
50년의 2대에 걸친 독재 통치와 14년의 내전으로 시리아를 황폐화시킨 알아사드 정권이 무너졌다. 2024년 12월 동맹국 러시아로 망명한 알아사드는 이란의 지원을 받는 동시에 팔레스타인의 하마스와 레바논의 헤즈볼라 등 반이스라엘 테러 단체에 무기와 자금을 공급했다. 반군 지도자 아흐마드 알샤라가 신정부의 수반에 올라 세계의 주목을 받고 있다.
시리아
이란
악의 축으로 불리는 나라들
북한
이란의 마수드 페제시키안
이란
북한과 같이 핵개발과 테러 지원 의혹 때문에 '악의 축'으로 불렸다. IAEA(국제원자력기관)의 개입으로 2015년, 미국과 핵무기 개발을 포기하는 '핵 합의'를 했다. 그러나 이란의 최고위 장성 솔레이마니가 이스라엘 무인기 폭격으로 사망하자 2020년 핵 합의선언을 파기했다.
초강대국 미국
테러 단체의 적
미국

2003년 3월, 미국은 '대량 살상 병기가 있는지 없는지에 대한 유엔의 사찰에 이라크가 비협조적이다'라는 이유를 내세워 영국과 함께 약 30만 명의 병력을 동원해 이라크를 침공했다. 이라크 남부로 침공한 미영 연합군은 순식간에 나시리야를 비롯한 남부의 주요 도시 대부분을 점령하고, 침공한 지 한 달이 채 지나지 않아 수도 바그다드를 함락시켰다. 이어서 미군은 4월에 북부의 주요 도시들까지도 점령했고, 부시 대통령은 5월 1일에 전투 종결을 선언했다.

2003년 말에는 도주 중이던 이라크의 후세인 대통령을 체포함으로써 전쟁은 끝난 것처럼 보였다. 그런데 미국을 중심으로 뭉친 서방 국가들이 이라크의 후세인 정권을 상대로 싸웠던 전쟁으로는 이라크 전쟁보다 10년 정도 앞에 일어났던 걸프 전쟁을 예로 들 수 있다. 따라서 이라크 전쟁은 걸프 전쟁의 결과로 일어났던 전쟁이라고도 할 수 있다.

이란-이라크 전쟁으로 빚더미에 앉은 후세인이 1990년 8월 2일 새벽, 쿠웨이트를 기습 침공

여기서 소련의 붕괴를 계기로 단번에 냉전 구조가 와해하였던 1990년까지 시곗바늘을 되돌려 보자. 그해 8월에 이라크는 돌연 이웃 나라 쿠웨이트를 침공해 불과 6시간 만에 전 국토를 점령하고 이라크로 병합한다고 선언한다.

이라크와 쿠웨이트는 역사적으로는 19세기까지 두 나라 모두 오스만 제국령이었으나, 영국의 식민지 지배를 거쳐 제1차 세계대전 후에 이라크가 독립한 데 이어, 제2차 세계대전 후에는 쿠웨이트가 독립했다. 이라크는 이전부터 식민지 시대에 획정되었던 국경을 인정하지 않는 입장이었다.

또한 1980년대의 이란-이라크 전쟁의 영향으로 막대한 채무를 안고 있던 후세인 정권은, OPEC(석유수출기구)이 정한 국가별 원유생산량을 무시하고 원유를 증산하면서 이라크를 포함한 다른 산유국과 노선을 달리한 쿠웨이트와 대립하고 있었다. 이라크는 쿠웨이트가 석유를 과잉 공급해 이라크 경제를 위협한다고 비난했다.

걸프전에서 사막 쉴드 작전에 투입되었던 F-15 전투기, 1992년.

이라크 전쟁 – 이라크의 후세인을 축출하고 친미 정부 수립

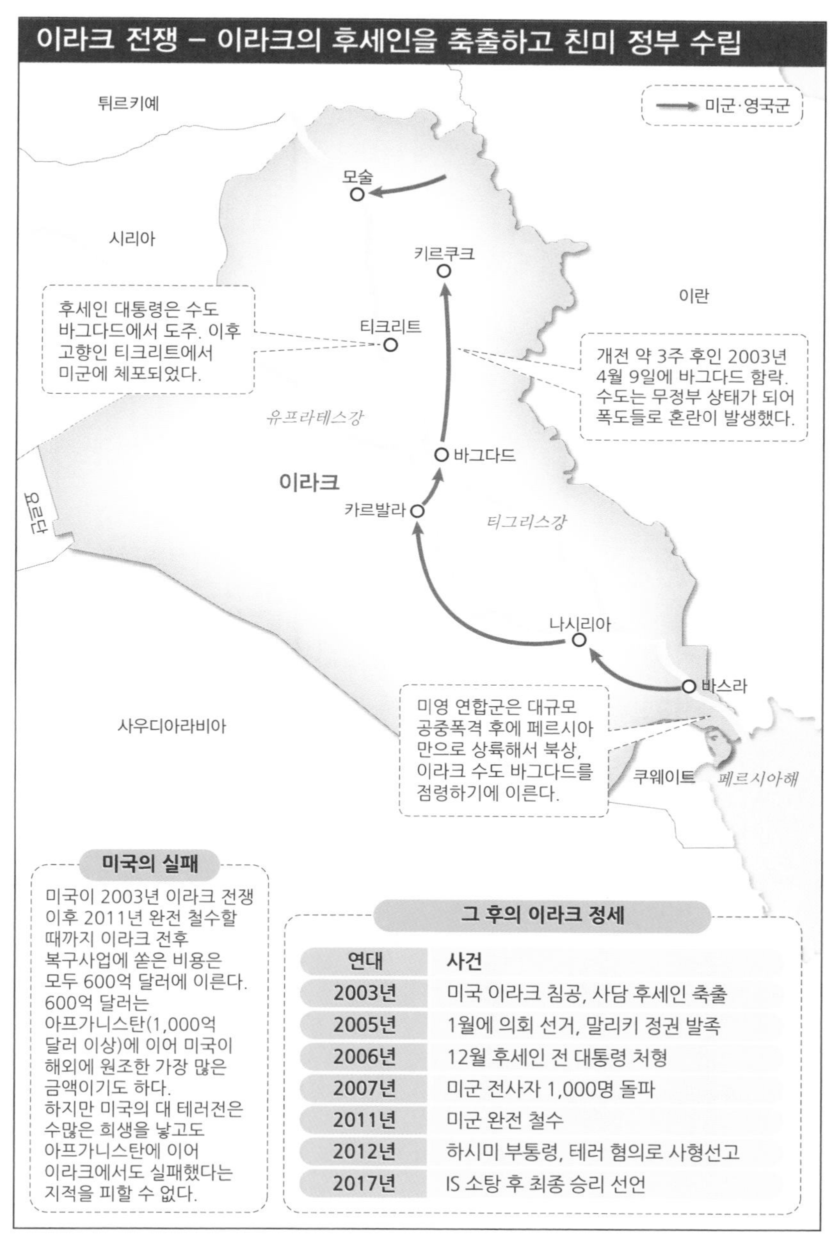

미군·영국군
튀르키예
시리아
모술
키르쿠크
이란
후세인 대통령은 수도 바그다드에서 도주. 이후 고향인 티크리트에서 미군에 체포되었다.
티크리트
개전 약 3주 후인 2003년 4월 9일에 바그다드 함락. 수도는 무정부 상태가 되어 폭도들로 혼란이 발생했다.
유프라테스강
바그다드
이라크
요르단
카르발라
티그리스강
나시리아
바스라
사우디아라비아
미영 연합군은 대규모 공중폭격 후에 페르시아만으로 상륙해서 북상, 이라크 수도 바그다드를 점령하기에 이른다.
쿠웨이트
페르시아해

미국의 실패

미국이 2003년 이라크 전쟁 이후 2011년 완전 철수할 때까지 이라크 전후 복구사업에 쏟은 비용은 모두 600억 달러에 이른다. 600억 달러는 아프가니스탄(1,000억 달러 이상)에 이어 미국이 해외에 원조한 가장 많은 금액이기도 하다. 하지만 미국의 대 테러전은 수많은 희생을 낳고도 아프가니스탄에 이어 이라크에서도 실패했다는 지적을 피할 수 없다.

그 후의 이라크 정세

연대	사건
2003년	미국 이라크 침공, 사담 후세인 축출
2005년	1월에 의회 선거, 말리키 정권 발족
2006년	12월 후세인 전 대통령 처형
2007년	미군 전사자 1,000명 돌파
2011년	미군 완전 철수
2012년	하시미 부통령, 테러 혐의로 사형선고
2017년	IS 소탕 후 최종 승리 선언

그런 상황에서 쿠웨이트가 이라크와의 사이에 분쟁 지대가 되어 있던 양국 국경 부근의 루메이라 유전 근방에서 대량으로 채굴을 감행하자 이라크는 이를 도굴이라 비난했다. 대립이 격화된 이라크와 쿠웨이트는 몇 차례나 교섭을 시도했지만, 합의에 이르지 못했다. 후세인은 이러한 배경에서 쿠웨이트 침공을 단행했던 것이다.

1990년 8월 2일 새벽, 이라크군은 쿠웨이트 국경을 돌파해 침공을 개시했다. 이라크군이 쿠웨이트시를 점령하자 자베르 3세 국왕과 그의 왕족들은 사우디아라비아로 망명했으며, 1990년 8월 8일에 이라크는 쿠웨이트 합병을 선언했다.

미국 등 다국적군이 후세인 정권을 타도했지만 아직도 이라크에서 내전은 끝나지 않았다

한편 국제연합 안전보장이사회는 이라크의 쿠웨이트 합병을 무효로 선언하고, 이라크산 석유 수입과 대 이라크 교역 활동을 금지하는 내용의 결의안을 통과시킨다. 유엔은 이라크와 화평을 위한 교섭을 시도하지만, 이라크는 철수를 거부한다. 결국 1991년 1월에 미국을 중심으로 한 다국적군이 이라크를 상대로 선전포고한 후, 불과 두 달이 못 되어 이라크는 항복하게 되었다.

그러나 다국적군의 주력인 미군은 개전 준비를 위한 군수물자의 수송 등 준비에 시간을 지나치게 들였기 때문에 개전 당시에 이라

이라크 저항 세력이 자주 사용하는 자동차 폭탄 테러 전술, 2005년, 미국 육군.

크군은 이미 쿠웨이트로부터 최정예 부대를 귀환시킨 뒤였다. 또한 미군은 유엔의 결의를 따라야 하므로 이라크에 내정 간섭까지는 할 수 없다는 점을 이유로 후세인 정권을 존속시키고 말았다.

요컨대, 다국적군은 전쟁에는 승리했지만, 전쟁의 목적이었던 후세인 정권의 타도를 달성하지 못했던 것이다. 이에 따라 미국은 이후 10년에 걸쳐 이라크 문제에 계속 개입하게 되었고, 최종적으로는 이라크 전쟁까지 치르게 되었다.

앞에서 본 것처럼 미국의 대 이라크 개입의 목적은 최종적으로는 후세인 정권의 타도에 있었다. 이라크 전쟁의 결과 후세인은 미국에 구속되어 2006년 말에 처형되었으므로, 미국의 후세인 제거 목적은 오랜 시간이 지난 뒤에 이루어진 것이다.

하지만 그 후의 이라크 운영에 대한 미국의 전망은 너무 낙관적이었다. 미국은 이라크의 치안을 회복시킬 수 없었으며, 오히려 주둔하는 미 · 영군 등에 대한 테러가 계속되는 등 이라크 국민의 지지를 얻는 데 실패했다.

2005년에는 미국의 점령 상태가 끝나고 이라크인이 주도하는 정부가 수립되었으나, 아직도 치안은 안정되지 않고 있다. 또한 이라크를 공격한 본래의 이유였던 대량 살상 병기에 대해서도 조사 결과 이라크에는 존재하지 않았다는 것이 분명해지자, 미국은 전 세계로부터 비난을 받게 되었다.

이라크의 요구대로 미군이 전면 철수할 경우, IS의 부활과 테러 단체의 활동을 부추길 우려

이라크 내 세력은 크게 이슬람교 시아파 아랍인, 수니파 아랍인, 수니파 쿠르드족으로 나뉜다. 후세인 정권 때는 3대 세력의 종파와 민족 대립을 무자비한 폭정으로 다스렸으나, 후세인 대통령이 사망하자 내부 주도권 싸움으로 번졌다. 말라키 신정권 측인 시아파, 구정권 측인 수니파, 독립을 원하는 쿠르드족의 3파전으로 내전 상태에 빠진 것이다.

미국은 수니파 부족과 협력해 초기의 혼란을 수습하고 차츰 치안

시리아의 YPG(쿠르드 무장단체) 여성 전투원들, 2014년

의 안정을 회복시켰다. 이런 상황에서 미국은 2009년부터 이라크 주요 도시에서 미군 철수를 시작했다. 그리고 2011년 9월 1일, 오바마 대통령은 이라크에서 미군이 완전히 철수했음을 선언했다.

미군이 철수하자, 이라크 북서부에서 수니파 이슬람 극단주의 단체가 급부상한다. 이들은 후세인 정권의 붕괴로 갈 곳을 잃은 구 이라크군의 장교와 병사를 모아 세력을 확장했다. 마침 시리아에서 '아랍의 봄'으로 시작한 반정부 시위가 확대되자, 시리아 북부에 거점을 확보했다. 2014년 6월 29일, 이들은 시리아 북부 라카를 '수도'로 정하고, 마침내 IS(이슬람국가)를 창설한다고 선언했다.

이후 서방과 러시아의 집중적인 공중폭격으로 치명적인 타격을 입은 IS는 이라크 북부 모술을 잃으면서 군사 거점까지 내주었다. 그리고 이라크는 2017년 12월에 사막과 국경 지대의 IS 병사를 소탕

한 후, 전 국토의 해방과 최종 승리를 선언했다.

그러나 IS 잔당들은 이라크 북부와 서부 산악 지대에서 테러 활동을 계속했다. 2021년 5월에는 수도 바그다드의 시장에서 자폭 테러를 감행해 35명의 목숨을 앗아갔다. 이처럼 이라크는 여러 종파와 민족이 대립하는 상황에서 미국과 이란의 지원을 받는 무장 세력들이 충돌하는 크고 작은 전투가 끊이질 않고 있다.

현재 미군은 직접 군사 활동을 하지 않는 대신 이라크군에 대한 지원과 조언 임무만 수행하고 있다. 그러나 오랜 전쟁과 내분에 지친 이라크인들의 반미 감정이 고조되면서 미군 철수 요구도 본격화하고 있다. 하지만 미군이 전면 철수할 경우, IS의 부활과 테러 단체의 활동으로 불안정한 중동 정세에 다시 기름을 부을 수 있다는 우려도 있다.

지도로 읽는다

지정학 전쟁사 지식도감

초판 1쇄 발행 | 2017년 3월 27일
개정판 1쇄 발행 | 2025년 4월 17일

지은이 | 조지무쇼
옮긴이 | 안정미
펴낸이 | 황보태수
기획 | 박금희, 오윤
마케팅 | 유인철
지도 | 박해리
교열 | 이동복
디자인 | 김민정
인쇄 | 한영문화사
제본 | 한영제책
펴낸곳 | 이다미디어
주소 | 경기도 고양시 일산동구 강석로 145 2층 3호
전화 | 02-3142-9612
팩스 | 070-7547-5181
이메일 | idamedia77@hanmail.net

ISBN 979-11-6394-075-3 04900
978-89-94597-65-2 (세트)

이 책은 저작권법에 따라 보호받는 저작물이므로 무단전재와 무단복제를 금지하며,
이 책 내용의 전부 또는 일부를 이용하려면 반드시 저작권자와 이다미디어의 서면동의를 받아야 합니다.